教育部财政学特色专业建设优秀成果
江苏省财政学类重点专业建设优秀成果
江苏省财政学品牌专业建设优秀成果
江苏高校优势学科建设工程资助项目
江苏高校品牌专业建设工程资助项目

曾宪影 著

中国农村社会保障与财政供给
—— 城乡一体化视角

ZHONGGUO NONGCUN SHEHUI BAOZHANG
YU CAIZHENG GONGJI
—— CHENGXIANG YITIHUA SHIJIAO

中国财经出版传媒集团

经济科学出版社
Economic Science Press

图书在版编目（CIP）数据

中国农村社会保障与财政供给：城乡一体化视角/
曾宪影著．—北京：经济科学出版社，2018.10
ISBN 978 - 7 - 5141 - 9882 - 9

Ⅰ.①中…　Ⅱ.①曾…　Ⅲ.①农村 - 社会保障 -
研究 - 中国　Ⅳ.①F323.89

中国版本图书馆 CIP 数据核字（2018）第 247994 号

责任编辑：杜　鹏　顾瑞兰
责任校对：王苗苗
责任印制：邱　天

中国农村社会保障与财政供给
——城乡一体化视角
曾宪影/著

经济科学出版社出版、发行　新华书店经销
社址：北京市海淀区阜成路甲 28 号　邮编：100142
总编部电话：010 - 88191217　发行部电话：010 - 88191522
网址：www.esp.com.cn
电子邮件：esp@ esp.com.cn
天猫网店：经济科学出版社旗舰店
网址：http：//jjkxcbs.tmall.com
固安华明印业有限公司印装
710 × 1000　16 开　14.75 印张　230000 字
2018 年 10 月第 1 版　2018 年 10 月第 1 次印刷
ISBN 978 - 7 - 5141 - 9882 - 9　定价：56.00 元
（图书出现印装问题，本社负责调换。电话：010 - 88191510）
（版权所有　侵权必究　打击盗版　举报热线：010 - 88191661
QQ：2242791300　营销中心电话：010 - 88191537
电子邮箱：dbts@ esp.com.cn）

套用舒尔茨的话，在我国，如果解决了穷人的社会保障问题，也就真正解决了我国社会保障的"社会"问题；我国大多数穷人以农业为生，在农村，是农民，因此，如果我们解决了农民的社会保障问题，也就真正懂得了社会保障的真谛。

前　言

　　党的十八届三中全会通过的《中共中央关于全面深化改革若干重大问题的决定》明确指出，要健全城乡发展一体化体制机制。长期以来，制约城乡发展一体化的主要障碍是城乡二元结构，是"三农"问题。2016 年，中央"一号文件"（《关于落实发展新理念加快农业现代化实现全面小康目标的若干意见》）同样指出，农业是全面建成小康社会、实现现代化的基础，我们一定要切实增强做好"三农"工作的责任感、使命感、紧迫感，任何时候都不能忽视农业、忘记农民、淡漠农村。在我国，"三农"问题异常复杂，体现在多方面，其中突出的当属农村社会保障问题。

　　与城市相比，农村社会保障存在水平低、制度改革滞后、覆盖面窄、"碎片式"管理及监管不严等问题，导致农民对现行农村社会保障不甚满意。我国规范的公共财政体系还未真正建立，公共财政体系框架的建立呼唤着农村社会保障问题的解决，而农村社会保障问题的解决又对公共财政体制改革起着巨大的推动作用。因此，基于城乡一体化视角，探讨我国农村社会保障与财政供给是一个重要的研究命题，对农业和农村经济发展、对我国社会保障事业发展均具有重大意义。然而，在规范的城乡一体化视角下研究农村社会保障与财政供给问题的文献很少，相关深层问题的剖析、合理路径的设计和系统的制度安排的研究更少。因此，本书在规范分析的基础上，选择两个省区实证调查的案例，结合农村社会保障发展需求，构建规范的公共财政框架体系，研究我国农村社会保障与财政供给问题，以期弥补上述研究的不足，对我国农村社会保障事业发展提供理论依据，对政府制定相关财经政策提供决策参考，对城市和农村社会保障对接中可能出现的新矛盾起到预警，对历史和现实原因造成的复杂"三农"问题的解决发挥借鉴作用。

本书具有以下特点：第一，前瞻性。本书是在我国新时期社会保障事业发展的需求及公共财政体制改革的背景下，基于城乡一体化视角，研究我国目前农村社会保障与财政供给问题，选题具有一定的前瞻性。第二，研究方法多维性。基于研究思路，本书在方法上将规范分析与实证分析相结合，理论分析与经验分析相结合，定性分析与定量分析相结合，传统分析与国际分析相结合，全面分析与比较分析相结合，并基于笔者组织问卷、访谈调查，对农村社会保障问题、原因、影响进行实证研究。第三，系统性。本书是以城乡一体化视角研究农村社会保障与财政供给问题，针对这样一个命题进行了较为系统的研究。根据社会经济发展的需求及我国公共财政体制改革趋势，本书对国内外公共产品理论、福利经济学、贝弗里奇思想、凯恩斯理论、和谐社会和新农村建设等理论进行了整理，对学者相关研究进行了较全面的综述和评价，对我国农村社会保障的概念、产品属性和制度变迁进行了界定，着重分析了农村社会保障与公共财政的关系，构建了规范的公共财政框架体系，指出农村社会保障产品是公共财政的重要内容，重点分析评估了我国农村社会保障及其财政供给的现状，进而探究财政供给对我国农村社会保障发展的必要性和可行性，以及国外农村社会保障和财政供给制度分析与启示，提出我国农村社会保障问题的财政供给路径设计与制度安排等。第四，创新性。本书是笔者多年关注农村社会保障问题的研究成果，有方法的创新和观点的创新等。方法上，采用穆怀中以柯布—道格拉斯生产函数原理建立的城乡社会保障负担系数模型、劳动生产要素分配系数模型和复旦大学卞燕的农村社会保障水平的评估模型为基础，构建了社会保障水平评估模型，对目前我国农村社会保障水平进行较完整全面的实证分析。观点方面，在对中华人民共和国成立以来农村社会保障发展历程深入研究、评析的基础上，对农村社会保障制度变迁史进行了梳理，提出了比较科学合理的三阶段划分观点：第一阶段，中华人民共和国成立初期至改革开放前（1951～1978 年），以农村集体保障为核心的农村社会保障发展阶段；第二阶段，改革开放后（1978～2000 年），以土地保障、家庭保障为核心内容的农村社会保障发展阶段；第三阶段，21 世纪以来（2000 年至今），以现代社会化保障为核心内容的农村社会保障制度的探索、起步和发展阶段。更进一步,笔者认为,农村社会保障本质上属于公共产品,因此,造成农村社会保障问题的根本原因是公共财政供给不足,并涉及财政支持农村社会保障的必要性、可行性和外部效应等诸多问题。在分析借鉴北欧、英国、美国、日本和巴西等具有代表性国家和地区社会保障制度的基础上,提出了我国农村社会保障问题的路径设计和制度安排,即确立"全覆盖"社会保障目标,突出加大财政对农村社会保障发展的扶持这一关键措施,并提出了必要且可行的针对性措施:建立实施城市居民和农村居民均等的国家基本养老金制度,完善农村养老保险体系,逐步取消农村低保,推进农村开发式扶贫,适时开征农村社会保障税,扶持农业合作经济组织发展、增强农村经济积累能力等。

目前,我国正处在解决"三农"新老问题、统筹城乡一体化发展的征途上,欲确保亿万农民共享成果、迈入全面小康社会,处理好农村社会保障与财政供给问题至为关键。鉴于笔者能力有限,加上实证调查的局限性,本书的研究难免有失偏颇,不当之处,敬请读者不吝赐教!

作 者

2018 年 6 月

目　　录

第一章　文献综述

农村社会保障是健全城乡发展一体化体制机制、贯彻《中共中央关于全面深化改革若干重大问题的决定》精神的主要方面。与城市相比，农村社会保障存在诸多问题。如何解决我国农村社会保障问题？中国农村社会保障问题与财政供给有着怎样的关系？本章提出所研究问题的背景，对相关研究文献进行综述。

第一节　研究背景

套用舒尔茨的话，在我国，如果解决了穷人的社会保障问题，也就真正解决了我国社会保障的"社会"问题；我国大多数穷人以农业为生，在农村，是农民，因此，如果我们解决了农村农民的社会保障问题，也就真正懂得了社会保障的真谛。

1. 农村社会保障成为新时期我国"三农"中的突出问题。习近平在中国共产党第十九次全国代表大会上的报告中也指出：农业农村农民问题是关系国计民生的根本性问题，必须始终把解决好"三农"问题作为全党工作的重中之重。

从世界经济的发展历史看，从三次产业的关联看，从穷人经济、区域经济等角度看，农业、农村、农民即所谓"三农"问题是永恒的主题。

进入 21 世纪以来，我国经济仍处于转型发展时期，财政管理体制、收入分配机制、社会保障制度等仍不健全，使我国的"三农"问题更加突出，我国社会的一些基本矛盾如贫富矛盾、地区矛盾、城乡矛盾都在农业和农村问题上（马国贤，2007）。党的十八届三中全会通过的《中共中央关于全面深化改革若干重大问题的决定》指出，城乡二元结构是制约城乡发展一体化的主要障碍。目前，社会经济中出现的很多问题都与"三农"密不可分。我国"三农"问题异常复杂，体现在农业劳动生产率相对低下、农村相对落后、农民相对贫困等多方面，其中，突出的当属农村社会保障问题。党的十六届五中全会通过的《中共中央关于制定国民经济和社会发展第十一个五年规划的建议》，提出了建设社会主义新农村的重大历史任务，为做好当前和今后一个时期的"三农"工作指明了方向。《中共中央国务院关于推进社会主义新农村建设的若干意见》又明确指出，要逐步建立农村社会保障制度。按照城乡统筹发展的要求，逐步加大公共财政对农村社会保障制度建设的投入；进一步完善农村"五保户"供养、特困户生活救助、灾民补助等社会救助体系；探索建立与农村经济发展水平相适应、与其他保障措施相配套的农村社会养老保险制度；落实军烈属优抚政策；积极扩大对农村部分计划生育家庭实行奖励扶助制度试点和西部地区计划生育"少生快富"扶贫工程实施范围；有条件的地方要积极探索建立农村最低生活保障制度。《中共中央国务院关于实施乡村振兴战略的意见》即 2018 年中共中央"一号文件"指出，加强农村社会保障体系建设。做好农村社会救助兜底工作。构建多层次农村养老保障体系，创建多元化照料服务模式。

2. 当前，我国农村的社会保障水平低下，城乡差距大，管理制度不健全，严重阻碍着农业、农村经济发展。

同西方发达国家相比，目前我国农村的社会保障水平还很低，社会保障的覆盖面、资金来源和管理制度等方面都还存在着很大的差距，我国社会保障的相当部分还未纳入财政预算。同城镇相比，我国农村的社会保障制度改革严重滞后，严重阻碍着农业、农村社会经济的发展。

3. 建设社会主义和谐社会和新农村对农村社会保障制度建设提出了新的更高的要求。

党的十六届四中全会提出要努力构建社会主义和谐社会。党的十六届五中全会通过《十一五规划纲要建议》，提出要按照"生产发展、生活富裕、乡风文明、村容整洁、管理民主"的要求，扎实推进社会主义新农村建设。建立完善的农村社会保障制度，缩小收入分配差距，共享经济社会发展的成果，实现穷人与富人和谐相处，既是政府的职责，也是构建和谐社会、建设社会主义新农村的重要措施。同时，党的十五届五中全会通过的《中共中央关于制定国民经济和社会发展第十个五年计划的建议》明确指出，要逐步建立适应社会主义市场经济要求的公共财政框架。抓住建立和完善我国公共财政的契机，完善我国农村社会保障制度，促进农村公共产品的有效供给，成为构建和谐社会、建设社会主义新农村的当务之急。

4. 规范的公共财政体系还未真正建立，财政支农在社会保障方面的表现不够，存在严重的社会保障供给缺失。

虽然我国将建立公共财政初步框架作为"十五"时期财政改革的重要目标，而且至 2002 年一个包括公共财政功能框架、管理框架和技术框架三部分内容的公共财政体制框架也初步建立，但是，直至目前一个健全规范的与实际社会经济发展需要相适应的公共财政体系还未真正建立起来。公共财政的职能是提供社会公众在生产、生活和学习中所需的公共产品和服务，公共财政的范围、界限和内容在我国至今没有明确下来。尤其是农村公共产品供给。农村公共产品供给的规模结构仍不合理，绩效不理想且"缺位""越位"现象严重。财政支农在社会保障方面的表现不够，存在严重的社会保障供给缺失。

按照马克思主义再生产的基本原理，国家社会经济建设的最终目的是满足人民群众的各项消费需要，财政作为再生产过程中的一个分配环节，也必然为消费服务。当然，财政承担的应是公共产品和服务。农村社会保障尤其是低层次的社会保障，是我国当前农村公共产品的重要内容，应是我国当前政府提供的公共产品的重要领域。

正是源于以上背景，本书基于河南平舆县和江苏新沂市的调查，围绕城乡一体化目标，在财政供给视角下对我国农村社会保障制度问题进行系统研究，以期对我国刚起步的农村社会保障事业建设提供理论依据及对政府关于农村社会保障的制度决策建言献策，对我国城市社会保障和农村社会保障对接，实现城乡一体化过程中可能会出现的新的矛盾与困惑起到预警作用，因而具有实践意义。另外，本书与财政供给相联系对我国农村社会保障制度问题进行系统研究,对我国历史和现实原因造成的目前异常复杂的"三农"问题的较好解决起到决策和实践上的借鉴。

第二节　相关研究文献综述

一、理论依据和理论基础综述

(一) 本书研究的理论依据

不同时期,国内外学者的很多理论成果为本书研究提供了极其重要的理论依据和基础。主要有以下内容。

1. 公共产品理论。

区分公共产品与私人产品通常有两个基本标准:一是排他性和非排他性;二是竞争性和非竞争性。公共产品是具有非排他性和非竞争性的物品。按照公共产品非排他性和非竞争性的具有程度,公共产品一般又被分为纯公共产品和准公共产品(混合物品),具有充分的非排他性和非竞争性的产品属于纯公共产品,具有非竞争性而不具有非排他性或只具有不充分的非竞争性和非排他性的产品属于准公共产品,准公共产品实际上兼备公共产品和私人产品的特征。关于公共产品的供给,一般而言,无论纯公共产品还是准公共产品,在发展中国家通常由政府来提供。

关于公共产品的有效供给理论,主要有很多学者认同的公共产品的一般市场均衡模型、保罗·A. 萨缪尔森(Paul A. Samuelson)的公共产品供给模型和埃里克·罗伯特·林达尔(Erik Robert Lindahl)模型。

(1) 公共产品的一般市场均衡模型。公共产品的一般市场均衡模型是在有限资源下所提供的公共产品的有效数量对应于所有公共产品消费者的边际收益之和等于该产品的边际社会成本的那一点。即:

$$MSB = \sum_{i=1}^{n} MB_i = MSC \tag{1.1}$$

公共产品的总需求曲线可以通过每个人消费公共产品的边际收益相加而得，由于每个人必须消费相同数量的公共产品（公共产品具有效用不可分割性），所以公共产品的需求曲线不是像私人产品市场需求曲线那样通过水平相加而得，而是通过垂直相加得到。

（2）萨缪尔森的公共产品供给模型。保罗·萨缪尔森于1954年在《公共支出的纯理论》一文中，用几何分析法对公共产品最优供给问题进行研究，得出公共产品有效供给的条件用公式表示就是：

$$\sum_{i=1}^{n} MRS_{jk}^{i} = MRT_{jk} \tag{1.2}$$

其中，$i=1, \cdots, n$，表示消费者的个数；$j, k=1, \cdots, m$，表示产品的数目；MRS_{jk}^{i}是指第 i 个消费者对私人产品 j 和公共产品 k 的边际替代率；MRT_{jk}是指社会生产私人产品 j 和公共产品 k 的边际转换率。

该公式表示消费者的边际替代率之和等于边际转换率。此条件下能达到帕累托最优配置。由于公共产品对私人产品的边际转换率是指为获得一个单位的公共产品，人们愿意放弃的私人产品的数量，而边际替代率之和表示为得到一个单位的公共产品，所有消费者愿意放弃的私人产品之和。因而，要实现帕累托最优配置，也即是实现公共产品的有效供给，要求所有消费者的边际替代率之和等于公共产品对私人产品的边际转换率，即人们愿意放弃的全部私人产品的数量等于在现有资源条件下，多生产一单位的公共产品人们所必须放弃的私人产品的数量。

（3）林达尔模型。这是一种有效供给公共产品的合作机制——自愿出资和成本分摊，是由瑞典经济学家埃里克·林达尔（Erik Lindahl）于19世纪早期提出并以其名字命名的。林达尔模型被认为是对公共产品供给虚拟均衡过程的一种描述。模型假设有A、B两个消费者，假设每个政党内部成员的偏好是一致的，可以将A、B看作两个政党。该模型可用图1-1说明①。

① 刘怡．财政学［M］．北京：北京大学出版社，2010.

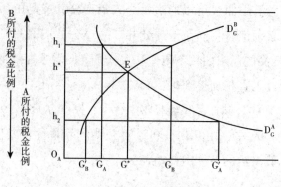

图 1-1　林达尔模型

图 1-1 中，纵轴表示消费者 A 或 B 负担的公共产品成本（即税收价格）比例。设公共产品 G 的成本为 1，如 A 负担的公共产品成本的比例为 h，则 B 负担的成本比例为 1-h。横轴表示公共产品的供给量。D_G^A 是以 OA 为原点画出的代表 A 对公共产品的需求曲线，D_G^B 是以 OB 为原点画出的代表 B 对公共产品的需求曲线。图 1-1 中两曲线的交点 E 点被称为林达尔均衡点。在 E 点 A 和 B 都会投票同意 G^* 的公共产品的供给量。E 点体现公共产品最优供给状态。林达尔均衡由一个如何分配生产均衡产量的公共产品和成本的协议构成。在此模型下，所有的人都必须自愿同意成本分摊的安排及产品数量，也即是整个预算过程贯穿了"一致同意"原则，因为 E 点以外的任何一点投票者都不可能达成一致，也就保证不了公共产品产出的有效水平。

2. 亚瑟·塞西尔·庇古（Arthur Cecil Pigou）的福利经济学说。

英国经济学家亚瑟·塞西尔·庇古被誉为"福利经济学之父"，在他 1920 年的《福利经济学》一书中系统地分析了福利经济学的理论。庇古的福利经济学是建立在边际效用价值理论基础之上的。福利表示人的心理状态，寓于人的满足之中，庇古把福利作为满足，用效用来表示满足。而效用可以用一个人为避免失去某种满足而愿支付的货币量来衡量，即可以用单位商品的价格来衡量，为了衡量和计量效用，庇古假设货币的边际效用是不变的。庇古认为，社会经济福利的增大，取决于两个因素：国民收入总量的增大和国民收入分配的平均程度。即：国民收入总量越大，社会经济福利就越大；国民收入分配越均等化，社会经济福利就越大。这也是检验社会福利的两个标准。

在分析国民收入总量对经济福利的影响时，庇古指出，在消费者嗜好与购买力分配不变的情况下，国民收入的增加使经济福利增加，但由于国民收入量的变化又会引起产品结构的变化，所以国民收入总量变动与经济福利的关系也相当复杂。只有在社会成员对新增加的产品比对所消失的产品愿意支付更多的货币时，这种增加才真正代表经济福利的增加。因为国民收入总量增加是经济福利增加的主要源泉，因此，如何增加国民收入就是福利经济学的中心问题之一。

在分析国民收入分配对经济福利的影响时，庇古指出，在国民收入并未减少的情况下，国民收入由富人转向穷人，即国民收入分配的平等化，有利于增加经济福利。这是因为边际效用是递减的，穷人收入增加所带来效用要大于富人等量收入减少所减少的效用。庇古认为，在"经济萧条、工会力量强大和舆论坚持要求等情形存在时"，把富人的收入转移给穷人以增加经济福利就是十分必要的。而为了实现这一点就要求国家采取收入均等化的政策：征收累进的所得税与遗产税；并把这种收入通过举办社会保险与社会服务，如养老金、失业补助、免费教育、医疗保险等和对穷人最需要的产品的生产进行补助，例如，对农业生产、交通、住房建筑进行补贴等向穷人转移。

3. 威廉·贝弗里奇（William Beveridge）的贝弗里奇报告。

1942 年问世的《贝弗里奇报告——社会保险和相关服务》是素有"福利国家之父"之称的英国经济学家威廉·贝弗里奇爵士的传世经典，对世界各国的社会保障制度建设都产生了巨大的影响。

报告分析了英国社会保障制度的现状、问题，对以往提供的各种福利进行了反思，并系统地勾画了第二次世界大战后社会保障计划的宏伟蓝图。报告包括六个部分。第一部分概要介绍了"调委会"的工作过程和整个报告的主要内容。第二部分审视了英国当时保障制度存在的诸多问题，详细论述了报告所建议的 23 项改革的理由及具体建议，如废除批准社团制度、改革工伤赔偿制度、统一社会保险制度（包括统一缴费和待遇标准），将医疗和康复服务作为公共服务向国民统一提供等。第三部分重点讨论待遇标准和房租问题、老年问题以及伤残赔偿途径问题。第四部分主要涉及社会保障预算，在分析社会保险支出状况及各方的缴费能力和意愿之后，提出了由财政、雇主、参保人三方共同缴费的方案，且就各方应承担的比例做了具体划分；同时，还专门论述了工伤保险费的筹集问题，明确了事故和职业病高发行业承担工伤附加费的原则和比例。第五部分为社会保障计划。首先，论述了社会保障计划赖以存在的三个假定，提出通过社会保险、国民救助和自愿保险三个层次保障人们不同需要的重要观点。其次，在明确养老金、保险金、补助金及补贴等基本概念的基础上，将全部国民分为六个群体，分析了各群体的不同保障需要，并就其参保待遇、缴费等有关问题进行了系统阐述。第六部分为社会保障和社会政策，详细讨论了子女补贴、全方位医疗康复服务和维持就业问题，并把消除贫困定位为战后的基本目标，明确社会保障计划的目标：确保每个公民只要尽其所能，就能在任何时候都有足够的收入尽自己的扶养责任，满足基本的生活需要。

报告指出，社会保障应遵循以下四个基本原则：一是普遍性原则，即社会保障应该满足全体居民不同的社会保障需求；二是保障基本生活原则，即社会保障只能确保每一个公民最基本的生活需求；三是统一原则，即社会保险的缴费标准、待遇支付和行政管理必须统一；四是权利和义务对等原则，即享受社会保障必须以劳动和缴纳保险费为条件。这些原则的提出和实施使社会保障理论更加丰富和趋于成熟。

报告设计了一整套"从摇篮到坟墓"的社会福利制度，提出国家将为每个公民提供九种社会保险待遇，提供全方位的医疗和康复服务，并根据个人经济状况提供国民救助。九种社会保险待遇分别为：失业、伤残和培训保险金，退休养老金，生育保险金，寡妇保险金，监护人保险金，扶养补贴，子女补贴，工伤养老金，一次性补助金（包括结婚、生育、丧葬和工亡四种补助金）。有学者认为，这些社会保险待遇是福利国家的核心，打破了传统的家庭扶养职能，由国家直接代替家庭向非劳动人口承担部分扶养责任。报告还提出，要建立完整的社会保险制度，由国家强制实施。在这种制度下，不论收入多少，不论风险高低，所有国民都必须参加保险，每人每周缴费，费率相同，而且待遇实行统一标准。

4. 富兰克林·德拉诺·罗斯福（Franklin Delano Roosevelt）"新政"中的

社会保障思想。

"检验我们进步的标准，不是看我们是否为那些绰绰有余者锦上添花，而是看我们能否使那些缺衣少食者丰衣足食。"这充分体现了罗斯福社会保障的理念。

美国第 32 届总统富兰克林·德拉诺·罗斯福上台后实施了一系列旨在克服危机的政策措施，历史上被称为"新政"，新政的内容主要包括复兴（recover）、救济（relief）、改革（reform）三项内容。

救济是新政的一项重要内容。1933 年，国会通过联邦紧急救济法，成立联邦紧急救济署，将各种救济款物迅速拨往各州，第二年又把单纯救济改为"以工代赈"。"新政"期间，全美国设有名目繁多的工赈机关，综合起来可分成两大系统：以从事长期目标的工程计划为主的公共工程署和民用工程署。后者在全国范围内兴建了 18 万个小型工程项目，包括校舍、桥梁、堤坎、下水道系统及邮局和行政机关等公共建筑物，为广大非熟练失业工人找到了用武之地。后来又继续建立了几个新的工赈机构。到第二次世界大战前夕，联邦政府支出的种种工程费用及数目较小的直接救济费用达 180 亿美元，不仅大大提高了美国基础设施水平，而且缓解了失业问题，是迄今为止美国政府承担执行的最宏大、最成功的救济。

1935 年，美国制定了《社会保障法》，该法规定，凡年满 65 岁退休的工资劳动者，根据不同的工资水平，每月可得 10 ~ 85 美元的养老金。关于失业保险，罗斯福解释说："它不仅有助于个人避免在今后被解雇时去依靠救济，而且通过维持购买力还将缓解一下经济困难的冲击。"失业保险金的来源，一半是由在职工人和雇主各交付相当工人工资 1% 的保险费，另一半则由联邦政府拨付。

5. 约翰·梅纳德·凯恩斯（John Maynard Keynes）的理论。

1929 ~ 1933 年，资本主义世界爆发了空前的经济危机，出现工厂倒闭、失业和经济萧条现象，以亚当·斯密为代表的古典经济理论也陷入了危机，1936 年，约翰·梅纳德·凯恩斯发表了《就业、利息和货币通论》，将西方经济理论推向了一个新的阶段。凯恩斯的理论观点主要有：在国家理论方面，他主张国家应积极干预经济，调节社会总需求，实现经济增长和充分就业的目标，在凯恩斯的国家干预理论中，社会保障占有相当重要的地位，他主张通过累进税和社会福利等方法重新进行国民收入分配，他还提出消除贫民窟，实行最低工资等主张；在财政支出理论方面，主张在经济衰退时，扩大政府财政支出，包括公共工程支出、政府购买和各种转移支付，通过实行赤字财政政策，通过"乘数作用"刺激和增加有效需求，促进经济恢复和发展。由于凯恩斯主义强调财政的作用，人们通常对他及其信奉者的理论冠以"财政学派"的名称。

6. 和谐社会和新农村建设理论。

党的十六届四中全会提出了建设社会主义和谐社会这一重要的新概念。并提出构建和谐社会的战略目标：扩大社会中间层，减少低收入和贫困群体，理顺收入分配秩序，严厉打击腐败和非法致富，加大政府转移支付的力度，把扩大就业作为发展的重要目标，努力改善社会关系和劳动关系，正确处理新形势下的各种社会矛盾，建立一个更加幸福、公正、和谐、节约和充满活力的全面小康社会。

胡锦涛总书记曾指出，构建社会主义和谐社会，是我们党从全面建设小康社会、开创中国特色社会主义事业新局面的全局出发提出的一项重大任务，适应了我国改革发展进入关键时期的客观要求，体现了广大人民群众的根本利益和共同愿望。实现社会和谐，建设美好社会，始终是人类孜孜以求的一个社会理想，也是包括中国共产党在内的马克思主义政党不懈追求的一个社会理想。根据马克思主义基本原理和我国社会主义建设的实践经验，根据新世纪新阶段我国经济社会发展的新要求和我国社会出现的新趋势新特点，我们所要建设的社会主义和谐社会，应该是民主法治、公平正义、诚信友爱、充满活力、安定有序、人与自然和谐相处的社会。

建设和谐社会的主要内容包括：要实现社会各阶层之间的和谐，建设富少穷少、中等收入很多的"橄榄型"社会；要实现"政府""市场"和"第三部门"三者之间的协调，使资源达到最优化配置；要从制度上打破城乡二元结构，缩小城乡差距；要建立健全我国的民主政治制度等。

《十一五规划纲要建议》提出，要按照"生产发展、生活富裕、乡风文明、村容整洁、管理民主"的要求，扎实推进新农村建设。建设社会主义新农村，是贯彻落实科学发展观的重大举措。科学发展观的一个重要内容就是经济社会的全面协调可持续发展，城乡协调发展是其重要的组成部分。全面落实科学发展观，必须保证占人口大多数的农民参与发展进程、共享发展成果。建设社会主义新农村，是构建和谐社会的重要基础，社会和谐离不开农村的社会和谐。建设社会主义新农村的重要措施之一就是在加大公共财政对农村公共事业投入的基础上，进一步发展农村的义务教育和职业教育，加强农村医疗卫生体系建设，建立和完善农村社会保障制度，实现农村幼有所教、老有所养、病有所医的愿望。《十二五规划纲要建议》进一步明确，要通过加快发展现代农业、拓宽农民增收渠道、改善农村生产生活条件、完善农村发展体制机制来强农惠农、加快社会主义新农村建设。《十三五规划纲要建议》指出，提高社会主义新农村建设水平，开展农村人居环境整治运动、加大传统村落民居和历史文化名村名镇保护力度、建设美丽宜居乡村。

（二）本研究的理论运用综述

公共产品是用来满足社会公众在生工作、生活和学习中的共同需要的物品，按照公共产品理论，供给公共产品和服务属于政府职能。我国农村社会保障属于公共产品，目前，我国农村社会保障公共品供给是欠缺的，因此，应提高财政投入、增加对农村公共品的供给。同时，公共产品的一般市场均衡模型、萨缪尔森的公共产品供给模型和林达尔模型为我们如何采取措施，提高农村社会保障公共品供给的效率或效果提供了理论指导。因此，用公共产品理论及其有效供给理论指导我国财政扶持农村社会保障发展工作具有重要意义。

英国是典型的福利国家，于1948年正式宣布建成世界上第一个"福利国家"。庇古的福利经济学说和贝弗里奇报告都围绕着社会经济福利最大进行了研究，受制于社会经济发展条件的制约，我国目前的社会保障水平较低，短期内还难以达到最高层次的社会保障水平——社会福利化。但庇古检验社会福利的两个标准对我国社会保障制度建设具有较强的借鉴意义。庇古认为，国民收入总量越大，社会经济福利就越大；国民收入分配越是均等化，社会经济福利就越大。随着我国经济发展方式的转变，经济的持续高速增长，就可以通过调整收入分配格局，使国民收入由富人转向穷人，即国民收入分配的平等化，从而增加社会经济福利。而这关键的措施就是要靠政府财政的转移支付，直接对农村农民实施社会保障补助和财政补贴是最直接有效的财政转移支付手段。贝弗里奇报告中指出的社会保障应遵循的普遍性原则、保障基本生活原则、统一原则、权利和义务对等原则这四个基本原则为我国整个社会保障事业发展过程提供了启迪。

罗斯福"使缺衣少食者丰衣足食"的社会保障理念可用来指导我国农村社会保障制度的建设。济贫应是社会保障的基本要义，也是社会保障事业发展的首要措施，在探索、建立我国农村社会保障制度的过程中，我们先要考虑社会救济（助）体系的完善问题。同时，罗斯福新政中的直接救济与"以工代赈"相结合的救济方式和对老年及贫困群体的社会保障措施为我国农村社会保障建设起到很好的借鉴作用。

一直到20世纪70年代，凯恩斯的理论都是各国政府制定宏观经济政策的指导思想，成为西方国家制定社会保障制度的理论依据。我国1998年之后针对亚洲金融危机实施的积极财政政策（实质是扩张性财政政策），可以说就是借鉴了凯恩斯的理论而提出的。凯恩斯的理论尤其是通过社会保障、社会福利等方法重新进行国民收入分配的观点为本书研究财政扶持农村社会保障奠定理论基础。

建设社会主义新农村是我国现代化进程中的重大历史任务，是统筹城乡发展和以工促农、以城带乡的基本途径，是缩小城乡差距、扩大农村市场需求的根本出路，是解决"三农"问题、全面建设小康社会的重大战略举措，对我国农村社会保障事业发展具有指导意义。构建社会主义和谐社会和建设社会主义新农村对我国农村社会保障问题的解决提出了要求，和谐社会和新农村建设理论中阐述的和谐社会和新农村的界定、标准和要求为本书设计解决我国目前农村社会保障问题的目标、措施和路径奠定理论基础。

另外，卡尔·马克思（Karl Heinrich Marx）的社会产品分配理论、亚伯拉罕·哈罗德·马斯洛（Abraham Harold Maslow）的需求层次理论和道格拉斯·C. 诺斯（Douglass C. North）制度变迁的路径依赖理论也为本书研究提供了理论依据。马克思指出，社会总产品在实行按劳分配用于个人消费之前，必须进行一系列的社会必要扣除，并列出了具体的七项扣除。其中，前三项是与生产有关的费用，后四项属于非生产性的费用（即是公共产品或社会公共需要的范围）。马克思明确提出，用于满足"共同需要"的那部分，"将会立即显著增加，并将随着新社会的发展而日益增加"。今天看来，随着社会的发展以及公共支出的膨胀与公共部门的强大，马克思的观点已经得到了实践的印证。马克思提出的"为丧失劳动能力的人等设立的基金"这部分实际上就是我们今天讲的社会保障的范畴，是公共产品的范畴，是政府参与社会产品和国民收入再分配必须提供的部分，这是整个社会经济进步和发展不可或缺的重要条件。此理论为本书研究奠定了理论依据。马斯洛把需求分成生理需求、安全需求、社交需求、尊重需求和自我实现需求五类，依次由较低层次到较高层次排列。马斯洛的需求层次理论告诉我们，只有人的低层次需求得到满足后，才能激励人的主观能动性去追求更高层次的需求，从而推动社会经济的发展，而靠人们自身无法满足其低层次需求时，就要靠社会保障的介入。诺斯制度变迁的路径依赖理论认为，制度变迁过程与技术变迁过程一样，存在着报酬递增和自我强化的机制。这种机制使制度变迁一旦走上了某一路径，它的既定方向会在以后的发展过程中得到自我强化。所以，人们过去作出的选择决定了他们现在可能的选择。沿着既定的路径，经济和政治制度的变迁可能进入良性的循环轨道，迅速优化；也可能顺着错误的路径往下滑，甚至被"锁定"（lock-in）在某种无效率的状态而导致停滞。一旦进入锁定状态，要摆脱就十分困难。诺斯的制度变迁理论对我国现行农村社会保障政策制度的设计和改革都提供了重要的预警作用。

二、农村社会保障的研究综述

1951 年，《中华人民共和国劳动保险条例》的颁布，标志着我国社会主义社会保障制度的建立。真正开始使用"社会保障"一词，是在第七个五年计划中。计划经济时期，我国的社会保障基本上是城镇的"单位保障"和农村的"集体保障"，不是真正意义上的社会保障，因此，我国理论界关于社会保障的研究很少。进入市场经济后，我国的社会保障逐步由原来的"单位"

保障变为真正意义上的"社会"保障。长期以来，从我国社会保障的制度、法规建设方面来看，基本上都是针对城镇居民的，从理论界对社会保障的研究来看，也主要是对城镇社会保障而言的。2003年前，我国关于农村社会保障的研究几乎很少，随着"新农合"制度的建立，关于农村社会保障的研究日益受到关注。

由于国外社会保障城乡一体化的特征明显，城镇、农村基本没有差别，所以专门研究农村社会保障的文献较少。目前，国内学者关于农村社会保障的研究较多，尤其是2007年我国在全国范围内试点农村低保制度后，关于不同角度农村社会保障的研究涌现出来。本书根据对大量期刊、书籍、相关硕士、博士论文的阅读研究，对国内学者关于农村社会保障的研究从不同角度进行梳理、归纳，发现：关于当前我国农村社会保障体系构建和社会保障制度建设的研究较多，而且从内容上看，大都是围绕如何建立和完善农村居民最低生活保障、农村养老保险和新型农村合作医疗三项制度展开的。在农村社会保障体系中，关于农村养老保险的研究最多，而且形成的理论成果相对较深入、丰富。从研究角度看，既有基于国外经验启示的视角，又有基于农村实地局部区域调查视角的研究；既有针对全国范围宏观农村社会保障制度的研究，又有局部省区、市县区域微观领域农村社会保障问题的探索。从研究方法上看，既有实证分析，又有规范分析，以实证分析居多。

（一）国内主要研究视角

从研究结论和观点上看，比较趋于一致的研究主要体现在以下方面：

1. 构建农村（民）社会保障对和谐社会、新农村建设的重要影响。

陈泽军（2007）在《建立农村社会保障制度，促进和谐社会建设》中指出，建立农村社会保障制度是构建和谐社会的必然选择。谢慧明（2008）在《和谐社会与失地农民社会养老保障制度安排》指出，应建立失地农民的社会养老保障基金，构建和谐社会。曾庆学（2008）在《社会主义新农村建设中农民社会保障问题探析》中从建立健全农村社会保障制度的必要性、农村社会保障存在的主要问题和完善农村社会保障制度的对策三个方面对农村社会保障问题进行了探析。秦利等（2008）在《建设社会主义新农村与发展农村社会保障事业》中指出，发展农村社会保障事业不仅是保障农民基本生活水平的重要途径，也是更好地防范农业生产风险以及维护农村社会公平、公正性的必然选择和有效手段，对我国社会主义新农村建设具有核心意义与作用。赵微（2008）在《对社会主义新农村建设中农村社会保障制度改革的思考》中指出，农村社会保障是具有中国特色的保障形式，也是建设社会主义新农村、实现城乡协调发展、构建社会主义和谐社会的重要途径。当前，推进农村社会保障工作应重点发展完善最低生活保障、养老保险和医疗保险三项制度。王天宇等（2015）考察了新型农村合作医疗制度的建立对居民生育意愿的影响，基于两期家庭决策模型的分析表明，带有补贴的新农合会对生育数量产生两种方向相反的效应：收入效应和挤出效应，前者导致生育意愿的提高，后者导致生育意愿的下降。认为社会保障体系建设的持续推进将为放松人口政策提供空间，实现从强制少生到自愿适度生育的转变，从而促进和谐社会的发展。

总体上，以上学者都认为，构建农村（民）社会保障是我国和谐社会、新农村建设的重要途径和必然选择。

2. 对农村社会保障体系社会保障制度建设的研究。

当前，关于我国农村社会保障体系和社会保障制度的研究，大都是围绕发展完善农村居民最低生活保障、农村养老保险和新型农村合作医疗三项制度展开的。

许雄奇等（2003）提出了21世纪中国农村社会保障体系的构想，认为农村社会保障体系应是多角度、覆盖面较宽的综合性保障体系，主要包括养老保险、医疗保险、失业保险、生育保险、社会福利、社会救济、社会优抚、防灾减灾等方面。郑功成（2007）提出，要加快建设覆盖城乡居民的社会保障体系。江绍中（2007）指出，我国农村社会保障体系亟待完善。宋扬（2008）对构建我国农村社会保障体系进行了论述，指出，现阶段，应着重建立和完善农村最低生活保障制度、养老保险制度和新型农村合作医疗制度。韩彦（2009）指出，应加快健全我国农村社会保障体系的步伐，指出只有进一步建立健全社会保险、社会救助、社会福利、慈善事业相衔接的覆盖城乡的社会保障体系，才能实现保增长、保民生、保稳定的目标。杜爱玲（2008）

进行了关于农村社会保障制度建立和完善的思考，指出农村社会保障体系的建立应从以下途径进行：一是农村合作医疗保障制度；二是建立和完善最低生活保障制度；三是探索建立农村养老保险制度；四是坚持商业性保险与社会性保险相结合的原则。韩雪（2009）对建立和完善农村社会保障制度进行了思考，提出了建立农村社会保障制度的基本构思：完善农村最低生活保障制度；积极推广和完善新型农村合作医疗制度；多渠道建设农村养老保险制度。乔凯源（2013）认为，我国农村社会保障体系主要应包括农村养老保障、农村医疗保障与农村生活保障三部分。养老保障应采取家庭保障与社会保障相结合的模式；医疗保障宜建立大病费用统筹的新型医疗制度；生活保障可仿照城市建立农村最低生活保障制度。甘灿业（2014）指出，在社会保障方面，完善农村社会保障制度，提高社会保障的层次，扩大农村社会保障的覆盖范围，重点推进新农保的工作，有条件探索农村地区失业保险、养老保险和生育保险等，提高农村地区最低生活保障的标准，集中建设农村五保户居住点和养老院。

3. 关于农村社会保障建设中的政府责任、财政责任。

刘书鹤（2001）认为，农村社会保障发展滞后的根本原因是政府财政支出方面的失误。汪敏（2007）认为，政府在农村社会保障中的责任既是政治责任，也是法律责任。杜瑞涛等（2008）认为，公共财政制度的建立意味着公共支出由重视经济领域转向社会公共服务尤其是对教育、公共卫生和社会保障的支出；公共财政制度的建立，将为农村提供更多的公共产品，将为农村社会保障制度的建设提供一定的财力支持。邵美侠（2008）认为，我国财政对农村社会养老保险资金投入严重不足是造成整个农村养老保障资金短缺的主要原因。如果政府财政扶持缺失，就会致使制度本身缺乏吸引力。翁晓松（2008）认为，我国政府尤其是中央政府必须增加公共财政对新农合的投入，义不容辞而任重道远。魏薇（2007）认为，国家财政对社会保障支出水平低，对农村社会保障投入更显不足。邵华杰（2008）指出，农村低保制度作为满足农民最低生活需求的公共产品，不仅是维护农民作为公民应当享有的生存权利的需要，也是政府应当承担的义务。李雪（2007）认为，只要政府财政投入，在农村建立起医疗方面的基本保障是可以且必需的。徐通

（2008）认为，农民对整个国家经济发展所做贡献与社会保障在农村的缺失是极不相称的，因此，政府必须要有所作为，尽快完善农民的社会保障，实现与城镇居民一样的国民待遇。郭庆（2008）指出，我国目前不仅在教育、住房、医疗、就业等公共福利方面资金投入不足，就连基本的弱势群体帮扶方面也是有心无力，社会公平与社会福利两方面都出现了不同程度的政府缺位现象。失业、物价飞涨、住房商品化、医疗市场化、教育产业化导致民众不堪重负，关乎民生的社会保障问题凸显。钱亚仙（2008）认为，在现行干部任命考核机制下，基层干部由上级任命，干部考核重视经济发展、财政收入、招商引资等经济指标，忽视农村社会保障问题等社会指标，因此，现在地方政府缺乏建立农村社会保障制度的动力，没有把规范和提高社保待遇看作自己的责任和百姓的权利。薛青（2007）认为，在建立和完善农村社会保障体系过程中，必须加大公共财政的支持力度，并注意处理收与支、缺位和越位、受益与效益的关系。杜广庆等（2007），针对当前我国农村社会保障的现状，指出了基层政府在农村社会保障制度建设中的职责：通过宣传，增强农民保障意识；发展农村经济，增加农民收入；发展区域经济，加大财力支持；进行制度与机构创新；加强农村社保基金的管理。郑军等（2008）对经济增长方式通过影响 GDP 收入分配比重大小，对农村社会保障制度建设过程中政府财政责任大小的作用机制进行了分析，指出粗放型经济增长方式必然导致政府财政责任在农村社保建设中的缺位，而集约型增长方式有助于政府财政责任在农村社保建设中的回归。并通过经济增长方式对政府财政责任影响的国际比较分析，指出我国在经济增长方式转变过程中，对农村社会保障制度建设所承担的财政责任必然会逐渐增大。罗凤娇（2007）认为，财政在农村社会保障体系中具有不可忽视的责任。于凌云等（2008）通过预测分析认为，我国从 2010 年开始通过政府财政支持全面落实覆盖全国的农村社会保障制度不会对国家财政造成额外的经济负担。王燕红（2013）认为，在城乡社会保障管理理念上，政府重城轻乡，缺少社会保障公平理念；在财政支出上，与其他国家相比我国的财政社会保障支出水平较低，中央财政和地方财政权力与管理责任边界模糊，责权和事权不明确，使中央政府的政策实施难度加大，地方政府逃避责任。邢嘉威（2014）指出，在广大的农村地区，尽管已经基本实现了新型养老保险制度的全覆盖,但政府对新农保公共财政投入的水平却相当有限,政府补贴在新农保基金中的比例明显偏低。孟丹等(2017)认为,农村社会保障的发展离不开公共财政的支持。但当前我国政府对农村社会保障的公共财政支持不足,给农村社会保障发展带来了一定的隐患。王一哲(2017)指出,我国当前财政支持农村社会保障仍然存在着与城市差距较大、公共卫生投入不足、筹资渠道单一等问题。

总体上,以上学者都认为,政府财政在我国农村社会保障体系建设中担负着极其重要的职责。

(二)存在争议的主要问题

1. 关于农村社会保障"一元""二元""多元"模式的选择。

关于农村社会保障的目标模式是趋于城乡一体化即"一元"模式,还是城乡有别的"二元"模式以及多层次、多维度的"多元"模式,不同学者有不同的阐述。裴育等(2003)认为,中国的国情决定了农村社会保障不可能也不应该走城市社会保障的道路,而应该以合作经济组织为载体,将农村社会保障与合作经济组织发展进行有机的结合,建立适合中国农村经济发展水平的社会保障制度体系,是中国农村社会保障的现实选择。王越(2005)构建了农村社会保障的模式:城乡保障项目有别;资金筹集和使用方式、组织管理方式有别;不同地区有别;参与主体多元化;政府集中管理、统一协调。胡仲明(2006)认为,鉴于城乡二元经济结构、城乡社会经济水平显著差异,目前不可能建立起城乡一体化的社会保障体系,应是一种"多元化"保障模式。张瑛(2007)认为,要分别建立城镇新型社会保障体系和农村新型社会保障体系,实行城乡差别的社会保障体系。刘子操(2007)认为,总体目标模式是覆盖全体公民,城乡一体化,以"一元"社会保障制度取代"二元"社会保障制度。过渡期模式是建立城乡有别、相互贯通的社会保障体系。刘效梅(2008)认为,单一的养老保险供给模式不能满足所有农村人口的需要,应针对目前农村人口的复杂情况,提供多种可供农民选择的养老保险模式。庹国柱等(2009)设计的我国农村社会保障体系建设的总目标是:建立多层次、分阶段、与经济发展水平相适应、与城市社会保障体系有机衔接的"三维农村社会保障体系"，第一维度是建立覆盖全国城乡的法定的最低保障，第二维度是建立农村社区性的基本保障，第三维度是建立以商业性和政策性保险为主体的补充保障。刘子操（2007）构建了我国城市化进程中的农村社会保障制度的目标模式和过渡期模式。目标模式：覆盖全体公民，城乡一体化，以"一元"社会保障制度取代"二元"社会保障制度。过渡期模式：建立城乡有别、相互贯通的社会保障体系，其体系内容包括纯农业人口社会保障制度、农民市民化社会保障制度和城市社会保障制度。张增国等（2014）认为，近几年农村居民在就医、低保、教育等方面尽管有了较大改善，但与城市社会保障制度建设相比，仍然有着巨大的差距。一个统一、平等、完善，惠及全体国民的社会保障制度，离农村居民依然十分遥远。

2. 对我国农村社会保障制度变迁的研究。

不同学者站在不同角度对我国农村社会保障制度的变迁进行了不同阶段的划分，有的基于计划经济与市场经济的大背景进行阶段划分；有的基于社会保障在实践中表现出来的不同特征进行划分；有的基于改革开放前后集权分权的不同进行划分。宋士云（2005）对我国1949～2002年的农村社会保障制度变迁进行了研究，将其分为三个阶段：一是农村个体经济基础上，以农民家庭保障为主体的农村社会保障制度（1949～1955年）；二是计划经济体制下以集体保障为主体的农村社会保障制度（1956～1983年）；三是向市场经济转轨中，从传统走向现代，开始走向社会化的农村社会保障制度。董颖瑶（2007）认为，中国农村社会保障制度经历了三个阶段：第一阶段（1958～1977年）集体化时期，集体保障为主；第二阶段（1978～1988年）分权化时期，个人保障为主；第三阶段是试点阶段（1989年以来），呈现国家－社会保障趋势。陈永平（2007）将我国农村社会保障的历史变迁划分为三个时期：萌芽时期（新中国成立初期）；初步建立时期（从我国实行农业合作化开始到改革开放前的二十几年）；发展时期（改革开放以来）。冯燕（2009）在国家与社会视野下对农村社会保障制度变迁进行了研究，将农村社会保障制度演进历程划分为四个阶段：一是歧视性制度导致农村依靠家庭保障（新中国成立初期）；二是计划经济下由政府单一支撑的农村社会保障制度；三是20世纪80年代以家庭和土地为依托的农村社会保障制度；四是90年代抵御市场经济风险的农村社会保障制度。陆月娟（2013）认为，新中国成立以来，我国农村社会保障制度屡经变革，其演变过程可以大致分为三个阶段：集体依托阶段、家庭生产保障阶段、社会化阶段。杨斌等（2014）就内容、结构和层次"三个体系"分析评价了我国1978年以来农村社会保障制度在社会保险、社会救助、社会福利、所有成员、部分成员、政府责任、社会责任和个人责任八个方面不同的发展演变历程。黄清峰等（2014）从制度变迁视角分析了新中国成立以来农村在城乡二元背景下形成对土地保障模式的路径依赖，并逐步进入"锁定"状态，经过改革开放40年，一系列现代社会保险项目在农村建立，我国农村社会保障开始突破传统的路径依赖，从突破到新路径选择：构建社会保障城乡一体化的新路径。

3. 关于开征社会保障税问题。

观点不一，有人认为应适时开征社会保障税；有人认为我国目前还不具备开征条件；有人认为应将保险基金收费改为社会保险（保障）税；有人认为开征应限定在城镇；有人认为城镇、农村各自开征；有人认为不分城市、农村统一税制。

夏杰长（2002）提出，应参照国际经验，从我国的实际出发，制定社会保障法，开征社会保障税。毛剑波（2004）提出，社会保障税应主要限定在城镇，对于农村，应先从部分地区试点，视实际的实施情况，然后逐步向其他地区推进。魏薇（2007）主张开征社会保障税，认为社会保障税应成为社会保障资金的主要筹集方式。龙卓舟（2008）认为，开征社会保障税是社会保障制度的本质要求，我国财政面临巨大压力，所以必须开征社会保障税。张惟璐（2006）从社会保障税本身存在的一些优势、农民纳税能力、农村社会保障税的税负等方面分析了我国开征农村社会保障税的可行性。并指出，征收农村社会保障税使得农民得到的收益远大于为此支付的成本，而且出现社会多方负担的情况，这对农民增收、整个社会劳动力价格上升、提高人民的生活水平、刺激农业经济发展、促进农业与其他产业的协同发展以及加速城乡统一协调发展都有极大的促进作用。谢旭人（2010）指出，完善社会保障筹资形式与提高统筹级次相配合，研究开征社会保障税。陈丽（2008）认为，社会保障税应成为我国社会保障基金尤其是农村社会保障基金筹集的主要方式。吴国玖（2006）考虑到农村社会保障的缺失，建议立法创设农村社会保障税取代农业税。杨向东（2013）认为，我们可以将目前养老、失业和医疗三种社会保险费合并为一种社会保障税，简称"费改税"，由税务部门依据税法向所有单位（包括行政单位、事业单位、国有企业、"三资"企业、民营企业、乡镇企业）及其职工个人、灵活就业人员和失地农民强制性征收。这样在适度的范围内，维持了社会共同体的存在、稳定和发展，也有利于依法扩大社会保险覆盖面，提高保障水平。李晶（2014）指出，如何保障社会保险资金的来源，成为迫切需要解决的问题。我国应积极面对当前社会保险费改税的现实障碍，寻求各方利益的平衡和制度之间的协调，及时推出社会保障税。邵晓琰（2015）认为，我国社会保障体系存在着社保资金严重不足的问题。开征社会保障税，做到"专税专用"是解决这一问题的关键手段。建立经济模型，对社会保障税进行效应分析并求解出最优税率，得出结论：社会保障税的开征可以解决资源运用效率与社会公平的矛盾，并促进资源配置效率与社会公平的统一。曾尹嬿等（2015）结合社保基金"统账结合"基本模式及城乡二元结构等现实国情，提出分别以个人所得税应纳税所得额和流转税为税基，建立"个人基金税"和"统筹基金税"双税目的社会保障税改革思路。董伟康（2017）建议在税务机关征收社会保险费的经验基础上，将我国目前征收的社会保险费改为社会保障税。

4. 农村非农群体的社会保障问题。

关于农村非农群体的社会保障问题，也是观点不一，有的提出"土地换保障"的观点，有的提出建立一种群体的社会保障制度，有的提出将非农群体纳入城市社会保障体系。董理（2001）提出，设计一种"以土地换保障"的方案，当农民进入城镇就业、定居而无力耕种土地的时候，转让其承包的土地，由转包者给予其经济补偿，使其参加相应的社会保障。当然，这部分经济补偿也可先交付国家财政，国家将这部分农民纳入城市社会保障体系。刘子操（2007）提出，在城市进程中应建立一种介于农村和城市之间，既不同于农村社会保障制度，也不同于城市社会保障制度而又与二者紧密联系，能实现有效对接的一种社会保障制度——农民市民化社会保障制度。李红旗等（2008）认为，失去土地的农民是新市民，市民能享受的失地农民也应该享受，应将失地农民纳入城市社会保障体系。师宁慧（2008）认为，农民工是个复杂而庞大的群体，应分类建立农民工社会养老保险制度。刘跃发等（2008）认为，应建立完善的社会保障机制，为失地农民提供长效保障。黄贵（2008）认为，要为失地农民建立全面的包括低保、养老保障、医疗保障和就业保障在内的社会保障制度。杨一帆（2008）从强制"保障类"账户（A账户）和强制"补偿类"账户（B账户）对失地农民构建复合型社会保障制度。吴梦（2008）研究了城市化进程中的失地农民的社会保障问题，构建了失地农民社会保障体系内容：低保、养老保障、医疗保障、受教育培训、法律援助。江苏省2013年12月起施行《江苏省征地补偿和被征地农民基本生活保障办法》，将被征地农民分为未成年年龄段、劳动年龄段、养老年龄段三个年龄段，规定：16周岁以下的被征地农民不参加城乡社会养老保险，一次性领取生活补助费；劳动年龄段的被征地农民参加企业职工基本养老保险，未参加企业职工基本养老保险的，可以选择参加城镇居民养老保险或新型农村社会养老保险；养老年龄段的被征地农民直接按照不低于当地农村最低生活保障标准的1.1倍按月领取补助养老金。丛旭文（2013）认为，2010年，中国失地农民的数量已经超过了5 000万人，预计到2020年人数将会超过1亿人，这么多失地农民的出现，背离了工业化、城市化的发展初衷。失地农民社会保障问题也受到了社会的广泛关注和反思，中国失地农民社会保障问题能否得到合理的解决，在很大程度上关系着中国社会的稳定和经济的发展。

5. 衡量社会保障水平的指标设计问题。

比较典型的有：穆怀中（1997）依据统计数据资料对保障水平进行的三种口径的统计分析指标设计；李放（2006）从在局部省区的角度对江苏农村社会保障体系建设及评价指标进行了设计；杨翠迎（2003）不分城乡对整个社会保障水平进行了指标设计。

李放（2006）根据农村社会保障体系建设目标和江苏省农村保障水平的现状设计了江苏农村社会保障水平的评价指标体系，共分为四个具体的指标：人均养老金水平；新型合作医疗人均补偿率；农村居民最低生活保障水平；五保户集中供养水平。

穆怀中（1997）对保障水平提出了三种口径的统计分析指标：一是不含住宅投资和价格补贴的社会保障水平，称为"小口径统计分析"保障水平；二是含住宅投资的保障水平，称"中口径统计分析"保障水平；三是含住宅投资和价格补贴的社会保障水平，称为"大口径统计分析"保障水平。并以柯布—道格拉斯生产函数原理为基础，建立了城乡社会保障负担系数模型和劳动生产要素分配系数模型：

$$S = \frac{S_a}{W} \times \frac{W}{G} = Q \times H \tag{1.3}$$

穆怀中（2003）还通过对8个主要发达国家（英国、瑞典、芬兰、丹麦、德国、法国、美国、日本）的实证分析，提出随着人均GDP的增长社会保障水平发展趋势呈现倒置型（倒U型）的波动曲线。穆怀中（1997）根据供求平衡原理构建了社会保障平衡发展模型：

$$\frac{PNR}{W} = O_n + L_a = \frac{I + U + T}{W} \tag{1.4}$$

其中，P表示受保障人口；N表示保障项目；R表示社会保障程度；I表示个人保障资金供给总额；U表示单位或企业保障资金供给总额；T表示国家保障资金供给总额；O_n表示老年人口比重；L_a表示劳动人口自身的保障资金供给份额；W表示工资收入总额。

杨翠迎（2003）设计了衡量社会保障水平的指标体系，包括3个一级指标（数量指标、质量指标和效率指标）和16个二级指标。另外，钟振强等（2008）设计了评价农村社会保障制度建设与经济发展阶段同步性的指标：一是经济性指标。农村社会保障支出与GDP之比。二是财政性指标。农村社会保障支出与财政收入的比重。三是内容性指标。养老、医疗、失业等内容范围须因地制宜。四是公平性指标。体现在农村社会保障对象范围上。五是制度性指标。随着经济发展，社会保障也须日益实现制度规范化。王晓琴等（2008）在社会保障水平一般衡量指标的基础上设计了社会保障支出的增长对GDP增长的反映程度的指标：社会保障支出增长弹性＝社会保障支出增长率／GDP增长率。郑功成（2010）指出，我国现行口径的财政性社会保障支出占财政支出的比重，这一指标既是衡量一个国家或地区社会保障发达程度的重要指标，也是衡量政府对民生的关注与重视程度及财政公共性强弱的核心指标。在国际上，福利国家社会保障支出占财政支出的比重高达40%，甚至50%，新兴工业化国家及部分发展中国家的同一指标也在20%~30%，我国现行口径财政性社会保障支出占财政支出的比重在2007年时为11%强，属于明显偏低型。并从发展需要与可能出发，预测到2012年、2020年、2049年，同口径指标应分别不低于15%、20%、30%。

（三）其他角度的研究

梁平（2008）基于社会生态环境视角对统筹城乡社会保障的制约因素进行了探讨。郑军等（2007）从东西方家庭文化差异方面受到启示，提出我国要加大低保制度建设、建立农村高龄特殊津贴、继续倡导和推行农村家庭保障的多层次的农村社会保障制度。李余华等（2008）从中西方观念差异的角度分析，认为覆盖面不够广、农民参与率不高、资金运作问题较大、专业机构和人员缺失、立法不完善、监督机制不健全等，困扰着中国农村社会保障制度建设。完善我国农村社会保障制度的关键在于解放思想、更新观念。严俊（2008）从公共政策角度进行中国农村社会保障政策分析。郑功成（2008）从农村居民社会保障与计划生育有机结合的视角进行中国农村社会养老保险政策研究。李为（2008）从立法角度论建立和完善我国农村社会保障法律制度。陈林等（2008）认为，农村社会保障所暴露出来的已不是一个单纯的社会问题，而是在国家发展过程中制度偏失，解决农村社会保障建设中的制度问题才是解决我国目前农村社会保障的关键。宋生瑛（2007）认为，农村社会保障制度缺失的关键是与政府公共政策的缺陷有关。王兰芳等（2008）提出了中国农村社会保障制度的均衡、补偿、自由的发展观。秦清芝（2007）认为，农村社会保障体系的建立完善需要多方面条件，因而必须站在系统论的视角进行分析。张长有（2007）论述了建立我国农村社会保障的直接理论基础和其他参考理论。张弓长（2008）基于分税制改革的视角，对我国农村社会保障供给不足的原因及对策进行了分析，认为现行的与经济发展水平高度相关的转移支付制度，使贫困地区（农村）的地方政府支出呈现出非合理

性的结构，一定程度上加剧了我国农村社会保障的供给不足。崔永辉等
（2008）在公正视野下对中国的城乡社会保障制度进行了研究。刘子操
（2007）以城市化为背景研究农村社会保障制度的建立问题，提出了建立城市
化进程中农村社会保障制度的三个理论支点：社会公平理论；和谐社会理论；
社会权力贫困理论。张瑛（2007）研究了南京市农村社会保障制度。翁晓松
（2008）探讨了福建新型农村合作医疗的路径选择。刘跃发等（2008）基于廊
坊市、涿州市失地农民调查，研究了河北省失地农民就业和社会保障问题。
钟振强等（2008）对广东农村社会保障建设与经济发展阶段的同步性进行了
研究分析。余丽生（2006）进行了浙江省农村社会保障制度建设的实证分析。
王晓琴等（2008）对浙江省社会保障水平与经济发展的适应性进行了研究。
杨惠芳（2008）以浙江省嘉兴市为例对城乡社会养老保障一体化的实践与探
索进行了研究。郭伟丽（2008）分析了河南农村社会保障的问题与对策。刘
海波等（2007）基于爱辉区3乡6村个案的调查，对黑河市农村社会保障现
状与财政支持对策进行了研究。白凤峥（2008）分析研究了山西省农村社会
保障水平，指出山西省现实的农村社会保障水平大大低于适度区间的下限，
表明山西省农村社会保障制度建设大大落后于经济发展。郭亚莉（2007）探
讨了西部贫困地区农村社会保障体系缺失的困境及政策建议。马子力（2009）
以甘肃省临夏县为例对甘肃省民族地区农村社会保障现状进行了实证分析。
章忠明（2010）探讨了甘肃省农村社会保障体系建设中的财政责任。庹国柱
等（2009）在农村人口为封闭状态下，基于精算平衡原理，运用养老保险现
收现付制模型和个人终身年金精算模型，测算了我国农村社会养老金缴费和
政府财政补贴责任。王利军（2005）等以内生增长理论为基础，运用柯布—
道格拉斯生产函数构建了计量经济模型，运用1980~2002年的统计数据进行
回归，对我国养老保险财政支出的最优规模进行了测算。李冬妍（2011）对
"新农保"制度进行了现状评析和政策建议，认为完善新农保制度应增加财政
投入、加快全覆盖进度以促进各地新农保均衡发展；科学设计量化指标、完
善财政投入补贴机制；取消捆绑条款；完善筹资机制与待遇调整机制；建立
农村金融机构的新农保服务成本补偿机制。刘小青（2014）对新型农村合作
医疗的社会保险性质进行了探析，认为应将新农合向带有强制性的农村基本

医疗保险制度发展，同时把政府定额财政补贴变为按比例补贴。张建春（2018）指出，广西农村社会保障发展的经济基础不够牢固，与城镇社会保障发展相比存在较大差距，社会保障管理机制有待完善，农民群众的参保意识也有待提高。因此，应加快经济社会发展，夯实农村社会保障事业发展基础；加大农村社会保障事业资源投入，增加农村社会保障的包容性和公平性；优化制度机制，提高农村社会保障工作效能；加强社会保障政策的宣传和教育，提高农民群众的参保积极性。

总的来说，目前我国农村社会保障建设处于起步阶段，各项社会保障制度措施也处于试行状态，很不成熟。国内学者关于农村社会保障的研究虽然很多，既有观点基本趋于一致的研究，又观点纷呈，涉及农村社会保障目标模式选择、社会保障水平评价、农村社会保障税的开征、农村非农群体社会保障问题的探讨等多方面。但是，研究中仍存在一些欠缺：一是关于农村社会保障理论方面的规范分析较少，同时，虽然关于目前我国农村社会保障问题的实证分析相对很多，但不少实证分析在规范性上欠缺。二是从公共财政视角对农村社会保障的研究很少，而从规范的公共财政框架视角对农村社会保障问题的研究几乎没有。三是关于农村社会保障建设中的政府责任、财政责任的研究中，也大多是从政府扶持、财政投入的必要性、可行性方面进行分析，解决措施也仅仅是从推进完善我国目前的农村低保、农民医疗保险、农民养老保险方面进行泛泛的阐述。而从目前我国农村社会保障存在的深层次问题及其原因方面进行系统研究，并围绕实现城乡统筹社会保障全覆盖目标深入探索解决我国农村社会保障问题的切实可行的关键措施的研究几乎没有。本书基于江苏新沂和河南平舆的入户走访、问卷调查，按照现状、问题、原因、影响和对策措施的思路进行规范的实证分析。本书结合我国新时期社会保障事业发展的需求及公共财政体制改革的方向构建我国规范的公共财政框架体系，在此公共财政框架体系下研究我国目前农村社会保障问题，既具有前瞻性，又是一个研究角度的创新。本书通过调查研究，进一步印证和揭示了我国农村社会保障存在的深层次问题，并深入剖析、探究其原因及其影响，在进一步分析借鉴代表性国家农村社会保障制度的基础上，针对我国实际，提出解决我国农村社会保障问题的路径设计，即围绕"全覆盖"社会保障目标，突出加大财政对农村社会保障发展的扶持这一关键措施，并提出必要且可行的针对性措施，从而为我国农村社会保障问题的解决建言献策。

第三节　研究目标、技术路线、假设与方法、创新与不足

一、研究目标

本书拟回答的主要问题：一是在没开征社会保障税与开征社会保障税条件下，规范的公共财政框架体系是怎样的？我国社会主义市场经济体制下，公共财政与农村社会保障的关系怎样？二是目前我国农村社会保障存在水平低下等问题，其严重程度如何，与适度水平相比差距多大？三是通过实证调查，进一步了解农民对社会保障供给不足及城乡差距的看法与满意度，新型农村社会保障项目在农村的实施效果如何？四是探究目前我国农村社会保障问题的原因，从长远看，其根本原因是什么？从当前解决问题的关键看，其直接原因是否为公共财政对农村社会保障公共品供给的缺失？五是如何构建解决农村社会保障问题的路径体系，提出并论证财政扶持农村社会保障发展的关键措施？其基本目标是通过研究，为我国当前农村社会保障问题的解决设计一个较全面、完整的路径体系，既对农村社会保障理论进行丰富，又可对政府关于农村社会保障的制度决策建言献策，对我国城市社会保障和农村社会保障对接，实现城乡一体化过程中可能会出现的新的矛盾与困惑起到预警作用。对我国历史和现实原因造成的目前异常复杂的"三农"问题的较好解决起到决策和实践上的借鉴。

二、技术路线

本书研究的技术路线具体如图 1-2 所示。

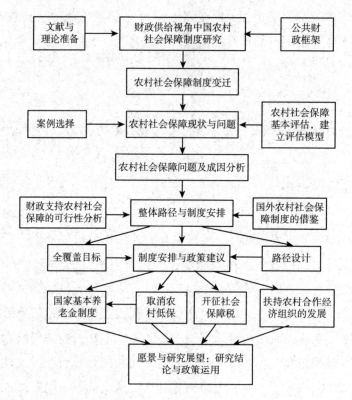

图1-2　本书研究技术路线

三、研究假设及方法

（一）研究假设

本书是在完善我国公共财政体制、建设和谐社会与新农村、解决"三农"问题背景下进行研究的。研究假设为：农村社会保障是我国当前农村公共品的重要组成部分，是我国当前政府财政提供公共品的重要领域，农村社会保障公共品供给必须依赖财政的扶持，农村社会保障公共品的有效供给又能促进我国公共财政体系的完善。从世界经济的发展史看，"三农"问题是永恒的主题，建立和完善农村社会保障制度是解决"三农"问题的关键点，是构建和谐社会、建设社会主义新农村的重要措施。

（二）研究方法

1. 通过 Internet 网络等文献检索工具，系统地进行文献检索和资料查阅，分析国内外关于农村社会保障的相关研究，以期对本书的研究提供理论基石和借鉴。

2. 面向宏观，立足农村发展的实际，将规范分析与实证分析相结合，理论分析与经验分析相结合，定性分析与定量分析相结合，传统分析与国际分析相结合，全面分析与比较分析相结合。

3. 利用中经网统计数据库，《中国财政年鉴》《中国统计年鉴》和《中国卫生统计年鉴》，各年度国民经济和社会发展统计公报、人力资源和社会保障事业发展统计公报、民政事业发展统计报告等数据进行定量分析。

4. 本书按照穆怀中关于社会保障的供求平衡分析式构建我国农村社会保障供求平衡模型，对财政扶持我国农村社会保障的必要性进行理论分析。

5. 实证研究：①基于笔者到农村的走访调查，组织利用学生寒假回家进行问卷、访谈调查，对农村社会保障问题、原因、影响进行实证研究。②本书以穆怀中的柯布—道格拉斯生产函数原理建立的城乡社会保障负担系数模型和劳动生产要素分配系数模型和卞燕的农村社会保障水平的评估模型为基础，根据对我国目前农村社会保障的现状的分析，构建我国目前的社会保障水平评估模型，对我国目前农村社会保障水平进行较完整全面的实证分析。

四、可能的创新与不足

（一）可能的创新

1. 本书围绕城乡一体化目标，以财政供给为视角研究农村社会保障制度问题。针对这样一个命题，本书首先根据我国社会经济发展的需求，适应我国公共财政体制改革的趋势，构建了规范的公共财政框架体系；其次对作为公共财政体系重要组成部分的农村社会保障问题进行研究。结合我国新时期社会保障事业发展的需求及公共财政体制改革的方向，构建我国规范的公共财政框架体系，在此公共财政框架体系下研究我国目前农村社会保障问题，既具有前瞻性又是一个研究角度的创新。解决我国农村社会保障问题的路径设计从社会保障规划先行到目标的实现，中间依赖建立实施国家基本养老金等加大财政对农村社会保障发展扶持的关键措施，是研究角度的另一个创新。

2. 本书在对新中国成立以来我国农村社会保障发展历程进行深入研究、评析的基础上，对我国农村社会保障制度变迁史进行梳理，并进行了比较科学合理的阶段划分。

3. 本书以穆怀中的柯布—道格拉斯生产函数原理建立的城乡社会保障负担系数模型和劳动生产要素分配系数模型以及卞燕的农村社会保障水平的评估模型为基础，根据对我国目前农村社会保障现状的分析，构建我国目前的社会保障水平评估模型，对我国目前农村社会保障水平进行较完整全面的实证分析。

4. 基于对河南平舆和江苏新沂的入户问卷调查，对我国目前农村社会保障问题的成因及其影响进行实证分析。通过分析，认为政府财政对农村社会保障这一公共品提供的欠缺和相对滞后是我国农村社会保障问题形成的根本原因。本书根据目前我国农民收入和农村发展状况进行研究，得出结论：农民相对贫困，很多地区农民尤其是中西部地区农民维持基本生活需求都很难，因而不可能拿出多余的资金来为社会保障筹资。联产承包责任制实施以来，许多地区的农民集体组织力量不断削弱，而且，尽管许多地区乡镇企业自进入市场经济以来不断得到发展，但乡镇企业整体市场竞争力相对较弱，再加上乡镇企业对社会保障责任认识不清，因此靠农村集体组织和乡镇企业为社会保障筹资都很困难。这样，农村社会保障供给水平的提高只能依靠财政对农村社会保障资金供给总额的增长。并进而提出建立实施国家基本养老金，取消低保，推进开发式扶贫，适时开征社会保障税，推进农业合作经济组织发展等加大财政对农村社会保障发展扶持的关键措施。调查显示，在我国农村试行的农村养老保险困境重重，因而我国现行农村养老保障制度的再改革和完善要提上日程。本书通过对北欧国家社会保障制度的分析得到启示，提出在按照农民自愿原则进一步推进"新农保"的基础上，应及时在我国建立城市居民与农村居民均等的国家基本养老金制度的改革措施，并对实行国家基本养老金制度的资金可行性进行了匡算分析。低保，本来是作为我国社会保障的一个过渡性救助措施推出的，到了合适的时机是要取消或转型的。而且从我国农村低保的现状看，效果不甚理想，其弊端越来越多地暴露出来。"功能错位""劳动消极性""人格萎缩"等现象的出现严重扰乱了农村的社会经济秩序。宜对老年人的低保支付，直接转为国家基本养老金，对非老年人贫困对象的低保归为传统的社会救济、开发式扶贫等。部分农村低保职能并入社会救助，是低保的本位回归，有利于促进社会救济（助）事业的进一步发展。要想彻底解决农村社会保障问题，从长远看还是要加速农村经济的发展，提高农村综合效益，增加农业生产附加值，提高农民收入。而推进农业合作经济组织建设正是增加农业生产附加值、提高农村综合效益和农民收入的较好的方法。同时，推进农业合作经济组织发展，可增强农村社会保障筹资主体之一——集体组织的力量。

（二）研究难点和不足

由于我国农村社会保障还处于起步和试点阶段，各项农村社会保障制度措施还很不成熟，关于农村社会保障的信息数据近乎"碎片化"状态，缺乏农村社会保障的系统数据，更没有全国统一的关于农村社会保障财政投入的权威数据，无法随着 GDP 的增长和财政收入的增加，对我国农村社会保障的合理水平及财政对农村社会保障发展扶持的合理标准进行准确量度和预测，是本书研究的难点，也是本书今后努力的方向。

同时，鉴于时间和精力的制约，笔者对我国农村社会保障问题没作更广更深入的实证调查，因此笔者在局部地区信息基础上对农村社会保障问题的研究难免偏颇，这也是本书今后努力和进一步研究的方向。

本章小结

本章阐述了本书的选题背景，对现有文献进行了研究和综述，分析现有研究成果趋于一致和存在争议的领域，发现现有研究的优势和不足。在此基础上提出了本书的研究目标、技术路线、假设与研究方法、创新与不足。

第二章　农村社会保障的基本理论

第一节　农村社会保障的概念和产品属性

一、农村社会保障概念的界定

（一）国际上相关概念的界定

在国际上尤其是发达国家城乡社会保障基本没有差距，因而没有专门关于农村社会保障概念的界定，只有关于社会保障概念的界定。在我国历史上及目前理论界，也基本上只有社会保障概念的界定，鲜有针对农村社会保障概念的界定。

罗斯福新政期间，美国于 1935 年颁布《社会保障法》，第一次使用社会保障的概念。关于社会保障，目前无统一定义，各个国家和地区关于社会保障的含义与范围都不同。国际劳工局在《展望 21 世纪：社会保障的发展》一书中对社会保障的解释为：社会保障的目标不应限于防止或减轻贫困，应该更为广泛。它反映着一种最广义的社会保障意愿。它的根本宗旨是使个人和家庭相信他们的生活水平和生活质量会尽可能不因任何社会和经济上的意外事件受很大影响。这就不仅是在意外事件中或已出现意外事件时去解决困难，而且也要防患于未然，帮助个人和家庭在面临未能避免或不可避免的伤残和损失时，尽可能做到妥善安排，因此，社会保障需要的不仅是现金，而且还有广泛的医疗和社会服务。

英国对社会保障的理解：它是社会福利供给的一部分，政府通过现金补贴和非现金补贴两种形式，向那些失业、病人、残疾人、老年人和其他有可能受贫困威胁的群体提供社会保障补贴，以减轻贫困。

在美国，按《社会保障法》的解释，社会保障是指：根据社会保障法制定的社会保险计划，对于年老、长期残废、死亡或失业而失掉工资收入者提供保障，同时对老年和残疾期间的医疗费用提供保障。老年、遗属、残废和健康保险计划对受保险的退休者和残废者和他们的家属以及受保险者的遗属，按月提供现金保险待遇。美国人对社会保障的一般理解：社会保障是一种"社会安全网"，是对国民可能遭遇的各种风险如年老、疾病、失业等加以防护的社会安全网。

德国是始创社会保障制度的国家。德国对社会保障的理解与其在第二次世界大战后开始实行的社会市场经济制度密切相关。就是把社会保障理解成社会公平和社会安全，社会保障制度就是为在市场竞争中不幸失败或失去竞争能力的人提供基本生活保障的安全制度。德国社会保障制度的基本原则是，国家应实行因人而异的自救为主原则，将个人能力与政府的责任尽可能地联系起来。

日本的社会保障是指国民在因失业、伤病、死亡、多子女、高龄等原因造成所得中断或减少而陷入生活困境时，通过政府社会保障机制进行国家援助，保障其最低限度的收入所得，维持其基本生活的制度。

在我国，人们通常将社会保障理解为：国家通过立法，采取强制手段对国民收入进行分配和再分配，对基本生活发生困难的社会成员给予基本生活保障，以保证社会安定的一系列有组织的措施、制度和事业的总称。

而国内学者对于农村社会保障概念的界定，总体上非常少。经文献查证，只发现贺清龙有专门针对农村社会保障概念的简略阐述。贺清龙（2008）认为，农村社会保障是在中国现有经济社会条件下对公民中的弱势群体主要是农民为主要对象的在社会保险、最低生活保障和基本医疗与基本养老等方面提供基本的保障的一种制度安排①。其他文献大多也只是从目前农村社会保障的内容和农民需求方面泛泛提及，而没有对农村社会保障概念确切界定。

（二）本书对我国农村社会保障概念的界定

关于农村社会保障的概念，首先，本书认为，由于农村社会保障是我国目前社会保障体系的一个独立的部分，有其特殊性和历史存在性，有必要对其概念进行界定。其次，从长远看，我国农村社会保障必然朝着城乡一体化的方向发展，因而其概念界定又必须遵从社会保障的概念内涵。

因此，本书综合以上各国对社会保障的认识，对农村社会保障的概念界定为：农村社会保障是国家政府依照法律法规运用有效的措施、方式和手段对全体农村居民实施的保障其基本生活、公共卫生保健和社会福利的制度措施。目前，农村社会保障是我国社会保障体系中不可缺少的一个组成部分，是相对于目前城镇居民的社会保障制度措施而言的，是针对农村区域内的农民而建立和实施的各种保障农民基本生活需求、养老需求和医疗需求的社会保障制度和措施。

要理解我国的农村社会保障的概念，必须注意以下四个要点：（1）农村社会保障的责任主体是国家。但国家和政府不是社会保障唯一的责任主体，社会组织和社会团体在社会保障中所起的作用和应担负的责任也是很重要的。（2）农村社会保障与公共财政支出密不可分。社会保障是以社会化的保障手段来适应市场经济和社会化大生产的要求，它通常使用的方法是以再分配方式转移支付，农村社会保障支出是公共财政支出的重要组成部分。（3）农村社会保障作为经济福利制度，其目标是保障社会成员的基本生活需要，并不断提高其公共卫生保健和福利水平。（4）农村社会保障的出发点和初衷是补偿现代社会中被削弱的家庭保障、土地保障功能，但非取而代之。

---

① 贺清龙. 中国农村社会保障制度的现状与再思考 [J]. 社会主义研究，2008.1.

二、农村社会保障的公共产品属性

（一）农村公共产品的属性

农村公共产品是相对于农民私人产品而言的，用于满足农村公共需要的产品，提供给由农村不同范围的农民消费、享用的，具有非排他性和非竞争性的各类产品和服务。它是个体农民所不愿干、不能干、干不了但又是社会和经济发展所必不可少的那些事务，是全体农民共同利益的体现。由于农村具有社区边缘性和生产的分散性，以及农业产业生产规模较小且经营分散，决定了农村公共产品不仅具有公共产品的一般特性，还具有特殊性。其属性包括以下几个方面。

1. 公共性。

公共性是公共产品的本质属性，农村公共产品首先属于公共产品范畴，因而具有公共性。公共性体现在以下方面：一是产品供给结构的公平性。公共产品具有消费排他性，政府只有公平、均衡地向东部和中西部的农民提供公共产品，才能实现社会和经济发展的均衡。不然，将扭曲公共产品的供给结构，出现比市场失灵更糟糕的政府失灵，并带来一系列的社会问题。二是产品供给过程的公开性。公共产品供给实际上是政府对公共资源的配置过程，按照公开透明的原则生产和分配公共产品，是市场经济对政府部门的基本要求。三是产品供给取向的公正性。这要求政府要按农民的集体意愿提供公共产品，弥补市场的失灵，维护社会公共利益，实现农村社会总福利和人均总福利的最大化。

2. 效益的外溢性。

效益的外溢性，即不仅社会受益，而且个人也受益。相对于城市公共产品而言，农村公共产品具有较强的正的外溢性。农村公共产品既能提高农村投资环境，同时，它所产生的收入效应、消费效应、就业效应，对启动农村消费，扩大内需和拉动经济增长具有明显的带动作用。

3. 非排他性及非完全的竞争性。

在一定条件下，农村公共产品的消费具有非排他性，由本地区全体居民受益。农村公共产品或多或少地存在消费上的竞争性，随着供给范围的扩大，其成本也呈现一定程度增加，因而并不完全具有非竞争性。

4. 效率较低。

由于农村是处于中国行政区划的最底层以及农村的生产规模较小而且经营分散，使得农村公共产品相对城市公共产品而言受益范围较为有限，使用效率也相对较低。如乡村道路的使用效益相对城市道路就较低。

5. 多层次性。

农村的边缘性决定了乡镇以上各级政府提供的全国性或地方性公共产品都有覆盖到农村的可能，有些农村公共产品也是对上级政府提供的公共产品的配套和延伸，因此，它既包括中央政府提供的覆盖到农村的全国性的公共产品，又包括地方政府和农村组织提供的受益范围局限于本地区或部分外溢到周边地区的地方性公共产品。

6. 农民对农村公共产品的高依赖性。

农业部门在国民经济中的基础性地位、农业是自然风险与市场风险相互交织的弱势产业以及我国农民生产的分散性组织形式特征，决定了农民对农村公共产品的较高程度的依赖性，并且农村经济市场化程度越高，这种依赖性就越大。另外，农村的分散生产经营状况决定了一些在城市中的可以由私人提供的产品，在农村则要由政府来供给，以公共产品的形式提供。

（二）农村公共产品的范围

1. 包括农村纯公共产品和农村准公共产品。

一般地，按照公共产品的"公共"程度或效益外溢性程度，可将公共产品分为纯公共产品和准公共产品。简单地来看，纯公共产品指的是总收益完全不能内部化的产品；准公共产品指的是总收益能部分内部化的产品。公共产品的本质属性在于它的公共性。按公共产品的性质来划分，农村公共产品可分为农村纯公共产品和农村准公共产品两大类。

农村纯公共产品是指具有充分的非排他性和非竞争性，并且不能确定价格的物品，即指完全意义上的社会公共物品，应当由政府免费提供的产品。

比如农村基层政府（县乡级）行政服务、社会治安、农村计划生育、农业基础科学研究、农村综合发展规划、农村信息系统、大江大河治理、农村环境保护和生态建设等。农村准公共产品是指介于纯公共产品和私人产品之间，一个人消费的物品总量对别人的福利有重要的外部影响，并且在纯公共产品的两个特征中具备其中一个特性而不具备另一个特性的社会公共物品。主要包括：（1）在性质上近乎纯公共产品的准公共产品：如农村义务教育、公共卫生、社会保障、电力设施、小流域防洪涝设施建设、农业科技成果推广等；（2）一般准公共产品：如农村高中（职高）教育、水利设施、医疗、道路建设、文化馆等；（3）在性质上近乎私人产品的准公共产品：如农村电信、电视、成人教育、自来水等。农村公共产品中纯公共产品少、准公共产品（俱乐部产品）多，并且界限相对模糊，政府财政提供与否的弹性较大。

2. 包括农业生产所需公共产品和农民生活所需公共产品。

按照农村公共产品的供给对象或用途，农村公共产品分为农业生产所需的公共产品和农民生活所需的公共产品。农业生产所需的公共产品又称农业公共产品，农业公共产品是指那些与农业经济发展相关，体现农民公共利益的公共事务，如农村的区域、水利、植保、良种、农村道路和电力、农民培训和农技推广等，它们是农业生产力的组成部分，大多以准公共产品方式提供。缺少这类产品，则农业将回到自然经济状态（马国贤，2006）。农民生活所需的公共产品有农村社会保障、农村卫生防疫、农村电视媒体通信、自来水、计划生育等。

（三）农村社会保障属于农村公共产品

根据前述分析可以看出，目前，农村社会保障是我国公共财政体系框架的一个非常重要的组成部分，社会保障支出是财政社会服务公共支出不可缺少的一个项目。农村社会保障属于满足农村公共需要的公共产品，农村社会保障公共产品供给是公共财政所固有的功能。

一般而言，公共需要在任何社会形态下都是存在的，不因社会形态的演变而消失，这是共同性。而同时公共需要又是特殊的，在经济发展的不同阶段，在特定的社会形态中，公共需要的内容是不同的，如在奴隶社会、封建社会前期，农业是国民经济的主导产业，为农业发展提供必要的条件是这一时期政府的主要职能，祭祀支出、农田水利灌溉工程支出是这一时期重要的财政支出，因为这些是这一时期的社会公共需要。而历史发展到今天，随着科技的进步和人们意识形态的转变，祭天地、拜鬼神、祈求风调雨顺已不是现代社会人们的共同需要，相应地，生活质量、福利条件的改善，文化教育水平的提高，生态环境的优化，越来越成为现代人们的社会共同需要，祭祀支出也就不可能再是财政支出的一种，社会保障支出、科教文卫支出、环境综合治理支出则成为重要的财政支出项目。目前，农村社会保障支出也成为我国农村财政支出的重要项目。

公共产品的特性决定了市场在提供公共产品方面大多是失效的，进而也就决定了国家财政将提供公共产品纳入职能范围。政府财政职能有资源配置、收入分配、稳定经济三个方面，政府在履行这些经济任务时，克服着市场失效所产生的效率损失，分配不公和经济波幅过大等缺陷。在我国现行条件下，财政加大对农村社会保障公共产品供给的扶持力度，就可以很好地履行政府的经济或公共财政职能。

第二节　农村社会保障的功能作用

一、农村社会保障是人们基本需求得以满足的一种重要保证

美国人本主义心理学主要创始人亚伯拉罕·哈罗德·马斯洛（Abraham Harold Maslow）在 20 世纪 40 年代提出了需求层次论（hierarchy of needs theory），把人类的基本需求划分成五个相互递进的层次：生理需求、安全需求、社会需求、尊重需求、自我实现需求。而学有所教、壮有所用、病有所医、老有所养、住有所居是目前我国农村居民常常叙说的各项基本需求。这些需求的满足除了依靠个体的努力外，部分程度上要依赖社会和政府提供的农村社会保障。各项需求的满足并逐步提高是人民群众的共同心愿，是经济改革发展的根本目的。而使全体人民基本需求得以满足正是现代社会保障的初衷，现

代社会保障正是通过社会养老保险、社会医疗保险、失业保险等措施满足大众的各项基本需求，如在我国，政府引导建立完善面向所有困难群众的就业援助制度，及时帮助零就业家庭解决就业困难，规范和协调劳动关系，完善和落实国家对农民工的政策，依法维护劳动者权益；全面推进城镇职工基本医疗保险、城镇居民基本医疗保险、新型农村合作医疗制度建设，提高全民健康水平；促进企业、机关、事业单位基本养老保险制度改革，探索建立农村养老保险制度。

二、农村社会保障建设是构建和谐社会的有效途径

和谐社会发展是各种社会性因素质量不断提高的过程，它包括人口素质的提高，生态环境和条件的改善，社会公平的实现，社会正义程度的提升，社会制度的完善等。不同的社会形态有不同的人文背景、宗教信仰、需求方式和发展目标，因而要求有不同的社会保障措施与之对应，一般而言，社会保障制度水平越高，社会发展水平也越高，这已被人类社会发展的历史所证明。

党的十六大提出构建和谐社会的目标要求；党的十六届四中全会又明确提出，要把和谐社会建设摆在重要位置；党的十六届六中全会审议通过了《中共中央关于构建社会主义和谐社会若干重大问题的决定》，专门就构建社会主义和谐社会问题作出了决定，并指出，我们要构建的社会主义和谐社会，是在中国特色社会主义道路上，中国共产党领导全体人民共同建设、共同享有的和谐社会。必须坚持以马克思列宁主义、毛泽东思想、邓小平理论和"三个代表"重要思想为指导，坚持党的基本路线、基本纲领、基本经验，坚持以科学发展观统领经济社会发展全局，按照民主法治、公平正义、诚信友爱、充满活力、安定有序、人与自然和谐相处的总要求，以解决人民群众最关心、最直接、最现实的利益问题为重点，着力发展社会事业、促进社会公平正义、建设和谐文化、完善社会管理、增强社会创造活力，走共同富裕道路，推动社会建设与经济建设、政治建设、文化建设协调发展。其中，"解决人民群众最关心、最直接、最现实的利益问题为重点，着力发展社会事业、

促进社会公平正义"是构建和谐社会的关键，很显然，要解决好人民群众最关心、最直接、最现实的利益问题，有效的途径就是对应完善农村社会保障制度，促进社会保障事业的城乡均衡发展，让社会保障的阳光普照到每个公民头上。

三、农村社会保障对经济发展的推动和制约作用

农村社会保障制度是社会化大生产的产物，现代社会它都是通过国家法律、法规强制实施的；属于国民收入的一种再分配活动，体现国民或公民之间的团结友爱和互帮互助精神；它不同于一般的经济制度，也不同于一般的单项社会福利制度，它是建立在一国经济基础上的社会工程，与国家性质、政治制度、社会经济条件密不可分，具有明显的经济和社会双重性质，从属于一国的社会经济制度并为社会经济的发展服务。

农村社会保障制度健全，农民无后顾之忧，农业生产力中最活跃的因素——劳动的积极性与创造性就能被充分地发挥出来，从而推动农业科技进步、劳动生产率水平提高，促进经济发展。社会经济问题密不可分，健全的农村社会保障能推动社会发展，形成具有人与人之间和谐、人与自然之间和谐、人与社会之间和谐等特征的良好社会发展状态，从而为经济发展创造良好的社会环境。但如果农村社会保障制度不健全，社会保障措施不完善，社会保障待遇标准不适度，社会保障管理不规范就不可避免地产生负面影响，阻碍经济的发展。如社会保障待遇过高且不加限制地按需提供，必将养懒罚勤，挫伤劳动者的积极性；社会保障待遇标准过低，且范围较窄，人们就会压制自己的需求，影响商品供求关系。

综上所述，推动社会经济发展，满足人民群众日益增长的物质和文化生活需要是政府的职责和义务，健全的农村社会保障能推动和促进社会经济的发展，不健全或缺失的农村社会保障却阻碍社会经济的发展。

四、完善农村社会保障制度是"三农"问题有效解决的标志

进入 21 世纪以来，我国的"三农"问题愈发突出，具体表现在农业劳动生产率相对低下、农村相对落后、农民相对贫困等方面。马国贤说，我国社会的一些基本矛盾，如贫富矛盾、地区矛盾、城乡矛盾，都在农业和农村问题上。"三农"问题的现状对我国农村社会保障的建立和完善提出了紧迫性的要求。

（一）农业劳动生产率相对低下

长期以来，我国农业的劳动生产率低、效益差，难以获得社会的平均利润率，所以农业是弱质产业。农业生产率较低，农产品结构不合理，我国大部分农村粮食、棉花等农产品太多，供过于求、价格下跌，增产不增收。在三次产业中，农业产值只占 GDP 较低的份额，同时，由于农业人口过多，大量剩余劳动力滞留在农村，以及农产品市场化率低，生产成本过高，农产品质量及污染问题而缺乏国际竞争力等因素使我国农业劳动生产率相对低下。众所周知，人均 GDP 是计算劳动生产率的指标。从图 2 – 1 及表 2 – 1 可以看出，我国农村人均 GDP 虽然呈不断提高趋势，但相对于城市而言，远远低于城市人均 GDP，也远远低于全国人均 GDP，可以判定，目前我国农业劳动生产率仍十分低下。

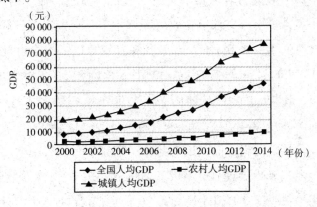

图 2 – 1　城乡人均 GDP 对比

表2－1　　　　　　　　　　　　城乡人均 GDP 对比　　　　　　　　　单位：元

年份	全国人均 GDP	农村人均 GDP	城镇人均 GDP
2000	7 872. 33	1 820. 48	18 529. 17
2001	8 640. 05	1 948. 29	19 717. 29
2002	9 419. 95	2 069. 07	20 874. 18
2003	10 567. 81	2 207. 95	22 834. 18
2004	12 363. 79	2 760. 95	25 756. 25
2005	14 217. 00	2 924. 92	29 191. 67
2006	16 558. 43	3 186. 58	33 341. 96
2007	20 284. 67	3 885. 95	39 621. 39
2008	23 851. 43	4 651. 63	45 511. 39
2009	25 899. 53	4 954. 31	48 281. 75
2010	30 494. 44	5 863. 93	55 174. 59
2011	35 931. 53	7 029. 57	63 401. 35
2012	39 446. 62	7 924. 49	67 886. 59
2013	43 213. 80	8 786. 66	72 861. 41
2014	46 531. 17	9 428. 70	77 170. 58

资料来源：根据中国统计数据库中数据整理而得。

（二）农村相对落后

农村问题集中表现为农村面貌落后、经济不发达。在计划经济体制下，城市的公共产品供给由国家保障，农村则基本上是由农民自筹解决，国家财政用于农村农业的支出严重不足，而且比重还逐年下降。2000 年，财政用于农业的支出为 1 298 亿元，约占当年财政总支出的 8%，比 1990 年的 10% 低了 2 个百分点，比 1980 年 12% 约低了 4 个百分点，这样，在基础设施（交通、邮电、通信等）、医疗卫生和义务教育等公共产品供给方面农村远落后于城市。例如，在基础设施方面，近 5 年来，国家实行积极的财政政策，增发长期国债，加强基础设施建设，1998～2001 年，中央安排国债资金 5 100 亿元，其中，用于农业基础设施建设的为 56 亿元，仅占 1.1%，只能满足同期农业基础设施建设资金需求的 10% 左右。在医疗卫生方面，1990～2000 年，政府投入到农村医疗卫生总费用比重由 12.5% 下降到 6.6%，87% 的农民完全是自费医疗，据统计，我国 70% 的农村人口仅消费 5% 的医药商品，而 30% 的城市人口消费 95% 的医药商品，被列为世界上卫生公共资源最不公平的国家之一。而我国农村医疗卫生，20 世纪六七十年代，因农村实行集体合作医疗制度，曾被世界卫生组织称为世界上非常成功的典范。在义务教育方面，据国务院发展研究中心对部分县市的调查，农村义务教育的投入几乎全部是由农民负担，省级以上财政仅占 0.11%，结果人们看到的就只有城市的现代化，而没有农村的现代化，农村的交通、卫生、教育等还很落后。

（三）农民相对贫困

农民问题，是"三农"问题的核心，直接表现为农民收入低、增收难，城乡居民贫富差距大。按国际一般情况，当经济发展水平在人均 GDP 为 800～1 000 美元阶段，城镇居民人均可支配收入大体上是农村居民人均纯收入的 1.7 倍，而我国城乡收入差距远高于此。从城乡收入对比可以看出，2000 年，城市家庭人均可支配收入为 6 280 元，而农村居民家庭人均纯收入只有 2 253 元，城市是农村的 2.79 倍；到了 2009 年，城市家庭人均可支配收入为 17 175 元，而农村居民家庭人均纯收入只有 5 153 元，城市是农村的 3.33 倍。2000～2009 年，我国城市家庭人均可支配收入平均是农村居民家庭人均纯收入的 3.17 倍，远远高于国际 1.7 倍的差距水平。至 2017 年，农村居民人均可支配收入 13 432 元，相对于城镇居民人均可支配收入 36 396 元的状况，我国农民仍相对贫困。

恩格尔系数（Engel's Coefficient）也是衡量贫富程度、人民生活水平高低的一个指标。它是根据恩格尔定律得出的比例数，是食品支出总额占个人消费支出总额的比重。恩格尔系数越大，说明用于食物支出的金额越多；恩格尔系数越小，说明用于食用支出的金额越少。恩格尔系数一般随居民家庭收入和生活水平的提高而下降，在其他条件相同的情况下，恩格尔系数越高，说明居民家庭收入越低，居民较贫困；恩格尔系数越低，说明居民家庭收入越低，居民较富裕。从表 2-2 可以看出，我国农村居民家庭恩格尔系数一直以来都是大于城市居民家庭，说明我国农村居民是相对贫困的。

表2－2　　　　　　　　城镇农村居民家庭恩格尔系数对比　　　　　单位:%

年份	农村居民家庭恩格尔系数	城镇居民家庭恩格尔系数
2000	49.1	39.4
2001	47.7	38.2
2002	46.2	37.7
2003	45.6	37.1
2004	47.2	37.7
2005	45.5	36.7
2006	43	35.8
2007	43.1	36.3
2008	43.7	37.9
2009	41	36.5
2010	41.1	35.7
2011	40.4	36.3
2012	39.3	36.2
2013	37.7	35
2014	37.8	34.2
2015	37.1	34.8
2016	32.2	29.3
2017	31.2	28.6

资料来源：中经网数据库。

当然，农民收入低、增长慢，原因是多方面的，除了农业生产率低、农产品结构不合理、农村城市化进程滞后、农民工权益得不到保障等原因外，其中重要的原因是农村社会保障供给的缺失，社会保障体系不健全、城乡社会保障差异大。建立完善农村社会保障制度可保障农民的基本生活需求，消除贫困，抑制农民因病致贫等现象，一定程度上可以说，建立完善农村社会保障制度是"三农"问题有效解决的标志。

第三节　社会保障发展历程及基本体系

社会保障的思想在我国起源很早，春秋时期孔子倡导的"老有所终、壮有所用、幼有所长、鳏寡孤独废疾者皆有所养"的"大同"社会，以及战国时孟子的"出入相友、守望相助、疾病相扶持、则百姓亲睦"和"民贵君轻、推己及人"的"仁政"学说，都包含了社会保障思想的萌芽。我国古代的社会保障思想较早论及了政府责任，具体措施也涉及了救灾、济贫、优抚、社会福利设施等方面，进入近代后，孙中山提出了民生主义，主张兴办公共教育事业、保障就业、实行全民公费医疗和设立公共养老院等。中国历史上的社会保障思想内容非常丰富，但这些思想要么是流于空想，要么是注重于治标之术，并受当时历史条件的制约，即使转变为统治者的政策，也因封建统治根深蒂固，其实施效果也完全取决于统治者的个人意志，自始至终均未能实现制度化。社会保障措施和政策如果不是系统而规则地实施，便不能称之为社会保障制度，只能称其为社会保障措施和政策。所谓社会保障制度，是指由法律规定的、按照某种确定的规则实施的社会保障政策和措施体系①。

新中国成立后，1951 年 2 月，国家颁布了强制保险条例——《中华人民共和国劳动保险条例》，标志着我国社会主义社会保障制度的建立。20 世纪五六十年代，我国将社会保障的几个组成部分称为劳动保险、社会救济、社会福利等。在第七个五年计划中，开始使用"社会保障"一词。我国社会保障制度的内容包括社会保险、社会救济和社会福利三个基本的层面，还有社会优抚。其中，社会保险是社会保障制度的核心内容，社会救济是最低层次的社会保障，社会福利是最高层次的社会保障。社会优抚主要是对特定对象——军人及其军属的社会保障。中华人民共和国成立后，我国社会保障制度的发展基本经历了两个阶段：计划经济体制下的传统社会保障和社会主义市场经济体制下的新型社会保障。

计划经济体制下的社会保障基本上是"单位保障""企业保障""集体保障"，只要有稳定的工作单位，便获得了各方面的终身保障。具体内容包括国家机关事业单位人员的退休制度、公费医疗制度等；企业职工医疗保险、工伤与生育保险、职工福利、职工生活困难补助等；乡村集体农民合作医疗、"五保户"制度，集体救济等；军人保障，军属优待等。

按照《辞海》（上海辞书出版社 1989 年版）的解释，社会保险是国家、

---

① 陈共. 财政学（第三版）[M]. 北京：中国人民大学出版社，2003.

社会对发生生活困难的社会成员给予物质帮助的制度。在我国，社会保险指以保险形式对年老、生病或丧失劳动能力的社会成员以及在待业期间的国营企业职工给予物质帮助的制度，包括劳动保险、职工生活困难补助、职工待业保险、合作医疗以及农村集体经济组织的退休养老制度等。社会救济是国家和社会对于无法维持生活的公民的救济。在我国，社会救济由民政部门办理，方针是依靠基层，生产自救，群众互助，辅之以政府必要的救济。在农村，社会救济主要是对"五保户"的救济。广义的社会救济，包括发生严重自然灾害后的赈灾救灾。社会福利是社会工作的一部分，运用政治或社会力量增进某一社区广大人民的福利事业。在我国，福利措施的范围较广，一般可分为个人和集体两种：前者如国家机关或企事业单位职工按规定享受探亲假、生活补助等；后者主要指医院、疗养院、托儿所、食堂、俱乐部等，并经宪法规定，形成制度。社会优抚是社会优先和抚恤的简称，在我国，社会优抚包括褒扬革命烈士，优待抚恤革命烈士家属和革命残废军人，优待革命军人家属，安置复员退伍军人和军队退休干部，开展拥军优属活动以及对牺牲、病故、残废的革命工作人员的优抚等。进行社会优抚的目的是加强群众的国防观念，提高群众的革命觉悟，密切军民关系，帮助烈属、军属和残废军人等解决生活困难，鼓舞部队士气，增强国防力量。以上解释基本上反映了我国 20 世纪 90 年代以前的社会保障制度的具体内容和主要措施，进入 90 年代后，1992 年确立了社会主义市场经济体制，我国的社会经济环境发生了巨大的变化，与之相适应，我国的社会保障制度也进行了较大的改革，以社会统筹为筹资特点首先进行了养老保险制度的改革，之后进行了一系列的改革，并逐步建立了现代市场经济体制下的社会保障制度。社会主义市场经济体制下的社会保障逐步由原来的"单位"保障特点变为真正意义上的"社会"保障。

近年来，我国政府在稳定和改进既定社会保障制度的基础上，不断推出与社会发展相适应的社会保障制度和措施，目前，形成了以养老保险、医疗保险、失业保险等社会保险为核心内容，以低保、社会救济等为最低保障线，养老院、福利院等社会福利为高层次追求及社会优抚为特定内容的社会保障体系。其中，社会保险包括养老保险、医疗保险、失业保险、工伤保险和生育保险；社会救济包括自然灾害救济、最低生活保障制度、农村"五保户"

（保吃、保穿、保住、保医、保葬）救济；社会福利包括全民保健、残疾人福利、老年人福利、妇女儿童福利、教育福利等；社会优抚包括军人抚恤、退伍军人安置、军人福利、军人优待等。具体见图 2-2。

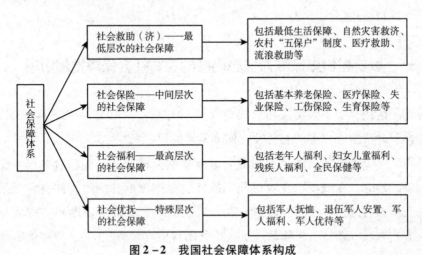

图 2-2　我国社会保障体系构成

第四节　农村社会保障的制度变迁

新中国成立后，我国逐步建立起社会保障制度，其标志就是 1951 年 2 月《中华人民共和国劳动保险条例》的颁布。之后，与我国经济体制相适应，我国社会保障制度的发展基本经历了两大阶段：计划经济体制下的传统社会保障和社会主义市场经济体制下的现行社会保障。在这个过程中，由于我国的"二元户籍制度""二元经济结构"特征，农村社会保障制度和城市社会保障经历了不同的变迁路径。

计划经济时期，由于我国的经济发展水平较低，人民生活水平相对较低，整个国家社会保障水平低下，虽然低下，但社会保障措施是有效的，不论城镇居民还是农村居民，基本上能做到人人生老病死有保障，城镇居民靠"单位保障""企业保障""就业保障"，农村居民靠"集体保障"。改革开放以来，逐步进入市场经济时期，与新的经济体制相适应，必须进行社会保障制度改革，由于我们的改革是"摸着石头过河"，于是出现了农村的社会保障制度的改革发展滞后于城市的局面。

中华人民共和国成立以来，我国农村社会保障制度变迁经历了以下具体的三个发展阶段。

一、以农村集体保障为核心内容的农村社会保障发展阶段

第一阶段，中华人民共和国成立至改革开放前（1951～1978年），以农村集体保障为核心内容的农村社会保障发展阶段。

1951年，《中华人民共和国劳动保险条例》的颁布，标志着我国社会保障制度的建立。在城市、在农村我国的社会保障制度开始逐步建立和发展起来。我国农村的社会保障制度最早在低层次的社会救济（救助）方面实施起来。方式有国家救济、集体救济、扶持贫困对象（简称扶贫）、以工代赈等。

（一）扶贫、以工代赈制度

互助互济是中华民族的传统美德。这期间，我国各级政府积极宣传、动员和组织城市扶持农村、非贫困地区扶助贫困地区、农村集体互助等措施，并建立了干部下乡驻队（扶贫）制度、以工代赈制度等。

以工代赈，是指政府投资建设基础设施工程，受赈济者参加工程建设获得劳务报酬，以此取代直接救济的一种扶持政策。以工代赈是一项农村扶贫政策。国家安排以工代赈投入建设农村小型基础设施工程，贫困农民参加以工代赈工程建设，获得劳务报酬，直接增加收入。可以说，扶贫、以工代赈是我国社会救济方式的创新。

20世纪50年代初到70年代末期，国家扶贫主要采取个体扶持方式，如通过派遣干部下乡驻队扶持农民一家一户发展农副业生产，帮助农民勤劳致富。20世纪50年代，国民经济恢复期，我国水利建设任务繁重。国家依此推出了有效的以工代赈制度，使不少农民贫困户解决了生活困难。1957年和1958年，全国掀起兴修农田水利工程高潮，同时也形成了以工代赈高潮，许多贫困农民积极参加农田水利工程建设，解决了生活困难，也大大减轻了农

村集体组织社会救济的负担。之后，国家每年也都安排一定的建设资金用于以工代赈，解决一部分贫困地区和灾区贫困农民的生活困难。

（二）五保供养制度

五保供养制度是我国农村救济工件的一个重要组成部分。关于农村五保工作最早的制度文件是《农业四十条》和《高级农业生产合作社示范章程》。1956 年 1 月，中共中央以草案的形式发表《农业四十条》，于 1960 年 4 月第二届全国人大第二次会议通过。其中第三十条规定，农业生产合作社对于社内缺乏劳动能力、生活没有依靠的鳏寡孤独的社员，应当统一筹划，指定生产队或者生产小组在生产上给予适当的安排，使他们能够参加力能胜任的劳动；在生活上给予适当的照顾，做到保吃、保穿、保烧（燃料）、保教（儿童和少年）、保葬，使他们的生养死葬都有指靠。1960 年 6 月，第一届全国人大通过的《高级农业生产合作社示范章程》也明确规定，农业合作社对于缺乏劳动能力或者完全丧失劳动力、生活没有依靠的老、弱、孤、寡、残疾社员，在生产上和生活上给以适当安排和照顾，保证他们的吃、穿和柴火的供应，保证年幼的受到教育和年老的死后安葬，使他们生养死葬都有依靠。这两个文件都规定了对鳏寡孤独者在吃、穿、烧、教、葬五个方面的保障，因而称作"五保"，享受五保待遇的农民被称作"五保户"。从此，我国的五保供养制度不断发展完善起来。

（三）优抚制度

优抚，简称优待和抚恤。优抚是随着军队的产生而产生的，是我国的一项传统工作，是一种对军人、军人家属等特殊对象的补偿和褒扬性质的特殊社会保障。1960 年 9 月，当时的内务部提出全国优抚工作的方针：必须全面贯彻国家抚恤和群众优待相结合的方针。1961 年又进一步提出，在农村要实行"三个结合"（即集体优待和国家补助相结合、政治教育与物质优待相结合、优烈军属与保障五保户工作方法上相结合）工作方针。使优抚工作在农村得到了适应性发展。1978 年，优抚工作方针又修定为政治挂帅、安排生产、群众优待、国家抚恤。这一阶段依照以上工作方针对我国军人、优烈军属进行物质照顾和精神抚慰，有利于军队和国家的稳定和发展。

（四）农村合作医疗

农村合作医疗是由我国农民自己创造的互助共济的医疗保障制度，20 世纪 50 年代由生产队或生产大队办立，培育并聘请农民医生（俗称"赤脚医生"）进行医疗服务。农民的看病吃药，尤其是大病重病的治疗，基本上都靠合作医疗，当然，医疗条件有限，水平很低。

农村合作医疗在保障农民获得基本卫生服务、缓解农民因病致贫和因病返贫方面发挥了重要的作用。它为世界各国特别是发展中国家所普遍存在的问题提供了一个范本，不仅在国内受到农民群众的欢迎，而且在国际上得到好评。在 1974 年 5 月的第 27 届世界卫生大会上，第三世界国家普遍表示热情关注和极大兴趣。联合国妇女儿童基金会在 1980～1981 年年报中指出，中国的"赤脚医生"制度在落后的农村地区提供了初级护理，为不发达国家提高医疗卫生水平提供了样本。世界银行和世界卫生组织把我国农村的合作医疗称为"发展中国家解决卫生经费的唯一典范"。随着农村经济的发展，我国合作医疗在 20 世纪 60～70 年代的进入发展与鼎盛阶段[①]。

另外，这一阶段我国的农村养老、农村福利基本上是与五保供养制度联在一起。这一阶段，全国经济水平、生活水平都较低，国民的社会保障需求也低，我国农村集体保障、互助互济等基本能满足农民的需求，城乡基本没有差距。

1966～1976 年由于"文化大革命运动"，我国的社会保障事业发展处于停滞状态，当然，农村社会保障也不例外。

二、以土地保障、家庭保障为核心内容的农村社会保障发展阶段

第二阶段，改革开放后（1978～2000 年），以土地保障、家庭保障为核心内容的农村社会保障发展阶段。

---

① 参阅百度百科：农村合作医疗。

1978 年改革开放后，我国的农村社会保障事业逐步恢复和发展起来。

（一）农村养老保险

1978 年后，我国进行了一系列的经济体制改革，其中最早的改革是从农村开始的。现在，"中国农村改革开放第一村——小岗村"的牌子就高高竖立在安徽省的高速公路上。在国家"家庭联产承包责任制"制度正式推出前，1978 年，安徽省凤阳县凤梨公社小岗村就秘密实行了分田到户。1980 年 5月，邓小平在一次重要谈话中公开肯定了小岗村"大包干"的做法。1982 年1月 1 日，中共中央、国务院颁布《全国农村工作会议纪要》，明确指出包产到户、包干到户或大包干，都是社会主义生产责任制，不同于合作化以前的小私有的个体经济，而是社会主义农业经济的组成部分，彻底突破僵化的"三级（组、村、乡）所有，队为基础"的体制框架。标志着"家庭联产承包责任制"的正式建立。家庭联产承包责任制也叫"包产到户""分田到户""大包干"，是 20 世纪 80 年代初期在我国农村推行的一项重要的制度，是农村土地制度的改革，是我国目前农村一项基本的经济制度。

土地是人类赖以生存的基本资源，经济学鼻祖、英国经济学家威廉·配第曾说过："劳动是财富之父，土地是财富之母。"土地具有保障功能、发展功能。分田到户，对于我国广大农村地区的广大农民，就获得了一定程度的土地保障。1983 年 1 月，中共中央、国务院颁布《当前农村经济政策的若干问题》，对家庭联产承包责任制做出了高度评价，赞扬它是在党的领导下中国农民的伟大创举，是马克思主义关于合作化理论在我国实践中的新发展。

第一，承包制的推行，使农民的生产积极性大增，解放了农村生产力，农民从中得到了实惠，经济上有了实力。第二，随着家庭联产承包责任制的推行，我国农村的合作经济体制呈现逐步解体趋势；第三，随着我国计划生育政策的推行，"养儿防老"的观念受到冲击；第四，从中华人民共和国成立后开始，我国人口的平均寿命不断增长，呈现老龄化趋势。这四点原因促进了我国农村保险的发展。

20 世纪 80 年代初，我国先富裕起来的一些农村率先实行了老年农民退休制度。到 1984 年，全国有 23 个省市的部分地方农民实行退休养老制度，大约涵盖了66万老年人。一般规定男性社员65岁，女性社员60岁，参加集体劳动10年以上，可以退休。每人每月可在生产队领到养老金10~15元，多的可达到20元以上[①]。

1986年10月，民政部根据国务院"七五"时期建立我国社会保障制度雏形的要求及指示民政部进行农村社会保障制度探索、试点的精神，在江苏省张家港市（原沙洲县）召开全国农村基层社会保障工作座谈会，研究建立农村基层社会保障雏形问题，其中包括农村养老保险试点问题。会后，民政部选择一些经济比较发达的地区如上海、苏南等地区（市）先行试点，而且以社区为单位。基本做法是以乡镇企业和村为单位筹集资金（基金），资金来源以集体经济为主，劳动者个人只缴纳少部分保费或不缴，基金管理运营在乡镇，劳动者退休时由乡镇发放养老金。

上述农村养老保险做法经过一段时间的试点、探索，暴露出一些缺点：一是基金管理运营在乡镇，缺乏监督制约机构，容易造成资金挪用和流失；二是资金来源以集体经济为主，而"大包干"后，我国农村集体经济呈弱化趋势，农村集体经济的社会保障压力增大，不利于养老保险制度的可持续发展；三是养老金计发标准缺乏严格科学的计算。于是，民政部又不断改进农村养老保险制度，由县以上政府颁布试点办法并组织实施，资金来源以劳动者个人缴费为主。

1991年，在上海、苏南试点经验的基础上，民政部按国务院的部署，在有条件的地方开展建立县级农村社会养老保险制度的试点。1991年6月开始，在山东牟平县等5个县组织了较大规模试点。至1991年底，山东省牟平县成为我国普遍建立农村社会养老保险制度的第一县。此后，"山东经验"在全国被推广学习。

1992年，民政部在总结试点经验并进一步调查研究的基础上，制定《农村社会养老保险基本方案》（当时简称《基本方案》），这一方案的出台，标志着我国农村养老保障制度建设又向前推进了一大步。按照《基本方案》的规定，农村养老保险制度实行"储备积累制"或"资金预筹制"。保险基金

---

① 高书生. 社会保障改革何去何从 [M]. 北京：中国人民大学出版社，2006.

的筹集以农民个人缴费为主，集体补助为辅，国家予以政策扶持，个人缴费比例不少于总缴费额的50%，缴费标准是每人每月2~20元，每隔2元设一个档次，共10个档次。农民个人缴纳的保费和集体对其补助全部记入个人账户，属个人所有。同时，与农村经济和农民收入不稳定相适应，允许农民在经济条件好时选择高档次的缴费标准；经济条件差时，选择低档次的缴费标准；遇到经济困难时，可暂停缴费；待经济条件好转时再申请恢复继续缴费。资金的增值连续计算。保险基金以县级单位为基本核算平衡单位，保费收取和支付、资金管理和运营文档管理和稽核都在县一级完成。保险对象达到规定领取年龄（有60岁、55岁或50岁等不同标准）时，根据其个人账户基金累计总额计发养老金，由乡镇管理机构代县一级单位发放。这项制度基本上以农民个人缴费为主，相当于强制农民储蓄，社会互助互济作用较弱，政府只是予以"政策"扶持，政府财政责任缺失，因此，这项制度试点不久就以失败而告终。

20世纪90年代推行的农村养老保险制度，由于本身制度设计的欠缺及外部因素的制约，基本上在进入1998年后我国的农村养老保险工作处于停滞状态。

在农村建立社会养老保险制度是我国市场经济体制下改革完善全国社会保障体系建设的客观要求，20世纪90年代的农村养老保险工作在解决农村养老问题、推动农村经济改革、适应农村老龄化趋势、推进农村计划生育工件、贯彻基本国策等方面发挥了重要作用。但是，农村养老保险基金账户只有个人账户，而没有统筹账户。不像城镇养老保险基金既有个人账户、也有统筹账户，而且统筹账户还有国家财政的扶持和兜底。虽然农村保险基金也有集体补助，但我国广大的农村地区集体的力量正在随着"大包干"的推行而弱化，这大大挫伤了农民参保的积极性。另外，由于我国当时农业保险理财业也不发达，缺少基金保值增值的手段，再加上一些县管理水平有限且财政困难和监管乏力，造成一些农村社会保险基金被挪用、挤占。

虽然民政部后来不断总结经验，改进农村社会保险，如1993年先后下发《农村社会养老保险编号办法》《缴费阶段操作流程和标准单证》《给付阶段操作流程和标准单证》《农村社会养老保险会计制度》《农村社会养老保险养老金计发办法》等文件。1995 年 10 月,民政部又在杭州召开"全国农村社会养老保险工作会议",提出"规范管理、稳步发展"的工作方针。同期(1995 年 10 月),国务院办公厅转发了《民政部关于进一步做好农村社会养老保险工作意见的通知》,要求具备条件的地区积极开展农村(含乡镇企业)社会养老保险事业,对进一步做好农村社会养老保险工作具体提出五点要求:(1)统一认识,加强领导。(2)从实际出发,分类指导。(3)推广规范操作,逐步完善管理体系。(4)切实加强基金的管理和监督。(5)加强宣传教育,改进工作方法。1995 年 12 月,民政部邀请国务院发展研究中心、北京大学、中国社会科学院、中国人民大学等科研机构和高等院校的数十名专家学者进行专家论证,对我国农村社会养老保险发展把脉问诊,提出了很多建设性意见。1997 年,民政部在烟台召开"农村社会养老保险管理工作现场经验交流会",进一步总结经验并提出加强内部管理、强化内外监督的工作要求。1998 年 3 月,国务院机构改革,民政部的农村养老保险业务被划到劳动和社会保障部[①]。城乡的养老保险都归劳动和社会保障部主管。之后,由于政府职能的偏颇和争议,城市的养老保险制度迅速发展起来,农村的养老保险制度建设被搁浅,农村的养老保险工作基本上处于停滞状态。

(二) 五保供养和扶贫制度

这一阶段,在农村养老保险探索发展的同时,农村的五保供养和扶贫制度也得到进一步发展。

1. 五保供养。

1982 年,民政部下发《关于开展农村五保户普查工作的通知》明确规定了五保对象的条件:农村基本上无劳动能力、无依无靠、无生活来源的老人、残废人和孤儿(即"三无"人员)。1983 年,又下发《关于切实做好五保户普查工作的补充通知》将有女无儿、女儿又无赡养能力的老人也明确规定为五保对象。

1994 年 1 月 23 日,国务院发布《农村五保供养工作条例》(简称《五保

---

① 康士勇. 社会保障管理实务 [M]. 中国劳动社会保障出版社,1999:483 – 484.

条例》），标志着我国五保工作进入一个新的阶段，这是我国关于五保工作的第一部法规，对发展完善农村五保供养制度具有非常重要的意义。

1994 年的《五保条例》对五保对象进一步明确为村民中符合下列条件的老年人、残疾人和未成年人：（1）无法定扶养义务人，或者虽有法定扶养义务人，但是扶养义务人无扶养能力的；（2）无劳动能力的；（3）无生活来源的。法定扶养义务人，是指依照婚姻法规定负有扶养、抚养和赡养义务的人。五保对象的确定，由村民本人申请或者由村民小组提名，经村民委员会审核，报乡、民族级、镇人民政府批准，并发给由国务院民政部门制定式样，省、自治区、直辖市人民政府民政部门统一印制的《五保供养证书》。五保供养内容俗称"保吃、保穿、保住、保医、保葬"，具体内容是：（1）供给粮油和燃料；（2）供给服装、被褥等用品和零用钱；（3）提供符合基本条件的住房；（4）及时治疗疾病，对生活不能自理者有人照料；（5）妥善办理丧葬事宜。五保对象是未成年人的，还应当保障他们依法接受义务教育。五保供养的实际标准，不应低于当地村民的一般生活水平。具体标准由乡、民族乡、镇人民政府规定。五保供养所需经费和实物，应当从村提留或者乡统筹费中列支，不得重复列支；在有集体经营项目的地方，可以从集体经营的收入、集体企业上交的利润中列支。灾区和贫困地区的各级人民政府在安排救灾救济款物时，应当优先照顾五保对象，保障他们的生活。五保供养的形式明确规定可以根据当地的经济条件，实行集中供养或者分散供养。具备条件的乡、民族乡、镇人民政府应当兴办敬老院，集中供养五保对象。敬老院实行民主管理，文明办院，建立健全服务和管理制度。敬老院可以开展农副业生产，收入用于改善五保对象的生活条件。地方各级人民政府和有关部门对敬老院的农副业生产应当给予扶持和照顾。实行分散供养的，应当由乡、民族乡、镇人民政府或者农村集体经济组织、受委托的扶养人和五保对象三方签订五保供养协议。县级以上地方各级人民政府民政部门，应当制定五保供养工作的监督管理制度，并负责督促实施。

总之，1994 年的五保供养条例在五保供养对象、供养内容、供养标准、经费筹集、供养形式、监督管理等方面都作出了明确规定，与当时的社会经济发展状况和需求相适应，五保供养内容由改革开放前的"保吃、保穿、保烧（燃料）、保教（儿童和少年）、保葬"改革为"保吃、保穿、保住、保医、保葬"。对之后我国规范化五保工作的开展具有极大地推动作用。

2. 扶贫。

1986 年，我国在全国范围内开展了有计划、有组织、大规模的扶贫开发。到 1992 年底，全国农村没有解决温饱的贫困人口，从 1978 年的 2.5 亿人减少到 8 000 万人。这些贫困人口主要集中在国家重点扶持的 592 个贫困县，分布在中西部的深山区、石山区、荒漠区、高寒山区、黄土高原区、地方病高发区以及水库库区，而且多为革命老区和少数民族地区。以解决温饱为目标的扶贫开发工作进入了攻坚阶段。为进一步解决农村贫困问题，1994 年 4 月 15 日，国务院颁布印发并实施了《"八七"扶贫攻坚计划》（简称《扶贫计划》），该制度是我国历史上第一个有明确目标、明确对象、明确措施和明确期限的扶贫开发行动纲领。国务院决定，1994 ~ 2000 年，集中人力、物力、财力，动员社会各界力量，力争用 7 年左右的时间，基本解决全国农村 8 000 万贫困人口的温饱问题。

为确保《扶贫计划》的实施，国务院决定，从 1994 年起，再新增 10 亿元以工代赈资金，10 亿元扶贫贴息贷款，执行到 2000 年。而且，随着国家财力的增长，不断增加扶贫资金投入。各级地方政府也要求根据各自的扶贫任务，逐年增加扶贫资金投入，确保《扶贫计划》的实现。同时，原来由人民银行和专业银行办理的国家扶贫贷款，从 1994 年起全部划归中国农业发展银行统一办理。变分散办理为集中办理，有利于加强管理，并调整国家扶贫资金投放的地区结构。从 1994 年起，用 1 ~ 2 年把中央用于广东、福建、浙江、江苏、山东、辽宁 6 个沿海经济比较发达省的扶贫信贷资金调整出来，集中用于中西部贫困状况严重的省、区。中央的财政、信贷和以工代赈等扶贫资金要集中投放在国家重点扶持的贫困县，有关省、区政府和中央部门的资金要与其配套使用，并以贫困县中的贫困乡作为资金投放和项目覆盖的目标。其他非贫困县中的零星分散的贫困乡村和贫困农户，由地方政府安排资金扶持。《扶贫计划》还明确规定，银行扶贫贷款要用于经济效益较好、能还贷的开发项目；财政扶贫资金主要用于社会效益较好的项目；新增的以工代赈主要用于修筑公路，以及解决人畜饮水困难。要重点修筑县乡之间的公路和通往商品产地、集贸市场以及为扶贫开发项目配套的道路。三者要密切结合，提高资金使用的整体效益。

《扶贫计划》提出的奋斗目标：一是到 20 世纪末绝大多数贫困户年人均纯收入达到 500 元以上（按 1990 年不变价格的标准），扶持贫困户创造稳定解决温饱的基础条件，并巩固和发展已有扶贫成果，减少返贫人口。二是加强基础设施建设，基本解决人畜饮水困难，绝大多数贫困乡镇和有集贸市场、商品产地的地方通公路，消灭无电县，绝大多数贫困乡用上电。三是改变教育文化卫生的落后状况，基本普及初等教育，积极扫除青壮年文盲，开展成人职业技术教育和技术培训，使大多数青壮年劳力掌握一到两门实用技术，改善医疗卫生条件，防治和减少地方病，预防残疾，严格实行计划生育，将人口自然增长率控制在国家规定的范围内。

为确保《扶贫计划》的实施，国务院扶贫开发领导小组统一组织中央各有关部门和各省、自治区、直辖市扶贫攻坚计划的具体实施，并明确规定了领导小组的主要任务是：全面部署和督促检查本计划的执行；抓好扶贫资金、物资的合理分配，集中使用，提高效益；组织调查研究、总结推广计划实施过程中的成功经验；制订促进本计划实施的政策和措施；协调解决计划实施中的问题。并要求坚持分级负责、以省为主的省长（自治区主席、市长）负责制。各省、自治区、直辖市特别是贫困面较大的省、区，要把扶贫开发列入重要日程，根据本计划的要求制定具体实施计划；省长（自治区主席、市长）要亲自抓，负总责，及时协调解决重要问题；要集中使用财力、物力，保证按期完成本计划规定的任务。

经过 7 年的扶贫攻坚，全国农村没有解决温饱的贫困人口减少到3 000万人，占农村人口的比重从 1994 年的 8.87% 下降到 3% 左右。除了少数社会保障对象和生活在自然条件恶劣地区的特困人口以及部分残疾人以外，全国农村贫困人口的温饱问题已经基本解决，中央确定的扶贫攻坚目标基本实现。

另外，随着联产承包责任制的推行，进入 20 世纪 80 年代，我国农村集体组织力量逐步弱化甚至解体，农村合作医疗进入解体阶段。进入 90 年代后，针对农村出现的因病致贫、因病返贫等问题，一些经济发达地区又逐步恢复和发展起传统农村合作医疗。但是，据调查，农民对传统的农村合作医疗大多不认同。这主要因为传统合作医疗"保小病不保大病"的制度并不能满足农民的需要，小额的补偿对农民已失去吸引力，造成农民对传统合作医疗制度逐渐疏远。另外，传统农村医疗保障制度还没有较为统一、明确的政策法规，国家政策不到位，农村医疗保险尚未纳入统一的社会保障体系，农民的信任度低，不愿参加合作医疗。20 世纪 90 年代，农村合作医疗发展渐入困境。

根据以上分析，这一阶段的农村社会保障除扶贫、五保供养等社会救助层面的制度措施进一步完善外，农村养老、合作医疗等社会保险层面的制度措施发展缓慢，这一阶段的社会保障整体上还处于主要依赖土地保障、家庭保障的状况。

三、以现代社会化的保障为核心内容的农村社会保障制度的探索、起步和发展阶段

21 世纪以来，以现代社会化的保障为核心内容的农村社会保障制度进入探索、起步和发展阶段。

（一）农村低保制度

进入 21 世纪以来，我国经济快速健康发展，国家高度重视"三农"问题，农民收入不断提高，农村贫困人口数量大幅减少。但仍有部分贫困人口尚未解决温饱问题，需要政府实施必要的社会救助，以保障其基本生活，并帮助其中有劳动能力的人积极劳动脱贫致富。党的十六届五中全会通过的《中共中央关于制定国民经济和社会发展第十一个五年规划的建议》，提出了建设社会主义新农村的重大历史任务，为做好当前和今后一个时期的"三农"工作指明了方向。2006 年 2 月，《中共中央国务院关于推进社会主义新农村建设的若干意见》指出要逐步建立农村社会保障制度。按照城乡统筹发展的要求，逐步加大公共财政对农村社会保障制度建设的投入。有条件的地方，要积极探索建立农村最低生活保障制度。为贯彻党的十六届六中全会精神，切实解决农村贫困人口的生活困难，2007 年 7 月 11 日，国务院发布《关于在全

国建立农村最低生活保障制度的通知》，决定 2007 年在全国建立农村最低生活保障制度。

农村居民最低生活保障制度是对主要因病致残、年老体弱、丧失劳动能力及生存条件恶劣等原因造成家庭年人均纯收入低于当地最低生活保障标准的农村居民实施的保障其最低生活的一项制度。该制度实行地方人民政府负责制，按属地原则进行管理。保障标准由县级以上地方人民政府按照能够维持当地农村居民全年基本生活所必需的吃饭、穿衣、用水、用电等费用确定，并随着当地生活必需品价格变化和人民生活水平提高适时进行调整。申请农村最低生活保障，一般由户主本人向户籍所在地的乡（镇）人民政府提出申请；村民委员会受乡（镇）人民政府委托，也可受理申请。最低生活保障金的待遇水平原则上按照申请人家庭年人均纯收入与保障标准的差额发放，也可以在核查申请人家庭收入的基础上，按照其家庭的困难程度和类别分档发放。城市低保一般按月支付，而农村低保一般可按年支付。支付方式推行国库集中支付，通过代理金融机构直接、及时将最低生活保障金支付到最低生活保障对象。账户乡（镇）人民政府和县级人民政府民政部门采取多种形式，定期或不定期调查了解农村困难群众的生活状况，及时将符合条件的困难群众纳入保障范围，并根据其家庭经济状况的变化，及时按程序办理停发、减发或增发最低生活保障金的手续。农村最低生活保障资金的筹集以地方为主，地方各级人民政府民政部门根据保障对象人数等提出资金需求，经同级财政部门审核后列入预算。中央财政对财政困难地区给予适当补助。

由于经济社会发展状况的差异，各地的低保有相当的差异，一些地区低保走在全国前列，积累了较丰富的经验，如浙江省 2001 年 8 月颁布并于同年 10 月实施的《浙江省最低生活保障制度办法》，在全国第一次以法规的形式将农民纳入最低生活保障范畴①。又如福建省 2004 年起就在全省范围内实施农村低保。目前，农村低保在全国范围普遍展开。推行农村低保，解决农村长年生活贫困居民的温饱问题，保障其基本生活，对农村社会的和谐稳定起重要作用。

---

① 邵华杰. 建立农村最低生活保障制度 [J]. 合作经济与科技，2008.1.

为进一步规范城乡居民最低生活保障标准的制定和调整工作，2011 年，民政部会同国家发展改革委、财政部、国家统计局下发《关于进一步规范城乡居民最低生活保障标准制定和调整工作的指导意见》，该指导意见指出，各地在制定和调整城乡低保标准时，可以采用基本生活费用支出法、恩格尔系数法或消费支出比例法。2014 年 11 月，民政部社会救助司发布《最低生活保障标准法定量化调研报告》指出，通过多年的实践数据，逐步摸索低保标准与消费支出占比的"运行规律"，不仅具有较强的操作性，而且为公众普遍认可和接受，建议将城市低保标准的量化比例确定为城镇人均消费支出的 30%左右为宜，农村低保标准的量化，采取与城市低保标准挂钩的方法，可按照城市低保标准的 55%左右确定，并随着城乡统筹的进程，逐步提高挂钩比例。

（二）新农合和医疗救助

进入 21 世纪，农村合作医疗面临很多困难，一些地区传染病、地方病危害严重，农民因病致贫、返贫问题突出，为此，2002 年 10 月 19 日《中共中央、国务院关于进一步加强农村卫生工作的决定》（简称《决定》）明确指出，要逐步建立以大病统筹为主的新型合作医疗制度和医疗救助制度。从 2003 年开始，本着多方筹资、农民自愿参加的原则，新型农村合作医疗（简称"新农合"）的试点工作展开。

《决定》规定，各级政府要积极组织引导农民建立以大病统筹为主的新型农村合作医疗制度，重点解决农民因患传染病、地方病等大病而出现的因病致贫、返贫问题。农村合作医疗制度应与当地经济社会发展水平、农民经济承受能力和医疗费用需要相适应，坚持自愿原则，反对强迫命令，实行农民个人缴费、集体扶持和政府资助相结合的筹资机制。农民为参加合作医疗、抵御疾病风险而履行缴费义务不能视为增加农民负担。有条件的地方要为参加合作医疗的农民每年进行一次常规性体检。要建立有效的农民合作医疗管理体制和社会监督机制。各地要先行试点，取得经验，逐步推广。到 2010 年，新型农村合作医疗制度要基本覆盖农村居民。经济发达的农村可以鼓励农民参加商业医疗保险。

对农村贫困家庭实行医疗救助。医疗救助对象主要是农村五保户和贫困农民家庭。医疗救助形式可以是对救助对象患大病给予一定的医疗费用补助，也可以是资助其参加当地合作医疗。医疗救助资金通过政府投入和社会各界自愿捐助等多渠道筹集。要建立独立的医疗救助基金，实行个人申请、村民代表会议评议、民政部门审核批准、医疗机构提供服务的管理体制。

政府对农村合作医疗和医疗救助给予支持。省级人民政府负责制定农村合作医疗和医疗救助补助资金统筹管理办法。省、市（地）、县级财政都要根据实际需要和财力情况安排资金，对农村贫困家庭给予医疗救助资金支持，对实施合作医疗按实际参加人数和补助定额给予资助。中央财政通过专项转移支付对贫困地区农民贫困家庭医疗救助给予适当支持。从 2003 年起，中央财政对中西部地区除市区以外的参加新型合作医疗的农民每年按人均 10 元安排合作医疗补助资金，地方财政对参加新型合作医疗的农民补助每年不低于人均 10 元，具体补助标准由省级人民政府确定。这是我国政府历史上第一次为解决农民的基本医疗卫生问题进行大规模的投入。

"新农合"是由政府组织、引导、支持，农民自愿参加，个人、集体和政府多方筹资，以大病统筹为主的农民医疗互助共济制度。改变了之前传统合作医疗"保小病，不保大病"的困境。但是，由于新型农村合作医疗的保障水平低、参加和办理报销的程序烦琐等原因，出现一些农民对 2003 年开始的新农合不满意，一些农民不愿参加新型农村合作医疗现象。于是，2006 年 1月 10 日，卫生部、国家发展改革委、民政部、财政部、农业部、国家食品药品监管局和国家中医药局联合发布《关于加快推进新型农村合作医疗试点工作的通知》，规定从 2006 年起调整相关政策，积极推进扩大新型农村合作医疗试点工作。该通知从高度重视新型农村合作医疗试点工作、加大中央和地方财政的支持力度、合理制定和调整农民医疗费用补偿方案等方面进行了制度规定。从 2006 年起，中央财政对中西部地区除市区以外的参加新型农村合作医疗的农民由每人每年补助 10 元提高到 20 元，地方财政也要相应增加 10元。财政确实有困难的省（区、市）可 2006 年、2007 年分别增加 5 元，在两年内落实到位。地方财政增加的合作医疗补助经费，应主要由省级财政承担，原则上不由省、市、县按比例平均分摊，不能增加困难县的财政负担。农民个人缴费标准暂不提高。认真测算，科学制定和调整农民医疗费用补偿方案，方案的制定和调整要掌握以下原则：一是要在建立风险基金的基础上，坚持做到合作医疗基金收支平衡、略有结余；二是新增中央和地方财政补助资金应主要用于大病统筹基金，也可适当用于小额医疗费用补助，提高合作医疗的补助水平；三是补偿方案要统筹兼顾，邻县之间差别不宜过大；四是补偿方案的调整应从新的年度实行，以保持政策的连续性和稳定性。2012 年起，各级财政对新农合的补助标准从每人每年 200 元提高到每人每年 240 元。2013年 9 月 11 日，国家卫生和计划生育委员会下发《关于做好 2013 年新型农村合作医疗工作的通知》，规定：自 2013 年起，各级财政对新农合的补助标准从每人每年 240 元提高到每人每年 280 元。2014 年，各级财政对新农合和居民医保人均补助标准在 2013 年的基础上提高 40 元，达到 320 元；农民和城镇居民个人缴费标准在 2013 年的基础上提高 20 元，全国平均个人缴费标准达到每人每年 90 元左右。国家卫生计生委、财政部日前要求，2015 年，各级财政对新农合的人均补助标准在 2014 年的基础上提高 60 元，达到 380 元。农民个人缴费标准在 2014 年的基础上提高 30 元，全国平均个人缴费标准达到每人每年 120 元左右。

《关于加快推进新型农村合作医疗试点工作的通知》进一步提出，要建立和完善农村医疗救助制度，做好与新型农村合作医疗制度的衔接。加大各级政府对医疗救助资金的支持，充分发挥民政部门的主导作用，动员红十字会、基金会等社团组织、慈善机构和各类企事业单位等社会力量，多渠道筹集资金。进一步完善相关政策措施，明确救助范围，提高救助水平，重点解决好农村五保户和贫困家庭的问题。在帮助救助对象参加合作医疗的同时，对个人负担医疗费用过重、难以承担的部分应给予适当补助。针对农村贫困人口家庭收入低、生活困难大的实际，在新型农村合作医疗试点工作中对农村救助对象应给予更多的政策优惠。通过新型农村合作医疗与医疗救助的协调互补，共同解决贫困农民看病就医难的突出问题。

另外，在医疗救助方面，2003 年 11 月 18 日民政部、卫生部、财政部发文《关于实施农村医疗救助的意见》，贯彻落实《中共中央、国务院关于进一步加强农村卫生工作的决定》的精神。接着，2004 年 1 月 5 日，民政部、财政部制定印发《农村医疗救助基金管理试行办法》，加强农村医疗救助基金管理。针对医疗救助实施过程中出现的一些问题，例如，各地工作进展不均衡，一些地区工作进展缓慢，医疗救助资金筹集不足，资金供需矛盾突出；一些地区在实施过程中出现了政策不公开、管理不规范等。2005 年 8 月 15 日，民政部、卫生部、财政部下发《关于加快推进农村医疗救助工作的通知》，以进一步推动农村医疗救助工作。为贯彻落实《中共中央、国务院关于深化医药卫生体制改革的意见》和《国务院关于印发医药卫生体制改革近期重点实施方案（2009～2011 年）的通知》的精神，进一步完善城乡医疗救助制度，保障困难群众能够享受到基本医疗卫生服务，2009 年 6 月 15 日，民政部、财政部、卫生部、人力资源和社会保障部提出《关于进一步完善城乡医疗救助制度的意见》，进一步完善城乡医疗救助制度，保障困难群众能够享受到基本医疗卫生服务。2015 年 4 月 21 日，国务院办公厅转发民政部等部门发布《关于进一步完善医疗救助制度全面开展重特大疾病医疗救助工作意见的通知》，进一步完善城乡医疗救助制度、全面开展重特大疾病医疗救助工作。

（三）扶贫和五保供养制度

1. 扶贫。

实施《国家八七扶贫攻坚计划》以来，我国农村贫困现象明显缓解，贫困人口大幅度减少。到 2000 年底，除了少数社会保障对象和生活在自然环境恶劣地区的特困人口，以及部分残疾人以外，全国农村贫困人口的温饱问题已经基本解决，《国家八七扶贫攻坚计划》确定的战略目标基本实现。扶贫开发实现了贫困地区广大农民群众千百年来吃饱穿暖的愿望，为促进我国经济的发展、民族的团结、边疆的巩固和社会的稳定发挥了重要作用。为缓解和消除贫困，最终实现全国人民的共同富裕，2001 年 6 月 18 日国务院印发《中国农村扶贫开发纲要（2001～2010 年）》。我国目前正处于并将长期处于社会主义初级阶段，在较长时期内存在贫困地区、贫困人口和贫困现象是不可避免的。当前，尚未解决温饱的贫困人口，虽然数量不多，但是解决的难度很大。初步解决温饱问题的群众，由于生产生活条件尚未得到根本改变，他们的温饱还不稳定，巩固温饱成果的任务仍很艰巨。基本解决温饱的贫困人口，其温饱的标准还很低，在这个基础上实现小康、进而过上比较宽裕的生活，需要一个较长期的奋斗过程。至于从根本上改变贫困地区社会经济的落后状况，缩小地区差距，更是一个长期的历史性任务。党中央、国务院决定：2001~2010年，集中力量，加快贫困地区脱贫致富的进程，把我国扶贫开发事业推向一个新的阶段。我国2001~2010年扶贫开发总的奋斗目标是：尽快解决少数贫困人口温饱问题，进一步改善贫困地区的基本生产生活条件，巩固温饱成果，提高贫困人口的生活质量和综合素质，加强贫困乡村的基础设施建设，改善生态环境，逐步改变贫困地区经济、社会、文化的落后状况，为达到小康水平创造条件。扶贫开发的对象是：贫困地区尚未解决温饱问题的贫困人口作为扶贫开发的首要对象；同时，继续帮助初步解决温饱问题的贫困人口增加收入，进一步改善生产生活条件，巩固扶贫成果。扶贫开发的重点是：按照集中连片的原则，国家把贫困人口集中的中西部少数民族地区、革命老区、边疆地区和特困地区作为扶贫开发的重点，并在上述四类地区确定扶贫开发工作重点县。东部以及中西部其他地区的贫困乡、村，主要由地方政府负责扶持。要重视做好残疾人扶贫工作，把残疾人扶贫纳入扶持范围，统一组织，同步实施。按照《纲要》要求，近几年来，中央财政逐年较大幅度地增加了财政扶贫资金投入。2001~2004年，中央财政累计预算安排扶贫资金442亿元，年均增长6.45%。2005年，又比2004年增加8亿元。2001年、2002年贫困人口减少比率分别是8.8%、3.6%，2003年，因灾返贫的人口较多，由此导致当年绝对贫困人口不减反增80万人。2004年，由于政策好、风调雨顺等诸多利好因素，贫困人口减少290万人。

为了实现到2020年全面建成小康社会奋斗目标，国务院制定《中国农村扶贫开发纲要》（2011~2020年）。纲要总体目标是："到2020年，稳定实现扶贫对象不愁吃、不愁穿，保障其义务教育、基本医疗和住房。贫困地区农民人均纯收入增长幅度高于全国平均水平，基本公共服务主要领域指标接近全国平均水平，扭转发展差距扩大趋势。"

2. 五保供养制度。

为了做好农村五保供养工作，保障农村五保供养对象的正常生活，促进农村社会保障制度的发展，国务院制定《农村五保供养工作条例》，经2006年1月11日国务院第121次常务会议通过，2006年1月21日发布，自2006

年 3 月 1 日起施行。

与 1994 年的《农村五保供养工作条例》相比，五保供养制度在以下各主管部门职责、五保对象等方面进一步调整和规范。

（1）对主管农村五保工作的各级民政及相关民政业务部门的职责进一步进行规范。要求：国务院民政部门主管全国的农村五保供养工作；县级以上地方各级人民政府民政部门主管本行政区域内的农村五保供养工作。乡、民族乡、镇人民政府管理本行政区域内的农村五保供养工作。村民委员会协助乡、民族乡、镇人民政府开展农村五保供养工作。

（2）进一步明确五保供养对象，指出凡是老年、残疾或者未满 16 周岁的村民，无劳动能力、无生活来源又无法定赡养、抚养、扶养义务人，或者其法定赡养、抚养、扶养义务人无赡养、抚养、扶养能力的，享受农村五保供养待遇。

（3）在农村五保供养资金方面也进行了调整，并在制度上第一次提出由中央财政对困难地区的五保供养给予适当补助。1994 年的《五保供养条例》中规定五保供养所需经费和实物，应当从村提留或者乡统筹费中列支。2006年的《五保供养条例》明确规定：农村五保供养资金在地方人民政府财政预算中安排。有农村集体经营等收入的地方，可以从农村集体经营等收入中安排资金，用于补助和改善农村五保供养对象的生活。农村五保供养对象将承包土地交由他人代耕的，其收益归该农村五保供养对象所有。具体办法由省、自治区、直辖市人民政府规定。中央财政对财政困难地区的农村五保供养，在资金上给予适当补助。农村五保供养资金，应当专门用于农村五保供养对象的生活，任何组织或者个人不得贪污、挪用、截留或者私分。

2006 年的《五保供养条例》进一步加强了对农村五保供养工作和五保供养资金的监督管理。加进了"审计机关应当依法加强对农村五保供养资金使用情况的审计"等内容。

虽然 2006 年的《五保供养条例》在五保制度上进一步调整完善，但它必将是我国社会主义市场经济发展进程中的过渡措施，它将随着我国农村各项社会保障制度的发展完善而逐步退出历史舞台。目前在一些地方，随着农村经济的发展，农民生活水平日益提高，五保户的数量越来越少。五保户这种我国经济社会特定历史时期的产物，必将随着农村低保、医保、敬老院等不断完善而成为历史。

（四）农村社会养老保险

党的十六大报告提出农村社会保障发展目标是"有条件的地方，探索建立农村养老、医疗保险和最低生活保障制度。"党的十六届三中全会通过的《关于完善社会主义市场经济体制若干问题的决定》提出："农村养老保障以家庭为主，同社区保障、国家救济相结合。"

2003 年 11 月，为贯彻党的十六大和十六届三中全会精神，劳动和社会保障部下发《关于认真做好当前农村养老保险工作的通知》，指出随着我国工业化、城镇化的快速发展，大批农民转入非农就业，大量农民进城务工经商，他们绝大多数人就业灵活，流动于城乡之间，收入较低且不稳定，与土地有着千丝万缕的联系。特别是目前相当一部分被征地农民处于无地、无业、无保障的状态，成为影响社会稳定的突出问题。维护进城务工经商农民和乡镇企业职工的社会保障等合法权益还面临许多新情况、新问题。各地要认真研究农保工作中的这些突出问题，提高认识，统一部署，促进城乡养老保险协调发展。

2009 年 9 月 1 日，《国务院关于开展新型农村社会养老保险试点的指导意见》颁布，根据党的十七大和十七届三中全会精神，国务院决定，从 2009 年起开展新型农村社会养老保险（以下简称新农保）试点工作。

新农保试点工作按照加快建立覆盖城乡居民的社会保障体系、逐步解决农村居民老有所养问题的目标要求，明确了"保基本、广覆盖、有弹性、可持续"的基本原则：一是从农村实际出发，低水平起步，筹资标准和待遇标准要与经济发展及各方面承受能力相适应；二是个人（家庭）、集体、政府合理分担责任，权利与义务相对应；三是政府主导和农民自愿相结合，引导农村居民普遍参保；四是中央确定基本原则和主要政策，地方制订具体办法，对参保居民实行属地管理。《指导意见》对参保对象和任务目标的规定是：年满 16 周岁（不含在校学生）、未参加城镇职工基本养老保险的农村居民，可以在户籍地自愿参加新农保；2009 年，新农保试点覆盖面为全国 10% 的县

（市、区、旗），以后逐步扩大试点，在全国普遍实施，2020 年之前基本实现对农村适龄居民的全覆盖，探索建立社会统筹与个人账户相结合（即"统账结合"）制度。

新农保基本上是借鉴城镇养老保险的做法，实行半基金积累制的模式。基金筹集由个人缴费、集体补助、政府补贴构成。具体规定是：（1）个人缴费。参加新农保的农村居民应当按规定缴纳养老保险费。缴费标准目前设为每年100 元、200 元、300 元、400 元、500 元 5 个档次，地方可以根据实际情况增设缴费档次。参保人自主选择档次缴费，多缴多得。国家依据农村居民人均纯收入增长等情况适时调整缴费档次。（2）集体补助。有条件的村集体应当对参保人缴费给予补助，补助标准由村民委员会召开村民会议民主确定。鼓励其他经济组织、社会公益组织、个人为参保人缴费提供资助。（3）政府补贴。政府对符合领取条件的参保人全额支付新农保基础养老金，其中中央财政对中西部地区按中央确定的基础养老金标准给予全额补助，对东部地区给予50%的补助。地方政府应当对参保人缴费给予补贴，补贴标准不低于每人每年 30 元；对选择较高档次标准缴费的，可给予适当鼓励，具体标准和办法由省（区、市）人民政府确定。对农村重度残疾人等缴费困难群体，地方政府为其代缴部分或全部最低标准的养老保险费。

新农保规定，国家为每个新农保参保人建立终身记录的养老保险个人账户。个人缴费，集体补助及其他经济组织、社会公益组织、个人对参保人缴费的资助，地方政府对参保人的缴费补贴，全部记入个人账户。个人账户储存额目前每年参考中国人民银行公布的金融机构人民币一年期存款利率计息。

《指导意见》还对新农保养老金待遇和领取条件做出规定。规定养老金待遇由基础养老金和个人账户养老金组成，支付终身。中央确定的基础养老金标准为每人每月 55 元。地方政府可以根据实际情况提高基础养老金标准，对于长期缴费的农村居民，可适当加发基础养老金，提高和加发部分的资金由地方政府支出。个人账户养老金的月计发标准为个人账户全部储存额除以 139（与现行城镇职工基本养老保险个人账户养老金计发系数相同）。参保人死亡，个人账户中的资金余额，除政府补贴外，可以依法继承；政府补贴余额用于继续支付其他参保人的养老金。领取条件：年满 60 周岁、未享受城镇职工基本养老保险待遇的农村有户籍的老年人，可以按月领取养老金；新农保制度实施时，已年满 60 周岁、未享受城镇职工基本养老保险待遇的，不用缴费，可以按月领取基础养老金，但其符合参保条件的子女应当参保缴费；距领取年龄不足 15 年的，应按年缴费，也允许补缴，累计缴费不超过 15 年；距领取年龄超过 15 年的，应按年缴费，累计缴费不少于 15 年；国家根据经济发展和物价变动等情况，适时调整全国新农保基础养老金的最低标准。

《指导意见》规定，新农保基金纳入社会保障基金财政专户，实行收、支两条线管理，单独记账、核算，按有关规定实现保值增值。试点阶段，新农保基金暂实行县级管理，随着试点扩大和推开，逐步提高管理层次；有条件的地方也可直接实行省级管理。建立健全新农保基金财务会计制度。国务院成立新农保试点工作领导小组，研究制定相关政策并督促检查政策的落实情况，总结评估试点工作，协调解决试点工作中出现的问题。人力资源社会保障部门要切实履行新农保基金的监管职责，制定完善新农保各项业务管理规章制度，规范业务程序，建立健全内控制度和基金稽核制度，对基金的筹集、上解、划拨、发放进行监控和定期检查，并定期披露新农保基金筹集和支付信息，做到公开透明，加强社会监督。财政、监察、审计部门按各自职责实施监督，严禁挤占挪用，确保基金安全。试点地区新农保经办机构和村民委员会每年在行政村范围内对村内参保人缴费和待遇领取资格进行公示，接受群众监督。并对新农保的经办管理服务及与城镇职工基本养老保险等其他养老保险制度的衔接，新农保制度与被征地农民社会保障、移民后期扶持政策、农村计划生育家庭奖励扶助政策、农村五保供养、社会优抚、农村最低生活保障制度等政策制度的配套衔接工作等提出了要求。

新农保制度的建立是深入贯彻落实科学发展观、加快建设覆盖城乡居民社会保障体系的重大决策，对逐步缩小城乡差距、改变城乡二元结构、推进基本公共服务均等化，对实现广大农村居民老有所养、促进家庭和谐、增加农民收入，具有重大的意义。按照人力资源社会保障部要求，截至 2013 年，全国约半数省份将新农保与城镇居民社会养老保险合并，称为城乡居民社会养老保险。

（五）社会保险法

2010 年 10 月 28 日，第十一届全国人民代表大会常务委员会第十七次会议通过、自 2011 年 7 月 1 日起将施行的《中华人民共和国社会保险法》（简称《社会保险法》），是我国历史上第一次以法的形式出台的社会保障制度，标志着我国的社会保障制度建设将进入新的发展阶段，也标志着我国新时期农村社会保障制度进入快速调整、建立和发展时期。

《社会保险法》对我国规范社会保险关系，维护公民参加社会保险和享受社会保险待遇的合法权益，使公民共享发展成果，促进社会和谐稳定，具有里程碑意义。按照《社会保险法》的规定，国家建立基本养老保险、基本医疗保险、工伤保险、失业保险、生育保险等社会保险制度，保障公民在年老、疾病、工伤、失业、生育等情况下依法从国家和社会获得物质帮助的权利。社会保险制度坚持广覆盖、保基本、多层次、可持续的方针，社会保险水平应当与经济社会发展水平相适应。

《社会保险法》对基本养老保险、基本医疗保险、工伤保险、失业保险、生育保险五种社会保险项目的基本制度内容；对社会保险费征缴，社会保险基金的核算、运营和管理，社会保险经办机构的设立、经费和管理，社会保险的监督和相关法律责任等问题都做出了法律规定；并对农村基本养老保险、基本医疗保险两种社会保险项目做出特别规定。《社会保险法》第十六条规定："参加基本养老保险的个人，达到法定退休年龄时累计缴费满十五年的，按月领取基本养老金。参加基本养老保险的个人，达到法定退休年龄时累计缴费不足十五年的，可以缴费至满十五年，按月领取基本养老金；也可以转入新型农村社会养老保险或者城镇居民社会养老保险，按照国务院规定享受相应的养老保险待遇。"第二十条规定："国家建立和完善新型农村社会养老保险制度。新型农村社会养老保险实行个人缴费、集体补助和政府补贴相结合。"第二十一条规定："新型农村社会养老保险待遇由基础养老金和个人账户养老金组成。参加新型农村社会养老保险的农村居民，符合国家规定条件的，按月领取新型农村社会养老保险待遇。"第二十二条规定："国家建立和完善城镇居民社会养老保险制度。省、自治区、直辖市人民政府根据实际情况，可以将城镇居民社会养老保险和新型农村社会养老保险合并实施。"第二十四条规定："国家建立和完善新型农村合作医疗制度。新型农村合作医疗的管理办法，由国务院规定。"第二十六条规定："职工基本医疗保险、新型农村合作医疗和城镇居民基本医疗保险的待遇标准按照国家规定执行。"

《社会保险法》对我国农村社会保障制度的建立和发展奠定了法律基础，为我国统筹城乡的农村社会保障事业的顺利进行保驾护航，对我国农村居民社会保障水平的提高具有重大推动作用。

本章小结

本章对我国农村社会保障的概念、产品属性和制度变迁进行了界定，并指出农村社会保障属于农村公共产品。在对中华人民共和国成立以来农村社会保障发展历程进行深入研究、评析的基础上，对农村社会保障制度变迁史进行了梳理，提出了比较科学合理的三阶段划分观点：第一阶段，中华人民共和国成立至改革开放前（1951～1978年），以农村集体保障为核心的农村社会保障发展阶段；第二阶段，改革开放后（1978～2000年），以土地保障、家庭保障为核心内容的农村社会保障发展阶段；第三阶段，21世纪以来（2000年以来），以现代社会化保障为核心内容的农村社会保障制度的探索、起步和发展阶段。

第三章 农村社会保障与公共财政的关系

第一节 财政体制的演变历程

新中国成立以来，我国财政管理体制的演变历程可分为以下四个阶段。

一、高度集中的财政体制

高度集中的财政体制也称统收统支体制，这种体制下，财力和财权高度集中于中央，基本上地方主要收入都集中上缴中央金库，地方支出由中央统一拨付，只给地方留少许机动财力与财权。这种体制下，一切财政收支项目、收支办法和开支标准，都由中央政府统一制定，一切财政收支都要纳入国家预算统一管理。这种体制在中华人民共和国成立之初国民经济恢复时期实行过。这种体制在当时条件下是有效的，能迅速扭转建国前财力长期分散的局面，短期内就实现了财政收支的平衡，对稳定物价、消灭残敌和恢复经济起到了至关重要的作用。但随着经济的恢复发展、财政状况的改善，这种体制不可能长期使用，必须改变。

二、以集中为主，适当下放财力财权的体制

这种体制也称"统一领导，分级管理"体制。1953～1979 年我国实行这种体制。这种体制的基本特点是国家绝大部分的财力财权仍集中在中央，同时，给予地方一定的机动财力与财权。这种体制的做法主要是每年由中央核定地方收支指标，收支范围和分成比例由中央核定后，一般三年或五年不变。全部预算收入分为各级固定收入、固定比例分成收入和调剂收入，各地能用地方固定收入和地方分成收入满足地方支出需要的，不再划给调剂收入，多余部分按一定比例上解中央；用地方固定收入和地方分成收入不能满足地方正常支出需要的，按一定比例划给调剂收入；用地方固定收入、地方分成收入和调剂收入仍不能满足地方支出需要的，由中央补助。相比高度集中的体制，统一领导、分级管理体制把地方全部收入与支出联系起来，能鼓励地方积极组织收入，但由于地方增大的权力仍然很小，不利于调动地方的积极性。

三、"财政包干"体制

"财政包干"体制也称"划分收支、分级包干"体制，俗称"分灶吃饭"。改革开放后，自 1980 年开始实行此体制。财政包干体制由过去全国"一灶吃饭"改为"分灶吃饭"，地方预算初步形成责、权、利相结合、收支挂钩、自求平衡、相对独立的一级预算主体。具体来说，我国 1980～1984 年实行"划分收支、分级包干"体制；1985～1987 年实行"划分税种、核定收支、分级包干"体制；1988 年，在原包干办法的基础上，通过调整改进逐步形成了针对各省、市、自治区和计划单列市的多种不同形式的灵活的财政包干办法，如"总额分成"办法、"总额分成加增长分成"办法、"上解额递增包干"，定额上解、定额补贴办法等。包干体制的特点主要是在总额分成的基础上对增收部分加大地方留成比例，调动了地方当家理财、开源节流、增收节支的积极性。但是，随着经济的快速增长，这种体制越来越暴露出其弊端，主要表现在：统收的局面打破了，统支的局面并没完全打破，中央和地方收

支之间相互挤占，关系没能理顺；中央集中财力比例日趋下降，负担过重；地方保护主义、盲目建设、重复建设严重，影响了产业结构调整和经济效益的提高；各地包干办法多种多样，缺乏规范性，并加大了中央的管理成本。

四、分税分级管理财政体制

针对财政包干体制的弊端，1992 年在浙江和辽宁等 9 省、市、自治区实行"分税制"改革试点，在试点基础上，1994 年起，在全国范围内普遍实施分税制财政管理体制。分税制是市场经济国家普遍实施的合理划分税收收入，规范各级政府间财政关系的一种财政体制模式。分税制的基本内容：（1）分级财政。财政是分级次的，财政级次的设置一般与政权级次的设置是对应的，一级政权，一级财政，一级独立的预算。（2）根据中央与地方政府的事权，划分各级财政的支出范围。一般而言，中央财政主要承担国家安全、外事外交和中央国家机关运转所需经费，调整国民经济结构、协调地区发展、实施宏观调控所必需的支出以及由中央直接管理的事业发展支出。如国防支出，外交支出，中央级行政管理支出，债务利息支出，中央负担的经济建设费支出、科教文卫事业费支出和社会福利及社会保障方面的支出。地方财政主要承担本地区政权机关运转所需经费及本地区社会事业、经济发展所需支出。如市政建设支出、地方行政管理费、地方负担的经济建设费支出、地方科教文卫事业费支出等。（3）收入划分实行分税制。税收的划分方法，有的是按税种划分各级财政的收入来源，一般来说，适合在全国普遍征收的大宗的税种归中央，而那些收入零星、弹性较小的税划归地方；有的对同一税种由中央和地方按不同的税率征收；有的税种实行中央与地方分享或共享；有的税种由中央征收，按一定比例分给地方；有的税种由地方征收，划一定比例给中央。相应地，税务局分设两套系统，即国税局和地税局，对不同的税种分别征管。（4）建立对各级财政平衡的预算调节制度，重要的制度和方法就是财政转移支付。

经过以上四阶段财政体制的演变，我国的财政制度或财政体制发生了巨大变化，由早期高度集中的统收统支体制演变为分税分级财政体制。财政收入原来以国有企业上缴利润为主，经过1983年第一次利改税、1984年第二次利改税和1994年的分税制改革，逐步变成税收是财政收入的最主要的来源形式。在税收方面建立了以增值税、消费税、营业税等流转税为主体，所得税、财产税、资源税和行为目的税共存的较系统的税收制度。在财政支出方面，不断调整支出结构，进行国有企业改革，扭转过去政企不分，国家财政对国有企业大包大揽的状况，通过对国企抓大放小、进行改制，甩掉政府大部分包袱，从而为理顺政府职能奠定了基础。

但是，1994年实行的分税分级财政体制，并没有对各级政府间的具体职责（即事权）作出非常明确的规范的划分。全国性的公共产品和地方性的公共产品划分不清，财政支出划分基本上维持了1994年以前的格局；财政收入虽然在主要的收入来源税收上明确提出分税制，但是税收收入划分存在着很多问题，如企业所得税按行政隶属关系来划分，适合在全国范围内普遍实施的个人所得税却划归地方；转移支付制度也不健全、不规范，基本上仅限于纵向转移支付，纳入财政预算管理的社会保障等转移性支出所占比例偏少等。随着分税制的执行，其弊端逐渐暴露出来。

同时，1992年10月党的十四大明确提出：我国经济体制改革的目标是建立社会主义市场经济。自此以后，我国的经济体制发生了巨大变化，由原来的计划经济转向市场经济。由于市场经济更注重效率，我国长期遵循效率优先原则，使经济快速增长起来，物质产品极大丰富，人民生活水平不断提高。与市场经济发展相适应，政府职能、财政职能不断调整，经过一系列财政体制改革，尤其是1994年的分税制，财政职能逐步规范到与市场经济相适应的领域中来，社会主义市场经济下财政的三大职能是：资源配置职能；收入分配职能；经济稳定与发展职能。市场经济下，市场对资源配置起基础性作用，财政配置资源只是介入市场失灵的领域，通过财政收支活动为政府提供公共产品、提供政府活动经费和资金，并通过财税政策引导资源的流量和流向，最终实现全社会资源配置的帕累托最优状态。市场经济条件下，作为社会产品和国民收入体系中最核心的一种分配手段，必须划清市场分配与财政分配的界限与范围，原则上凡是属于市场分配的范畴，让市场去充分发挥作用，政府财政不要去干预，属于财政分配的范围，财政应尽其职，不能缺位。经济稳定与发展是一切发展的前提和基础，财政应运用其自动稳定器和相机抉择的财政政策和手段实现经济的稳定和发展。由于我国社会发展没有经历充分的资本主义发展阶段，因而，建立社会主义市场经济体制基本上是摸着石头过河，在改革开放的大背景下，西方国家发展市场经济的理论和实践无疑具有很大的借鉴意义。西方财政理论的核心是公共产品理论，很自然地随着政府职能、财政职能的调整和转变，财政的"公共性"被强调，于是关于"公共财政"的概念和"公共财政"的理论被提出并迅速发展起来。20 世纪90 年代末，我国最高决策层明确提出构建公共财政框架的目标。于是，构建我们的公共财政柜架体系的实践在政府部门的制度下实践起来。可以说，当前我国的财政体制类型是公共财政体制。需要强调的是，公共财政体制并不是否认分税分级财政体制，而是分税分级体制的进一步完善，是当代分税分级财政体制的具体体现。

第二节 我国公共财政框架体系的建构

一、建构公共财政框架体系的出发点

我国将建立公共财政框架作为"十五"时期财政改革的重要目标，至2002 年，一个包括公共财政功能框架、管理框架和技术框架三部分内容的公共财政框架体系被初步建立起来。但是，一个健全规范的，与实际社会发展需要相适应的公共财政体系还未真正建立起来。在理论上，关于公共财政框架体系内容的研究不断深入发展。尽管各地政府和理论界关于公共财政框架的内容各有不同，但是在基本点上是相同的，即：公共财政框架体系内容是围绕着社会主义市场经济条件下政府提供公共产品的服务满足社会共同需要而展开的。由于社会共同需要是随着社会经济条件的变化而不断发展变化的，尤其是改革开放以后进入市场经济的中国，社会经济形势日新月异，新的问题不断暴露，我国公众在生产、生活和工作中的共同需要不断调整变动。因而我国公共财政框架体系的具体内容也不是一成不变的，确定下来的框架体

系的内容也要随着社会经济政治形势的变化而变化，这是本书关于公共财政框架构建的一个重要观点。当然，我国在建立健全公共财政框架体系的进程中也基本上是按这一规律实践的，例如，1994 年来我国的税制税种上相当频繁的调整改革，利息税的开征、增值税的转型、企业所得税与个人所得税的中央与地方共享改革、消费税征税范围的调整、内外资企业所得税的并轨、个税起征点的多次调高、证券交易印花税税率的调整等；在财政预算制度方面，为弄清每个预算单位到底花了国家多少钱而推行的部门预算改革，为规范财政收支、加强会计审计的监督职能而推行的国库集中收付制度及政府收支分类改革，为提高财政购买性支出效率而进行的政府采购制度改革，为加强预算外资金控制和管理而推行的收支两条线管理等；与民生密切相关的社会保障制度改革等。

借鉴西方公共财政理论，结合我国当前的实际情况，2007 年 10 月 15 日，胡锦涛在中国共产党第十七次全国代表大会上的报告中提出构建公共财政体系的新思路：围绕推进基本公共服务均等化和主体功能区建设，完善公共财政体系。深化预算制度改革，强化预算管理和监督，健全中央和地方财力与事权相匹配的体制，加快形成统一规范透明的财政转移支付制度，提高一般性转移支付规模和比例，加大公共服务领域投入。完善省以下财政体制，增强基层政府提供公共服务能力。实行有利于科学发展的财税制度，建立健全资源有偿使用制度和生态环境补偿机制。

党的十七大精神的核心内容是推进我国公共服务提供的均等化，党的十八大的新要求是基本公共服务均等化总体实现。党的十八届三中全会作出的《中共中央关于全面深化改革若干重大问题的决定》又进一步明确提出完善以税收、社会保障、转移支付为主要手段的再分配调节机制，缩小城乡、区域、行业收入分配差距，逐步形成橄榄型分配格局；健全社会保障财政投入制度，完善社会保障预算制度，建立更加公平可持续的社会保障制度。财政的再分配是为全体社会成员提供共同需要的，但我国长期以来受资源、地理条件、技术水平，当然最根本是体制的制约，在教育、社会保障等方面存在着严重的社会分配不公。按党的十七大报告的提法，在综合国力财力提高的同时，城乡之间、区域之间、经济社会之间及不同群体之间均存在着不平衡问题。

可以从以下数据求证：按 2006 年的数据，东中西地区 GDP 的比值是 3.26：1.09：1，上海人均 GDP 达到 75 990，而贵州只有 5750 元。从城乡居民收入看，全国城镇居民人均收入将近 1.2 万元，而农村居民人均收入不足 3 600 元。基尼系数已超过 0.4 的警戒线。统计显示，全国收入最高行业与最低行业人均工资水平之比已从 2000 年的 2.63：1 扩大到 2005 年的 4.88：1。党的十六大报告提出：国内生产总值到 2020 年力争比 2000 年翻两番；党的十七大报告要求：实现人均国内生产总值到 2020 年比 2000 年翻两番；党的十八大报告新要求：实现国内生产总值和城乡居民人均收入比 2010 年翻一番。GDP 反映出一个国家总体的经济实力，却不能体现人民在经济发展中获得的实际收益。2006 年，中国 GDP 总量排世界第四，但人均 GDP 却排在百名之后。由总量变为人均，体现出党将发展成果惠及人民群众的战略部署。我国居民消费率占 GDP 的比重，从 1978 年的 62.1% 下降到 2006 年的 50%，远远低于世界上 70% 以上的水平。

二、建构公共财政框架体系

根据以上分析，笔者认为，适应我国当前社会经济发展需要的公共财政框架体系，除公债收支体系外，还应包括公共财政支出体系和公共财政收入体系。公共财政支出是满足社会共同需要，实现政府职能的直接保证，包括一般公共管理支出，国防支出，公共秩序与安全支出，交通、电力、农林水等基础设施和基础产业投资支出，教育支出，医疗、卫生保健支出和社会保障支出等。公共财政收入体系包括税收收入和非税收入等。在公共收支体系中，适应新时期政府财政职责的转变及我国社会保障事业发展的需求，必须要有一个重要的必不可少的组成部分——社会保障体系，否则就不是规范的公共财政体系。

世界各国的社会保障体系一般包括社会救济、社会保险和社会福利三个层次的内容，从政府财政的职责和范围看，大多将社会救济的社会福利层次作为政府的职责从公共财政体系中的一般公共收支中列支出来。长期以来，由于预算的非完整性及社会保障项目的稀少性，我国预算中体现出来的社会保障体系内容较少。随着我国各项社会保障事业的建立和发展及公共财政改革的要求，各项社会保障项目内容都要规范到公共财政框架体系中。社会保险作为社会保障体系的核心内容，其预算管理和筹资及在公共财政体系中的地位尤为重要。

在没有开征社会保障（险）税的情况下，对社会保险的筹资一般采取的是基金制，称作社会保障基金。

社会保险基金是国家为实施各项社会保险计划而建立起来的，用于保障劳动者在年老、疾病、伤残、失业、生育时基本生活和基本医疗康复需要的资金，其基本职能是实现国家保障劳动者的基本权益的职能。社会保险基金是国家社会保险计划的重要组成部分和实施社会保险计划的物质基础，是国家在国民收入分配中按照法律制度为劳动者建立的具有调剂、互助功能的专项基金。

社会保险基金体系包括社会保险基金收入和支出及其征管等内容。

（1）社会保险基金收入体系。包括：社会保险费收入、利息收入、财政补贴收入、转移收入、上级补助收入、下级上解收入、其他收入等。其中，社会保险费收入指缴费单位和缴费个人按缴费基数的一定比例分别缴纳费用；利息收入指用社会保险基金购买国家债券或存入银行所取得的利息收入；财政补贴收入指同级财政给予社会保险基金的补贴；转移收入指社会保险对象跨统筹地区流动而划入的基金收入；上级补助收入指下级社会保险经办机构接受上级社会保险经办机构拨付的补助收入；下级上解收入指上级社会保险经办机构接受下级社会保险经办机构上解的基金收入；其他收入指滞纳金等其他经财政部门核准的收入。

（2）社会保险基金支出体系。社会保险基金的支付是指按照社会保险制度规定的享受条件、待遇标准和支付方式，由社会保险经办机构将基金支付给受保人，以保障他们的基本生活需要。社会保险基金的支付是社会保险制度保障功能的具体体现。基金的支付一方面要使受保人的基本生活需求得到切实保障，另一方面又必须使支付水平和支付基金额与国家的经济实力和生产力发展水平相适应。具体包括社会保险待遇支出、转移支出、补助下级支出、上解上级支出、其他支出。其中，社会保险待遇支出是指按法律规定支付给社会保险对象的社会保险待遇，如基本养老保险待遇支出、失业保险待遇支出和基本医疗保险待遇支出等；转移支出是指社会保险对象跨统筹地区流动而转出的基金支出；补助下级支出是指上级经办机构拨付给下级经办机构的补助支出；上解上级支出是指下级经办机构上解上级经办机构的支出；其他支出是指经财政部门核准开支的其他非社会保险待遇性质的支出。

（3）社会保险基金征管体系。社会保险费由地方税务机关和社会保险经办机构征收，地方税务机关对社会保险费征收情况进行监督检查。劳动保障行政部门负责社会保险费的征缴监督工作。财政、审计部门依法对社会保险基金的收支管理情况进行监督检查，并对社会保险基金建立了预算制度，建立了社会保险基金财政专户，对社会保险基金实行收支两条线管理。

社会保险基金预算指社会保险经办机构根据社会保险制度的实施计划和任务编制的、经规定程序审批的年度基金财务收支计划。一般来说，在年度终了前，社会保险经办机构按照财政部门规定的表式、时间和编制要求，根据本年度预算执行情况和下年度基金收支预测，编制下年度基金预算草案。社会保险经办机构编制的年度基金预算草案，由劳动保障部门审核汇总并报财政部门审核，经同级政府批准后，由财政部门及时向劳动保障部门批复执行。社会保险经办机构要严格按批准的基金预算执行，认真分析基金的收支情况，定期向同级财政和劳动保障部门报告预算执行情况。如需调整，社会保险经办机构要编制社会保险基金预算调整方案，由劳动保障部门报财政部门审核，经同级政府批准后，由财政部门及时向劳动保障部门批复执行。社会保险经办机构根据工作需要，在同级财政和劳动保障部门共同认定的国有商业银行等金融机构（基金托管人）设立社会保险基金收入账户和支出账户。实行收支两条线管理是指财政部门在国有商业银行开设统一的社会保险基金财政专户，社会保险费及其他社会保险基金收入划入同级财政专户，基金支出由同级财政按照收支预算统筹安排，从财政专户中拨付。收支两条线管理是加强社会保险基金管理监督的一项根本性措施。

随着社会保险基金各项体系内容的进一步发展，逐步将各项收支都纳入预算管理，并且随着地税部门征管经验的成熟可以考虑在我国开征社会保险税（或社会保障税），从而与已在预算中列支的其他社会救济和福利层次的社会保障支出项目，如行政事业单位离退休费、城市居民最低生活保障、自然灾害生活救助等,一并纳入公共财政收支体系中。

综上所述,可构建我国公共财政框架体系,如图 3-1 和图 3-2 所示。

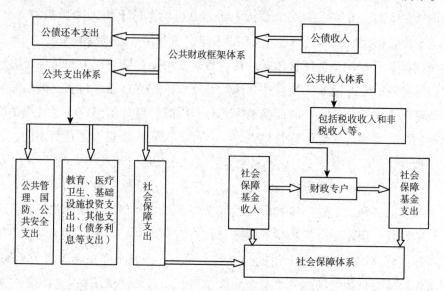

图 3-1　没开征社会保障税下的公共财政框架体系构建

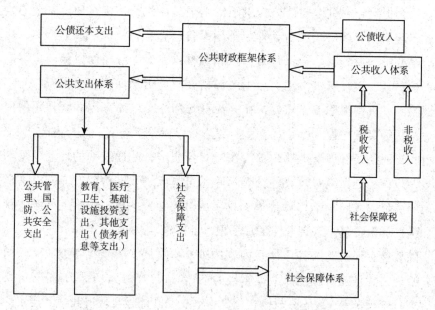

图 3-2　开征社会保障税下的公共财政框架体系构建

第三节 农村社会保障与公共财政的关系

一、农村社会保障属于满足农村公共需要的公共产品

农村社会保障所进行分配的资金来源于国民收入，这部分国民收入具有公共产品的特性，具有较强的公共财政属性。公共财政是弥补市场失灵、提供公共产品和服务的以政府为主体的特殊的分配活动，它的根本职能是满足社会公共需要。农村社会保障是社会公共需要的一个重要组成部分，因而也是公共财政体系不可缺少的重要组成部分，没有农村社会保障的支撑，公共财政体系无法建立完善。

二、农村社会保障对社会经济发展的功能作用：促进公共财政职能的实现

一般来说，社会主义市场经济条件下，公共财政具有资源配置、收入分配、经济稳定和发展三大职能。农村社会保障活动是一种收入和福利再分配性质的社会活动，市场经济本质特征之一是竞争机制，因此，市场经济难以引导企业和个人实现社会保障。而实施属于市场失灵领域的农村社会保障正是公共财政的职能范围之一。所以，现代市场经济国家基本和主要的农村社会保障活动，主体只能是公共财政。农村社会保障具有保证社会安定、维护社会公平、推动经济社会发展的功能作用。因此，合理地确定农村社会保障的收支机制、收支规模，能促进公共财政的资源配置职能的实现。在国民收入分配体系中，农村社会保障属于再分配范畴，是一种再分配手段，它与税收、财政支出一样，能在一定程度上解决贫富差距问题，实现社会公平，促进财政收入分配职能的实现。从实现公共财政职能的政策工具看，根据调节经济周期作用的不同，可分为自动稳定器和它动稳定器。自动稳定器，主要有累进税制和有明确条件规定的对个人的转移支付，农村社会救济制度作为

对农民转移支付的经典例子，是农村社会保障制度的重要组成内容，在农业遭受自然灾害、农民欠收时，能自动地维持农民的最低生活，维持社会的稳定和经济的健康发展，从而促进财政经济稳定发展职能的实现。

三、逐步建立和发展与城市统筹的农村社会保障体系是公共财政建立和完善的必然要求

社会保障是劳动者的安全网，农村社会保障是保护农民利益的安全网。2006 年中央一号文件提出，要逐步加大公共财政对农村社会保障制度建设的投入。公共财政加大对农村社会保障的投入，是当前我国农村公共产品供给的重要方面，对提高农村公共产品供给效率、增加农业劳动生产率、增加农民收入、建设社会主义新农村提供保障。

中国社会科学院社会学研究所副所长李培林说：建设社会主义和谐社会的内在要求是构建城乡结构的和谐。中国的特殊国情是城乡差距大、农村贫困人口多，因此，当务之急是建立起农村社会保障的基础框架。

2006 年中央一号文件指出，要进一步完善农村"五保户"供养、特困户生活救助、灾民补助等社会救助体系。探索建立与农村经济发展水平相适应、与其他保障措施相配套的农村社会养老保险制度。文件强调，要落实军烈属优抚政策。积极扩大对农村部分计划生育家庭实行奖励扶助制度试点和西部地区计划生育"少生快富"扶贫工程实施范围。有条件的地方，要积极探索建立农村最低生活保障制度。

建立农村社会保障体系是缩小城乡差距的重要措施，是统筹城乡社会保障事业发展的重要组成部分。随着社会经济的发展，各地特别是发达地区已开始建立城乡统一的最低生活保障制度。低保资金由各级政府财政负担。农民工养老、工伤、医疗等保险制度逐步建立起来，新型农村合作医疗、新型农村养老保险正参照城市医疗和养老保险发展起来，逐步建立和发展与城市统筹的农村社会保障体系是公共财政建立和完善的必然要求，对推动我国公共财政体制改革、提高财政资金支出效益具有重要作用。总之，农村社会保障是公共财政体系不可缺少的组成部分。

本章小结

本章在对中华人民共和国成立以来我国财政体制的演变过程和趋势进行探究的基础上，构建了适应我国当前社会经济发展需要的公共财政框架体系，揭示了无论是否开征社会保障税，社会保障体系都是我国公共财政体系中不可缺少的重要组成部分。我国完整的社会保障体系建设离不开农村社会保障制度建设，本章进一步论述了农村社会保障与公共财政的关系，指出农村社会保障是公共财政体系不可缺少的组成部分。

第四章　我国农村社会保障及其 财政供给的现状与评估

经过"以农村集体保障为核心的农村社会保障""以土地保障、家庭保障为核心内容的农村社会保障"和"以现代社会化保障为核心内容的农村社会保障制度的探索、起步和发展"三个阶段的制度变迁，目前，我国的农村社会保障事业不断向前推进，各项社会保障措施的覆盖面逐渐扩大，农民的基本生活保障、基本养老保障、基本医疗保障水平逐步提高。

第一节　基本现状

一、农村居民最低生活保障

居民最低生活保障，简称"低保"，是我国社会救济层面的社会保障措施，属于最低层次的社会保障体系内容。满足居民的最低生活需求是国家政府的基本职责，也是社会经济向前发展的基本条件。随着我国经济发展水平的快速提高，我国及时地推出低保意义重大，对推进我们发展中国家的整体发展水平并使我国早日进入发达国家行列发挥着根本作用。农村居民最低生活保障主要是对因病致残、年老体弱、丧失劳动能力及生存条件恶劣等原因造成家庭年人均纯收入低于当地最低生活保障标准的农村居民实施的保障其最低生活的一项保障措施。进入 21 世纪以来，借鉴城镇居民最低生活保障，一些地方开始尝试试行农村居民低保，2007 年 7 月，国务院发布《关于在全国建立农村最低生活保障制度的通知》，决定从 2007 年开始在全国建立农村最低生活保障制度。推行农村低保，对解决农村贫困居民的温饱，促进农村社会稳定发展发挥着重要作用。

2001 年，我国农村低保工作在一些地区相继展开，到 2001 年底，全国有 304 万村民得到了最低生活保障。截至 2002 年底，在开展农村居民最低生活保障工作的地区，有 407.8 万村民、156.7 万户家庭得到了最低生活保障，保障对象比上年增长 32.9%，其中：困难户 303.3 万人，五保户 51.1 万人，其他人员 53.4 万人。截至 2003 年底，在开展农村居民最低生活保障工作的地区，有 367.1 万村民、176.8 万户家庭得到了最低生活保障，其中：困难户 114.5 万人，五保户 30.3 万人，其他人员 32 万人。2004 年，全国积极探索建立农村最低生活保障制度，截至 2004 年底，全国有 8 个省份、1 206 个县（市）建立了农村最低生活保障制度，有 488 万村民、235.9 万户家庭得到了农村最低生活保障，分别比上年同期增长了 33% 和 33.5%，其中：困难户 165.2 万人，五保户 37.1 万人，其他人员 33.6 万人。2005 年，农村最低生活保障制度稳步推进，保障水平有所提高，截至 2005 年底，全国有 13 个省份、1 308 个县（市）建立了农村最低生活保障制度，有 825.0 万村民、406.1 万户家庭得到了农村最低生活保障，分别比上年同期增长了 69.0% 和 72.1%，其中：困难户 298.8 万户，五保户 49.7 万户，其他人员家庭 57.7 万户。2006 年，我国积极开展农村最低生活保障制度，截至 2006 年底，全国有 23 个省份建立了农村最低生活保障制度，2133 个县（市）开展了农村最低生活保障工作，有 1 593.1 万人、777.2 万户得到了农村最低生活保障，分别比 2005 年增长了 93.1% 和 91.4%。2007 年，进一步积极开展农村最低生活保障制度，农村最低生活保障制度在全国范围内普遍建立。截至 2007 年底，已有 3 566.3 万人（1 608.5 万户）得到了农村最低生活保障，比 2006 年同期增加 1 973.2 万人，增长了 123.9%，全年共发放农村最低生活保障资金 109.1 亿元，比 2006 年增长 150.8%。到 2008 年，农村最低生活保障制度在全国范围内普遍建立。截至 2008 年底，已有 1 982.2 万户、4 305.5 万人得到了农村最低生活保障，比 2007 年同期增加 739.2

万人，增长了 20.7%。全年共发放农村最低生活保障资金 228.7 亿元，比 2007 年增长 109.6%。2009 年，农村低保稳步向应保尽保迈进。截至 2009 年底，全国已有 2 291.7 万户、4 760.0 万人得到了农村低保，比 2008 年同期增加 454.5 万人，增长了 10.6%。全年共发放农村低保资金 363.0 亿元，比 2008 年增长 58.7%，其中中央补助资金 255.1 亿元（其中春节一次性生活补贴 39.6 亿元），占全国支出资金的 70.4%。至 2010 年底，全国有 2 528.7 万户、5 214.0 万人得到了农村低保，比 2009 年同期增长了 9.5%。全年共发放农村低保资金 445.0 亿元，比 2009 年增长 22.6%，其中，中央补助资金 269.0 亿元，占总支出的 60.4%。2011 年底，全国共有农村低保对象 2 672.8 万户、5 305.7 万人，比 2010 年同期增加 91.7 万人。全年各级财政共支出农村低保资金 667.7 亿元，比 2010 年增长 50.0%，其中中央补助资金 502.6 亿元，占总支出的 75.3%。至 2013 年底，全国共有农村低保对象 2 931.1 万户、5 388.0 万人，比 2012 年同期增加 43.5 万人。全年各级财政共支出农村低保资金 866.9 亿元，比 2012 年增长 20.7%，其中中央补助资金 612.3 亿元，占总支出的 70.6%。截至 2014 年底，全国有农村低保对象 2 943.6 万户、5 207.2 万人。全年各级财政共支出农村低保资金 870.3 亿元，其中，中央补助资金 582.6 亿元，占总支出的 66.9%。

根据上述状况，可以得出结论，虽然全国的农村低保制度建立的时间较晚，但农村低保工作发展的速度还是很快的。享受农村低保的居民人数逐年增加。2003~2007 年，享受农村低保人数的增长率逐年翻番（见图 4-1）。到 2009 年，享受农村低保的农民已达 4 760.0 万人。如果按 2009 年农村贫困标准 1 196 元测算，2009 年末，农村贫困人口为 3 597 万人①。进行类比的话，可以说我国对农村贫困居民的最低生活保障已经做到了应保尽保。

---

① 2009 年国民经济和社会发展统计公报。

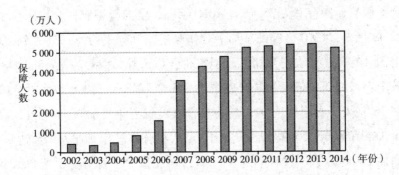

图 4 – 1　享受农村最低生活保障村民人数变动情况

资料来源：历年社会服务发展统计报告。

二、农村居民基本医疗保障

据统计，2003 年之前，占我国 70% 以上的农民基本上被排斥在现代医疗保险之外，原有的合作医疗保健制度大部分已解体，有合作医疗的农村仅占 15% 左右。自 2003 年推行新型农村合作医疗制度以来，农村医疗保障事业不断发展。2005 年 12 月，《中共中央、国务院关于推进社会主义新农村建设的若干意见》指出：积极推进新型农村合作医疗制度试点工作，从 2006 年起，中央和地方财政较大幅度提高补助标准，到 2008 年在全国农村基本普及新型农村合作医疗制度。

1. 从试点范围看，开展新农合的县（市、区）不断增加，试点范围不断扩大。截至 2005 年底，全国已有 678 个新型农村合作医疗试点县（市、区）（见表 4 – 1）；截至 2006 年底，全国已有 1 451 个县（市、区）开展了新型农村合作医疗，2006 年，全国试点县达到全国县总数的 40% 多；到 2007 年，已经扩大到全国 2 451 个县（市、区）；2008 年底，全国已有 2 729 个县（区、市）开展了新型农村合作医疗；2009 年底，全国有 2 716 个县（区、市）开展了新型农村合作医疗，达到全国县（区、市）总数的近 95%。

2. 从参合农民数量来看，参加新型农村合作医疗的农民不断增加。到 2005 年底，全国新型农村合作医疗覆盖人口 2.36 亿人，共有 1.79 亿农民参加了合作医疗，参合率为 75.7%；2006 年底，全国新型农村合作医疗覆盖人口为 5.08 亿人，4.10 亿农民参加了合作医疗，参合率为 80.7%；到 2007 年底，全国共有 7.3 亿农民参加了新型农村合作医疗，参合率达 86.2%，参合农民较上年增加 3.2 亿人，参合率增长 5.5 个百分点；2008 年底，全国参合农民 8.15 亿人，参合率为 91.5%，参合农民较上年增加 0.89 亿人，参合率上升 5.3 个百分点；2009 年底，全国新型农村合作医疗参加人口数达 8.33 亿人，增加 1 800 万人，参合率为 94.0%，增加 2.5 个百分点；至 2013 年底，全国有 2 489 个县（市、区）开展了新型农村合作医疗，参合人口数达 8.02 亿人，参合率为 98.7%。

从参合农民数量来看，2009 年底达 8.33 亿人，新农合已成为我国覆盖面最广的一项社会保障制度。尤其在经济发达地区，覆盖面更广，如南京 2006 年应参加新型农合的农民 180.83 万人，实际参加 172.99 人，参加率达 95.67%，至 2007 年，参加率达 100%。

表 4 -1   **新型农村合作医疗情况**

年份	开展新农合县 （市、区）（个）	参加新农合人数 （亿人）	参合率 （%）	人均筹资 （元）	当年基金支出 （亿元）	补偿受益人次 （亿人次）
2005	678	1.79	75.66	42.10	61.75	1.22
2006	1 451	4.10	80.66	52.10	155.81	2.72
2007	2 451	7.26	86.20	58.90	346.63	4.53
2008	2 729	8.15	91.53	96.30	662.31	5.85
2009	2 716	8.33	94.19	113.36	922.92	7.59
2012	—	8.05	98.3	308.5	2 408.0	17.45
2013	2 489	8.02	98.7	370.6	2 909.2	19.42

资料来源：《2010 中国卫生统计年鉴》，2013 年我国卫生和计划生育事业发展统计公报。

三、农民养老保障

按照 2003 年 11 月劳动和社会保障部下发的《关于认真做好当前农村养

老保险工作的通知》的精神，有条件的地区积极推进农村养老保险事业。到
2003 年底，全国参加农村养老保险的人数为 5 428 万人，共积累农村养老保
险基金 259.3 亿元，比 2002 年末增加 26 亿元，全年共有 198 万农民领取了养
老金，当年支付保险金 15 亿元。2004 年末，全国参加农村养老保险的人数为
5 378 万人，全年共有 205 万农民领取了养老金。年末农村养老保险基金累计
结存 285 亿元。从表 4 - 2 看出，至 2008 年，参加基本养老保险的农民人数为
8 011 万人，比 2007 年末增加 994 万人。全年共有 512 万农民领取了养老金，
比 2007 年增加 120 万人。全年共支付养老金 56.8 亿元，比 2007 年增加
42%。按 2009 年 9 月 1 日《国务院关于开展新型农村社会养老保险试点的指
导意见》的规定，年末有 27 个省、自治区的 320 个县（市、区、旗）和 4 个
直辖市部分区县列入首批新型农村社会养老保险试点。

　　总体上，从 2003 年至今，我国农村养老保险事业不断发展起来，尤其是
到 2009 年，农村借鉴城镇社会养老保险，我国又推出新型农村养老保险试点
工作，享受农村养老保障的农民快速增加，领取养老金的农民从 2008 年的
512 万人增加到 2009 年的 1 556 万人。至 2014 年末，城乡居民基本养老保险
参保人数 50 107 万人，比 2013 年末增加 357 万人；参加城镇职工基本养老保
险的农民工人数为 5 472 万人，比 2013 年末增加 577 万人。农村养老保险参
保范围不断扩大。

表 4 - 2　　　　　　　　　　　　中国农民养老保险情况

年份	农村人口（万人）	参加养老保险数（万人）	养老保险覆盖率（%）	养老金支出（亿元）	养老金待遇（元/月·人）	领取养老金农民（万人）	全国 60 岁及以上人口（万人）	领取养老金农民占全国 60 岁及以上人口比（%）
2005	74 544（57%）	5 442	7.3	21	58	302	14 408	2.1
2006	73 742（56.1%）	6 791	9.2	30	70	355	14 901	2.4
2007	72 750（55.1%）	7 017	9.7	40	85	392	15 340	2.5
2008	72 135（54.3%）	8 011	11.1	56.8	92	512	15 989	3.2

年份	农村人口（万人）	参加养老保险数（万人）	养老保险覆盖率（%）	养老金支出（亿元）	养老金待遇（元/月·人）	领取养老金农民（万人）	全国60岁及以上人口（万人）	领取养老金农民占全国60岁及以上人口比（%）
2009	71 288（53.4%）	11 338	15.9	76	※①	1556	16 714	9.3
2013	62 961（46.3%）	27 929	44.4	624.2	82	6374	20 243	31.4

表中指标统计口径：

农村参加养老保险数＝参加基本养老保险的农民工人数＋参加农村养老保险人数（2005年无农民工参保数据）

农村养老保险覆盖率＝农村参加养老保险数÷农村人口

农村养老金待遇按领取了养老金的农民计算。

资料来源：表中数据根据《2014中国劳动统计年鉴》，2008年、2009年、2013年人力资源和社会保障事业发展统计公报，2007年、2006年、2005年劳动和社会保障事业发展统计公报，统计局年度国民经济和社会发展统计公报整理计算。2013年根据城乡居民养老保险合并数据及农村人口占比平均计算而得。

四、其他社会保障

目前，我国农村社会保障除上述低保、医疗保险、养老保险外，还有农村五保供养、农村特困户救助、农村医疗救助、抚恤、优抚补助保障等。

（一）农村特困户救助

2003年，我国全面排查了农村特困户底数，初步建立了农村特困户救助制度。截至2003年底，在未开展农村居民最低生活保障制度的地区，建立了农村特困户救助制度。共有793.4万人、456万户家庭得到了救助，其中，特困户192.7万户、五保户173.9万户、其他救济对象89.3万户。至2005年，共有1 066.8万人、654.8万户家庭得到了特困救助，分别比2002年同期增长

---

① 无法计算。部分老人只按每人每月55元领取基础养老金，且只领取1～3个月。新农保制度规定，中央确定的基础养老金标准为每人每月55元。新农保制度实施时，已年满60周岁、未享受城镇职工基本养老保险待遇的，不用缴费，可以按月领取基础养老金。政府对符合领取条件的参保人全额支付新农保基础养老金。

了 16.7% 和 19.9%，其中，特困户 290.4 万户，五保户 300.1 万户，其他救济对象 64.4 万户。

2006 年，在没有开展农村居民最低生活保障工作的地区，继续实施农村特困户救助制度，全年共有 325.8 万户、775.8 万人得到了特困救助，由于部分特困户逐步纳入了农村最低生活保障，特困户的数量比上年同期有所减少。到 2016 年末，享受农村特困人员救助供养的人数降至 496.9 万人。

（二）农村临时救助（济）

2007 年，646 万人次得到了农村临时救助。2008 年，831 万人次得到了农村临时救助。2009 年，全年有 62.2 万农村人口享受了农村传统救济，546.4 万人次得到了农村临时救助。同时，民政部门为城乡低保家庭、五保对象、享受国家抚恤补助的优抚对象和城乡老党员发放了一次性节日生活补贴，惠及 7 400 多万人。2010 年，全年民政部门对 613.7 万人次农村居民进行了临时救助，农村临时救助进一步推广。2012 年开始，临时救助按户籍性质分家庭实施，当年临时救助农村家庭 383.2 万户次，农村传统救济 79.6 万人。2013 年，临时救助农村家庭 375.1 万户次，农村传统救济 73.0 万人。2014 年，临时救助农村家庭 317.2 万户次，农村传统救济 74.5 万人。

（三）农村医疗救助

2004 年，农村医疗救助体系初步建立。到 2004 年底，全国已有 30 个省（自治区、直辖市）和新疆生产建设兵团出台了农村医疗救助管理办法，1 501 个县（市）开展了农村医疗救助工作。全年共筹集医疗救助金 13.5 亿元，累计支付医疗救助金 4.43 亿元（其中：资助参加新型农村合作医疗资金 0.65 亿元，资助大病救助资金 3.78 亿元），累计救助贫困农民 640.7 万人次（其中：资助参加新型农村合作医疗 408 万人次，大病救助 232.7 万人次）。

2005 年、2006 年，积极推进医疗救助。2006 年，累计救助贫困农民 1 559 万人次，其中，民政部门资助参加合作医疗 1317.1 万人次，人均资助参合水平 19.7 元；民政部门资助大病救助 241.9 万人次，人均救助水平 366 元。2007 年，医疗救助工作积极开展。累计救助贫困农民 2 896 万人次，其中，民政部门资助参加合作医疗 2 517.3 万人次，人均资助参合水平 19.1 元；民政部门资助大病救助 377.1 万人次，人均救助水平 543 元。至 2009 年，累计救助贫困农民 4 789.1 万人次，其中：民政部门资助参加合作医疗 4 059.1 万人次，人均资助参合水平 25.9 元；民政部门资助大病医疗救助 730.0 万人次，人均救助水平 676.6 元。2013 年，民政部门资助参加新型农村合作医疗 4 868.7 万人，人均资助参合水平 61.7 元，各级财政共支出资助参合资金 30.0 亿元。

（四）农村五保供养

1. 农村五保供养的总体状况。如表 4 - 3 及图 4 - 2 所示，我国农村五保供养水平不断提高。截至 2007 年底，全国农村五保老人得到五保救济的人数为 531.3 万人，499.2 万户，分别比上年同期增长 5.5% 和 6.7%。其中，集中供养 138 万人，分散供养 393.3 万人。农村五保供养平均支出水平为 1 179.6 元/人、年；农村五保集中供养平均标准为 1 953 元/人、年，农村五保分散供养平均标准为 1 432 元/人、年。截至 2008 年底，全国农村五保老人得到五保救济的人数为 548.6 万人，共 521.9 万户，分别比 2009 年同期增长 3.3% 和 4.6%。其中，集中供养 155.6 万人，农村五保集中供养平均标准为 2 176.1 元/人、年，平均支出水平为 2 055.7 元/人；分散供养 393 万人，农村五保分散供养平均标准为 1624.4 元/人、年，平均支出水平为 1 121.0 元/人。至 2008 年，我国农村五保供养基本实现应保尽保。截至 2014 年底，全国有农村五保供养对象 529.1 万人。全年各级财政共支出农村五保供养资金 189.8 亿元，比 2013 年增长 10.2%。其中，农村五保集中供养 174.3 万人，集中供养年平均标准为 5 371 元/人，比 2013 年增长 14.6%；农村五保分散供养 354.8 万人，分散供养年平均标准为 4 006 元/人，比 2013 年增长 14.5%。

表 4 - 3 我国农村五保供养情况

年份	2004	2005	2006	2007	2008	2009	2010	2011	2012	2013	2014
分散供养	—	—	—	393.3	393.0	381.6	378.9	366.5	360.3	353.8	354.8
集中供养	—	—	—	138.0	155.6	171.8	177.4	184.5	185.3	183.5	174.3
合计	228.7	300	503.3	531.3	548.6	553.4	556.3	551	545.6	537.2	529.1

资料来源：民政事业发展统计公报，社会服务发展统计公报。

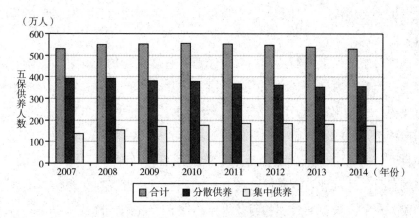

图4-2 我国农村五保供养情况

2. 农村五保供养的地方创新典型——广西"五保村"。广西"五保村"是五保老人集中供养的首创,获得了民政部的认可和支持,获得了2006年"地方政府改革与创新奖"。五保村的功能相当于在行政村内建立的专门收养五保对象的村级敬老院或福利院。

据民政部门调查,五保村供养模式优势突出:该模式是一种经济有效的模式,修建五保村,平均到每位入住五保老人身上,只有大约5 000元,仅相当于乡镇敬老院供养模式的1/4。由于五保村规模小,各方面积极参与,所以建设速度非常快。中国农村有着浓厚的村落文化氛围,老人不愿意离开生长的土地,不愿意离开十分熟悉的邻居。五保村模式符合这一村落文化特征。老人入住五保村,觉得没离开村,不感到寂寞,五保村建设也增强了村集体的责任。由于同村,无形中增强了村干部和村民对老人的照顾,有利于愉悦五保老人的身心,有利于农村的和谐。同时,五保村模式也带动了社会保障的"社会性"功能的发展,据了解,许多五保村一建成,共青团、妇联、学校、基层党组织就将其作为青少年志愿助老服务基地和一些企事业单位的爱心联系点,进一步提高了五保村供养水平。

兴建五保村,对五保对象实行集中供养,是一件有百利而无一害的事情。美国《侨报》多角度介绍了广西五保村的建设成果及其影响。法国《欧洲时报》认为,广西五保村的农村老人供养模式,较过去的模式更富人性化,很适合中国西部地区经济发展水平。悉尼《澳洲新报》认为,中国过去社会福利主要覆盖在城镇，广西大兴土木建设五保村，表明这里的社会保障体系已向农村延伸。

我国传统五保供养制度存在双重矛盾：分散供养的实际是没人管，或管得很差；而在乡镇办敬老院（或养老院）集中供养的，又存在着资源闲置现象（据悉，全国敬老院闲置的床位，大约占总数的1/5），又有服务人员不足、经费不足的问题。而一建五保村，这两重矛盾一下子都解决了。五保村集中供养，既化解了原先那种集中供养的矛盾，又弥补了分散供养的不足，还节约了资金，调动了乡村社会各方面的积极性。五保村集中供养不像传统敬老院那样需要很多的管理和服务人员，同村干部和村民就可以很容易地提供五保村服务。五保村集中供养模式，以一个比较小的投入就把公共福利引入村庄，是社会保障制度的创新。

广西"五保村"

广西"五保村"起因于2001年夏，"榴莲"号强热带风暴带来的特大洪涝灾害。钦州市钦南区黄五屯镇屯显村许多民房在暴雨中倒塌，而五保户的住房由于年久失修，倒塌尤其严重。钦南区黄五屯镇屯显村支部书记农荫发利用救灾款，专门给五保户修一个五保灾民新村，把五保户集中到一起居住，实行集中供养。之后，"五保村"在广西各地推广起来。受到农村居民的赞誉。

在广西，五保村"离家不离村，离户不离土"，一般只要村里有10个以上的五保老人，就可建一个五保村。五保村多为四合院，每户一房一厨一卫。据民政部门调查，建设每个10户左右的五保村经费仅需5万元左右，为敬老院投资的1/4。是一种非常经济有效的供养模式。广西民政厅还专门确立了"在五保村中为每个五保户建有一套住房，实行自我管理、自我服务为主，国家、集体、村民管理为辅"的管理模式。并为此制定了《五保村建设和管理的若干规定》《五保村生活保障制度》等。

第二节　财政对农村社会保障的供给状况

按照现行制度，农村居民最低生活保障属于社会救助（济）层次内容，其资金来源依靠各级财政供给。农村临时救助和农村医疗救助资金也主要依赖财政给付。五保供养依赖财政和农村集体的力量。"新农合""新农保"等新型农村社会养老保险实行个人缴费、集体补助和政府补贴相结合的制度。各级财政根据实际需要和财力情况安排资金，对"新农合"按实际参加人数和补助定额给予资助。从 2003 年起，中央财政对中西部地区除市区以外的参加新型合作医疗的农民每年按人均 10 元安排合作医疗补助资金，地方财政对参加新型合作医疗的农民补助每年不低于人均 10 元。这是我国政府历史上第一次为解决农民的基本医疗卫生问题进行大规模的投入。从 2006 年起，中央财政对中西部地区除市区以外的参加新型农村合作医疗的农民由每人每年补助 10 元提高到 20 元，地方财政也相应增加 10 元。政府对符合领取条件的"新农保"参保人全额支付新农保基础养老金，其中，中央财政对中西部地区按中央确定的基础养老金标准给予全额补助，对东部地区给予 50% 的补助。地方政府应当对参保人缴费给予补贴，补贴标准不低于每人每年 30 元。2014 年起，各级财政对新农合和居民医保人均协助标准在 2013 年的基础上提高 40 元，达到 320 元。

根据农村最低生活保障制度的规定，农村居民最低生活保障主要是保障因病致残、年老体弱、丧失劳动能力及生存条件恶劣等原因，造成家庭年人均纯收入低于当地最低生活保障标准的农村居民的最低生活的，保障标准由县级以上地方人民政府按照能够维持当地农村居民全年基本生活所必需的吃饭、穿衣、用水、用电等费用确定，并随着当地生活必需品价格变化和人民生活水平提高适时进行调整。最低生活保障金的待遇水平原则上按照申请人家庭年人均纯收入与保障标准的差额发放（即俗称的"人均补差"），也可以在核查申请人家庭收入的基础上，按照其家庭的困难程度和类别分档发放。城市低保一般按月支付，而农村低保一般可按年或季度支付。目前，除了少数东部发达地区，一般地方政府都参照国家每年公布的贫困标准来制定农村低保标准，原则上不低于国家公布的维持农村居民温饱的绝对贫困线标准。例如，2007 年，国家公布的贫困标准是年人均收入为 785 元，农村低保平均标准是年人均 840 元（70 元/人、月），高出同期绝对贫困线标准 7%；2009 年，农村贫困标准是年人均收入 1196 元，全国农村低保平均标准为年人均 1 210.08元（100.84 元/人、月），高出同期绝对贫困线标准 1%。从图 4－3 及表 4－4 可以看出，我国的农村低保标准及保障水平均不断提高，但是，除了 2009 年一季度外，农村低保标准的增幅基本都高于人均支出水平的增幅。当然，这种现象的出现说明我国农民靠自己的努力收入水平在不断提高。2009 年一季度的人均支出水平由 2008 年四季度的 49 元提高到 71 元，是与 2008 年底我国推出的扩大内需政策相适应的。由于 2008 年底受世界经济通缩的影响，我国居民收入消费水平急剧下降，为使农民的最低生活消费水平不受影响，农村低保待遇相应拉高，后又随着经济的快速恢复，农民收入水平的提高，农村低保待遇水平又步入稳步增长的轨道。截至 2017 年底，全年各级财政共支出农村低保资金 1 051.8 亿元，2017 年全国农村低保平均标准达 4 300.7 元/人·年。

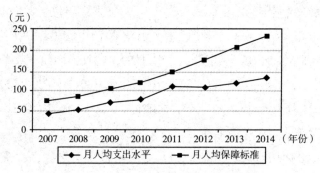

图 4－3　农村低保标准及人均支出水平

表 4－4　　　　　　　　　农村低保标准及人均支出水平

年份	月人均支出水平	月人均保障标准
2007	38.8	70
2008	50.4	82.3
2009	68.0	100.84
2010	74.0	117
2011	106.1	143.2

续表

年份	月人均支出水平	月人均保障标准
2012	104.0	172.3
2013	116.0	203.8
2014	129.0	231.4

资料来源：民政事业发展统计公报，社会服务发展统计公报。

"新农合"人均筹资标准不断提高（见表4-1），参合农民就诊率和住院率均明显提高，就医经济负担有所减轻。2005年底，人均筹资42.1元，全国共补偿参加新型农村合作医疗的农民1.22亿次，补偿资金支出61.75亿元。2006年底，人均筹资52.1元，全国共补偿参加新型农村合作医疗的农民2.72亿人次，补偿资金支出合计为155.81亿元。2007年，人均筹资58.9元，全国新农合基金支出346.6亿元，补偿支出受益4.5亿人次。2008年度筹资总额达785.0亿元，人均筹资96.3元。全国新农合基金支出662.0亿元；补偿支出受益5.85亿人次，其中：住院补偿0.51亿人次，门诊补偿4.86亿人次，体检及其他0.48亿人。2009年度筹资总额达944.4亿元，人均筹资113.4元。全国新农合基金支出922.9亿元；补偿支出受益7.6亿人次，其中：住院补偿0.6亿人次，门诊补偿6.7亿人次。截至2013年底，全国有2 489个县（市、区）开展了新型农村合作医疗，参合人口数达8.02亿人，参合率为98.7%。2013年度新农合筹资总额达2 972.5亿元，人均筹资370.6元。全国新农合基金支出2 909.2亿元；补偿支出受益19.42亿人次，其中：住院补偿0.93亿人次，普通门诊补偿15.2亿人次。

2006年，全年实际用于医疗救助的财政资金21.2亿元。农村医疗救助支出13.1亿元，其中：资助参加新型农村合作医疗资金2.6亿元，资助大病救助资金8.8亿元。2007年，财政预算内资金用于医疗救助的财政资金42.5亿元。农村医疗救助支出28.1亿元，其中：资助参加新型农村合作医疗资金4.8亿元，大病救助资金20.5亿元。2009年，全年用于农村医疗救助的各级财政性资金支出64.6亿元，其中：资助参加新型农村合作医疗资金10.5亿元，大病救助资金49.4亿元。

2009 年，各地民政部门根据当地实际情况，调整供养标准，落实供养资金，供养水平不断提高。全年各级财政共发放农村五保供养资金 88.0 亿元，比上年增长 19.4%，其中，中央财政安排春节一次性生活补贴补助资金 5.4 亿元。农村五保集中供养 171.8 万人，集中供养年平均标准为 2 587.49 元/人；农村五保分散供养 381.6 万人，分散供养年平均标准为 1 842.71 元/人。截至 2014 年底，全年各级财政共支出农村五保供养资金 189.8 亿元，比上年增长 10.2%。其中：农村五保集中供养 174.3 万人，集中供养年平均标准为 5 371 元/人，比上年增长 14.6%；农村五保分散供养 354.8 万人，分散供养年平均标准为 4 006 元/人。

总体上，财政扶持农村社会保障发展较快，但是，我国目前的农村社会保障在制度设计、保障水平、保障措施等方面与城市相比仍有较大差异，城乡社会保障基本上还是呈二元格局；农村社会保障在东部和中西部又存在差异；国家财政对农村社会保障的补助政策又存在中西部的差异。为切实认识目前我国农村社会保障存在的问题，深入到农村、与农民面对面访谈、调查很有必要。为此，笔者在 2009 年 1 月底 2 月初选择了中部的河南省平舆县进行调查、访谈，在河南平舆的调研结果表明，农民对相关农村社会保障项目的认知有限，参保积极性不高，普遍反映保障水平偏低，农村低保的执行监管不力、低保的实际目标偏移，覆盖面较窄等问题。为进一步深化对我国农村社会保障问题的研究，笔者于 2010 年 1 月 21 日至 2010 年 2 月 23 日期间选择东部的江苏省新沂市组织进行了更大规模的类似方法的调查。

第三节　平舆县案例分析

一、调查村民所在地区概况

中原大地河南位于中国中东部、黄河中下游地区，是我国经济由东向西依次推进发展的中间地带，有着独特的区位优势。河南是全国第一人口大省，农业大省。截至 2007 年底，全省总人口 9 869 万人，其中，城镇人口 3 389 万人，农村人口 6 480 万人。河南辖郑州、开封、洛阳、平顶山、安阳、鹤壁、新乡、焦作、濮阳、许昌、漯河、三门峡、南阳、商丘、信阳、周口、驻马店共 17 个省辖市、济源市 1 个省直管市，20 个县级市，88 个县，50 个市辖区，1 892 个乡镇，464 个街道办事处，3 404 个社区居委会，47 556 个村委会。

平舆县是驻马店的市辖县，是国家扶贫开发工作重点县，全县目前尚有近 3 万贫困农民。平舆县位于河南省东南部两省（河南、安徽）三市（驻马店、周口、阜阳）结合处，地势平坦，土壤肥沃，是传统的农业大县，享有"中原百谷首，平舆芝麻王"的美誉。全县土地总面积 1 282 平方千米，辖 5 镇 12 乡 2 个徒街道办事处，总人口 95 万人。平舆交通便捷，东西连接京广铁路、京珠高速公路、107 国道和京九铁路境内有 106 国道贯穿南北，新阳、大广两条高速公路呈十字形交汇，县乡、乡村公路全部硬化。平舆以农业打基础，工业上台阶，城镇化建设作支撑，经济结构不断优化，综合经济实力不断增强，消费市场繁荣活跃，人民生活水平有了新的提高。据"平舆县 2007年，经济运行简析"，2007 年，全县经济发展取得了令人瞩目的成绩，全县生产总值由去年的 498 690 万元增加到今年的 629 007 万元。人均生产总值由去年的 5 238 元增加到今年的 6 571 元，从 2007 年全年 GDP 核算结果看，全县GDP 增速位居全市九县首位，GDP 总量处于全市第五位①。

平舆县李屯乡位于平舆县西部，与汝南县接壤，素有平舆县西大门之称。全乡辖 9 个行政村，140 个村民组，36 192 人，56 297 亩耕地。内有新阳高速、驻新公路横贯东西，地理位置重要，交通十分便利。随机调查的十八里庙村、前岗村、许次林村三个行政村在李屯乡处于中等经济发展水平。农村社会保障制度措施的建立与实施情况基本上处于中等水平。

二、调查时间、调查方法及数据处理

1. 调查时间的确定。考虑到两个因素：一是到 2009 年各项农村社会保障

---

① 平舆县统计局（www. ha. stats. gov. cn）。

项目已经相继开展起来；二是春节期间，农民基本都在家中。所以，本次调查时间选择在 2009 年 1 月 26 日到 2009 年 2 月 3 日共 8 天时间。

2. 样本点村庄的选择。平舆县李屯乡经济水平、农民收入水平接近全省平均水平，而十八里庙村、前岗村、许次林村三个行政村在李屯乡处于中等经济发展水平。这三个村的社会保障制度措施的建立与实施情况基本上处于中等发展水平。因此，选择这三个村进行调查，可反映河南省农村社会保障的平均水平。另外，相比较而言，这三个村交通较便利，春节期间，考虑到天气的原因，选择这三个村，能保证在较短的时间内完成调研任务。

3. 调查方法和数据处理。本次调查采用随机抽样、入户访谈和问卷匿名填写的方法，1 户 1 份问卷。本次调查带有初步试探的性质，只回收有效调查问卷 30 份。若按照国家统计局《2005 年全国 1% 人口抽样调查主要数据公报》中所说的：城镇平均每个家庭的人口户为 2.97 人，农村为 3.17 人计算的话，本次调查涉及农民 95 人。最后，对调查收集相关数据用 Excel 工作表进行统计处理。

三、调查内容及结果统计分析

1. 样本点基本情况。

如表 4 - 5 所示，调查样本（30 个家庭）中，人均纯收入大多在 3 000 ~ 10 000 元，比例占到 63.3%。30 个家庭、95 人村民的 2008 年家庭人均纯收入为 5 893 元，高于 2008 年全国农村居民家庭人均纯收入 4 760.62 元的标准[1]。从家庭收入来源看，被调查者的收入来源大致有 4 种：土地收入、副业、小本生意和外出打工。在调查者中有 17 户人的基本收入是靠土地和副业，有 10 户人是靠土地和外出打工或做小本生意为收入。可以看出，农民工作形式比较单一，就业渠道相对狭隘。土地收入基本上是最基本的收入来源，另外，家庭副业、打工收入、生意收入在家庭收入中占重要部分。社会保障等财政补贴转移性收入所占份额较少。

---

[1] 国家统计局的数据。

表 4 - 5 　　　　　　　　　　　　　河南样本点基本情况

分组特征	分组范围	比例（%）
2008 年家庭人均纯收入（平均 5 983元①）	<2 000 元	10
	2 000 ~ 3 000 元	6.7
	3 000 ~ 5 000 元	33.3
	5 000 ~ 10 000 元	30
	10 000 ~ 20 000 元	16.7
	20 000 元以上	3.3
家庭收入来源	打工收入和土地收入	30
	家庭副业和土地收入	33.3
	土地收入和小生意收入	10
	家庭副业和小生意收入	3.3
	生意收入	3.3
	家庭副业、生意和土地收入	3.3
	土地收入	6.7
	五保户补贴	6.7
	家庭副业和打工收入	3.4

注：以上比例均为占户比。

2. 调查内容和统计结果分析。

本次调查对新农合、医疗保险、低保、五保供养、优抚等农村社会保障项目开展实施情况进行调研，着力了解农民对社会保障的认知、参合率、覆盖面、保障水平、对农民生活及健康水平的改善、农民的满意度及对农村社会保障的需求、对城乡差异的看法等。

调查对象中有 2 户五保户家庭，他们每年的社保待遇是 1 000 元（现金形式）基本生活费用，还会伴着发些米、面、油等生活物品，他们同时对医保有很强烈的渴求，这一社会保障措施是每村村委根据实际调查后给予申报的，这给这些五保户家庭的生活带来了很大的改善，标准也是相对较高的，他们认为这一制度的制定是非常合理的。

---

① 调查计算数据。

从调查结果看，除上述五保供养对象对农村保障满意外，其他方面都存在着程度不同问题。具体表现在以下方面。

（1）参与保障及对相关保障项目的认知情况。

调查结果显示，截至调查日，除100%参与并享受新农合外，其他项目参与获取比例较低。村民对相关保障项目的认知情况是：对医疗保险、五保供养、低保有较高的认知；有军人的家庭、邻居或亲戚对优抚有一定程度的认知，其他人对优抚基本无认知；对养老保险及其他情况无人认知。具体如表4-6所示。

表4-6　　　河南样本点农户获取保障及对相关保障项目的认知情况

项目	新农合	养老保险	低保	五保供养	优抚	其他
参与保障项目比例（％）	100	0	10	6.7	6.7	0
对保障项目的认知比例	100	0	93.3	96.7	13.3	0

注：以上比例均为占户比。

（2）农村社会保障待遇水平及对农民生活的影响。

调查显示，对新型农村合作医疗，村民参与积极性很高，较好地促进了农民身体健康水平的提高，村民普遍反映目前农村的社会保障待遇水平较低，除五保户外，普遍认为目前获取的社保待遇对村民生活基本没有多大改善，希望医疗保障标准再提高些。

调查点地区新农合基本上是从2007年开始实施①，在30户调查对象中每一户家庭都参与了新型农村合作医疗项目，因为这一项社会保障措施是每个村委宣传每一户农民都要办理的，办理该措施的具体程序是，每户家庭的户主拿自己家的户口簿去村委会按照户口簿上的人数缴纳费用（费用标准是：2007年、2008年每人交10元，2009年每人交20元）、照相办理。等到所有程序结束后，村干部会把每户办理的医疗本送回，在这一过程中有98%的人认为医保办理很便利。针对所调查的这3个村的农民，他们的合作医疗的待

---

① 2007年1月1日起，平舆县作为河南省第三批新农合试点县，按"农民自愿，大病统筹为主，兼顾基本医疗，惠利于民，略有结余"的原则开始实施新农合。2007年、2008年，农民自己出10元，中央财政配套20元，地方财政补贴20元。

遇标准都是相同的，即从 2009 年开始每人每年交 20 元，可在本年度免费享用 24 元医药费，如果是住院治疗（3 天以上）可凭医药费用清单在规定范围内按一定比例报销。对于报销标准，只有 3 户农民认为程度适中，剩下的 27 户农民都认为报销标准偏低或很低，像很多家庭中都有老人和小孩，他们平均每年都要生 5 次病，这些生病的费用远远超过 24 元，所以有 13 户人认为这一措施对他们的生活没有任何的改善，但他们仍认为政府提供这一措施很有必要（见表 4 - 7）。

（3）低保实施存在的问题。

表 4 - 7　　　　2008 年 12 月河南样本点农村低保人均支出水平状况　　　单位：元/月

项目	全国	河南省	平舆县	样本点
农村人均支出水平	50	45	45	50
城镇人均支出水平	141	120	117	—

调查数据显示，样本点农村低保待遇基本与全国平均水平一致，略高于河南省及平舆县的平均标准，但是在保障贫困户的基本生活需求方面却出现了偏差。在所调查的这 30 户村民中，有 3 户人办理了低保，所调查村的村委会办理低保的要求是 60 岁以上者、丧失劳动能力、家庭比较困难的。2007 年 7 月，国务院发布《关于在全国建立农村最低生活保障制度的通知》，决定 2007 年在全国建立农村最低生活保障制度。样本点也与此同时启动了低保工作，制定了低保的相关制度并于 2008 年开始实行。在办理了低保的 3 户中，只有 1 户得到实际待遇（每季度发给 150 元），但是这 3 户人并不都是因为符合低保的条件才办理的，其中 1 户享受低保待遇的人家的人均年收入达 4 500 元，与河南全年农村居民人均纯属收入 4 454 元基本一致，并远远高于 2008 年全省农村居民人均生活消费支出为 3 044 元[①]的标准，也远远高于 2007 年平舆县农民人均纯收入 3 320 元[②]的标准。同时，4 500 元也远远高于我国 2008 年农村贫困线标准 1 196 元，也高于同年全国农村 988 元的低保标准。调查点

①　根据 2008 年河南省国民经济和社会发展统计公报整理。
②　平舆县 2007 年经济运行简析。

3 户家庭的低保基本是靠亲戚、凭关系才给予办理的。另外，在实际调查中有 8 户人首先渴求国家给予的保障便是低保，他们认为低保有真实的保障性，对家庭负担有很大程度的减轻，但实际上却没有享受到低保。

（4）对农村社会保障的需求、对城乡差异的看法。

对目前国家组织实施的农村社会保障项目，83.3% 的村民认为有必要或很有必要性，16.7% 的村民（都是家庭人均收入在 1 万元以上者）认为无所谓，没有村民认为不需要社会保障（见表 4-8）。

表 4-8　　　　　　河南样本点农户对农村社保必要性、
需求程度、城乡差异的看法

问题	村民看法	户数	占比（%）	备注
对目前国家组织实施的农村社会保障的必要性	认为有必要或很有必要	25	83.3	家庭人均收入在 1 万元以下
	认为无所谓	5	16.7	家庭人均收入在 1 万元以上
	认为不需要及其他	0	0	
对农村社会保障的需求程度	认为强烈或非常强烈	25	83.3	家庭人均收入在 1 万元以下
	认为不强烈或不太强烈	5	16.7	家庭人均收入在 1 万元以上
	认为很不强烈	0	0	
对社保城乡差异的看法	不了解	7	23.3	
	认为城乡差异合理	14	46.7	
	认为城乡差异有一定程度的不合理	9	30	不合理程度在 10%~40%
	认为城乡差异绝对不合理	0	0	

对农村社会保障的需求程度方面，83.3% 的村民认为强烈或非常强烈，只有 16.7% 的村民认为不强烈或不太强烈。而对城乡社保差异的看法，23.3% 的村民表示不了解、不知情；46.7% 的村民认为城镇居民消费水平高，社会保障存在城乡差异是合理的；还有 30% 的村民认为城乡差异是不合理的，但不合理程度只有 10%~40%。另外，村民对目前国家提供的社会保障都非常的信任，并且认为以上的保障措施会一贯地进行下去，只有极少数人认为保障措施可能会有所改变。

第四节　新沂市案例分析

一、调查点基本情况

1. 调查点所在地区概况。

新沂市位于江苏省最北部，是江苏相对贫穷的农业县级市。全市总面积1 611平方千米，下辖16个镇、2个开发区、马陵山风景区、253个村民委员会、10个社区居民委员会，总人口100.31万人，其中，农业人口80.89万人，非农业人口19.42万人，在江苏省52县市中排在第25位。2008年，新沂市地区生产总值为128.41亿元，排在第40位，地方财政一般预算收入7.01亿元，同样是排在第40位，农村居民人均纯收入5 698元，排在第43位。农村居民最低生活保障人数34 271人，发放农村低保金2 016.59万元，新型农村合作医疗参合率达94.1%。2009年，新沂市社会保障体系进一步健全，新型农村合作医疗参合率达98.01%，新型农村社会养老保险、被征地农民基本生活保障制度试点实施；农村五保、城乡低保应保尽保，发放五保供养金1 468万元、城乡低保金4 816万元、医疗救助金386万元①。

2. 调查方法和数据处理。

本次调查与2009年初在河南平舆的调查方法类似，采用随机抽样、入户访谈和问卷匿名填写的方法，1户1份问卷。本次调查更深入、规模较大。本次调查从3 914户村民中随机抽取了282户村民，根据事先设计好的调查问卷进行入户访谈调查。若按照国家统计局《2005年全国1%人口抽样调查主要数据公报》中所说的，城镇平均每个家庭的人口户为2.97人、农村为3.17人计算，本次调查涉及农民894人。最后，对调查收集相关数据用Excel工作表进行统计处理。

3. 样本点分布。

---

① 新沂政府网。

本次调查共走访了新沂市下辖的双塘镇、唐店镇、阿湖镇、棋盘镇、北沟镇、瓦窑镇、邵店镇共 7 个镇 10 个行政村的 282 户村民，并获取有效问卷259 份（见表 4-9）。

表 4-9　　　　　　　　　　江苏样本点分布情况

镇名	行政村名	村总户数	样本户数	样本占比（%）
双塘镇	叶庄村	473	33	12.74
	袁湖村	103	8	3.09
小计			41	15.83
唐店镇	前滩村	307	20	7.72
	马场村	448	27	10.42
小计			47	18.15
瓦窑镇	瓦窑村、周庄村①	532	34	13.13
	吕庄村	403	33	12.74
小计			67	25.87
棋盘镇	棋盘村	396	30	11.58
小计			30	11.58
北沟镇	神山村	283	21	8.11
小计			21	8.11
阿湖镇	阿湖村	731	39	15.06
小计			39	15.06
邵店镇	新店村	238	14	5.41
小计			14	5.41
合计			259	100

二、调查结果总体情况

1. 调查映象。

访谈中，问及农村社会保障相关问题时很多村民表示不是很了解。村民

---

① 由于两个村由一个村委会管理，所以视同一个行政村。

对城乡差别有些看法,村民感觉城乡差距大,政府应该提高对农村的待遇,建设农村的资金应该及时到位等。村民提出了医疗保险应该分不同的疾病区分不同的比例,真正达到医保的目的。关于医保低保养老保险需求的调查中,更多的调查对象选择医疗保险,因为现在看病依然很难很贵。在低保问题上村民有很多意见,主要是关于低保户都是通过关系获得低保待遇,实际上并不需要享受低保待遇。关于新农合,在询问报销标准的时候,很多人觉得报销标准有些偏低,达不到100%的报销标准,至少应该达到50%以上。调查涉及养老保险的问题时,村民都希望尽快推行农村养老保险制度,但是目前新沂市只在阿湖镇和高流镇试行。另外,关于70岁及以上老人不用缴纳医疗保险费用的问题,村民建议年龄应该适当下调,因为农民到老年基本无劳动能力,没有固定收入来源,年龄下调才能切实体现医疗保险制度的优越性。关于社会保障对农村生活改善的问题,村民普遍反映基本没有改变,关系最大的就是医疗保险,大多数人都是"花钱买平安"的心理,谁都不希望得到医疗保险的报销。经过近300份的调查,发现农民反映的问题基本相似。对新沂市养老保险试点村进行调查,经过调查,发现参加农村养老保险的农户并不多,有些村民甚至不知道农村养老保险这回事,究其原因,主要是农民的养老保险意识并不强烈,加上今年刚刚试行,村民还不是很相信政府的政策。根据新沂市政策规定,需要先交一定数量的费用,农民一是没有多余的储蓄,二是不相信政策,所以养老保险不是很普及。

2. 调查点低保情况。

样本点村民最低生活保障由市民政部门负责低保工作的组织、实施、审批和监管,各镇政府负责本辖区的低保工作的审核、资金发放和管理。

低保的申领程序:一般是申请人向户籍所在地村民委员会提出书面申请,并提交家庭成员身份证明、年收入证明及其他相关材料;村民委员会应当在10日内对申请人所提供的有关情况进行调查核实,并将符合本细则规定条件的申请人名单在村务公开栏公示3天,确认无异议后填写《新沂市农村居民最低生活保障待遇申请表》,经村民委员会集体讨论后,盖章报镇政府;镇政府应当在5日内对村民委员会报送的材料进行复核,并对申请对象的家庭经济状况和生活水平进行调查,对符合条件的,经集体讨论并签署复核意见,报送市民政局；市民政局应当在 15 日内对镇政府报送的材料进行审核，认为符合条件的，在镇政府及村民委员会张榜公示 3 天，确认无异议的，发给申请人《新沂市农村居民最低生活保障金领取证》，并及时通知镇政府及村民委员会。

低保的申领程序一般是在被确认为低保户后，凭借身份证明自己去镇级民政局办理。在本次随机调查中，存在着有些符合低保标准的居民而未享受到低保待遇，有些低保户其实并不符合标准，但是通过关系享受到了低保的待遇，类似的情况还是比较普遍的。存在上述现象的原因是农民对低保不太了解，并且申请低保都是先要通过村干部，一般低保的名额都是村干部决定，有关规定的公开低保人员名单放在公务栏其实并没有实际作用，名单基本没有公开过，即使公开也不是有很多人知道，居民享受低保的权利得不到应有的保障。所以，应该加强低保的申请和审核程序，并且及时调查申请家庭经济状况和生活水平。

根据本次调查，得到如表 4-10 所示的低保待遇标准，补贴按季度发放，即 3 个月一次，低保户凭借农村居民最低生活保障金领取证领取。调查的低保户普遍表示，每年 960 元也无法保证他们的基本生活，他们希望得到更好的待遇，如在节日送些生活用品，米、面和过冬的衣物等。

表 4-10　　　　　　　　　江苏样本点低保待遇

项目	2007 年	2008 年	2009 年
人均支出标准（元/年）	840	960	960

3. 调查点新型农村医疗合作保险情况。

合作医疗，是中国农村社会通过集体和个人集资，用于为农村居民提供低费的医疗保健服务的一种互助互济制度。在本次调查中，农民了解最多的就是农村的合作医疗制度，调查的所有对象基本上都参加了农村合作医疗，普及率高。

合作医疗的办理一般都是村干部办好送到家中，大概在年底时候收取费用，办理下一年的医疗保险。

调查显示，村民对医疗保险基本都是满意的态度，但是还存在一些问题。

2010 年，上交的费用增长到 30 元，但是取消了对 70 岁老人收取的费用，有人认为，政府把本该老人上交的费用转嫁到了他们身上。另外，药品的价格较之前有所上涨，甚至报销后价格比之前还要高，这就让报销名存实亡了；每个人门诊报销存在一个限额问题，即过了这个限额当年就无法报销，调查中发现存在报销超过限额的现象，限额可以适当提高；在县级医院无法根据农村合作医疗的规定报销，这让很多去城市门诊看病的人感到不解；有些营养药品没有被列入报销的范围，但是这些药品价格不菲，而且存在着病人通过贿赂医生达到报销这些药品费用的现象。具体标准见表 4 – 11。

表 4 – 11　　　　　江苏样本点医疗保险村民个人缴费及报销标准

项目	2007 年	2008 年	2009 年
费用（元/人/年）	20	20	20
报销比率（%）	30	30	30

注：①新沂市自 2004 年实施新型农村合作医疗保险，开始费用为每人每年 10 元。
②2010 年医疗保险个人负担费用改为每人 30 元，70 岁以上老人不收取费用，报销标准有望提高。
③低保户不需要缴纳医疗保险费用。
④住院者按下列比例予以报销：1 001 ~ 2 000 元报销 20%；2 001 ~ 3 000 元报销 25%；3 001 ~ 4 000 元报销 30%；4 001 ~ 5 000 元报销 35%；5 001 ~ 10 000 元报销 40%；10 001 ~ 20 000 元报销 45%；20 001 元以上按 50% 比例报销。

4. 调查点农村养老保险情况。

农村养老保险是保证农村居民年老时由国家和社会给予基本生活保障的制度。新沂市 2009 年在阿湖镇、高流镇作为试点，推行养老保险制度，缴费标准每年每人交纳 500 元，市财政补助 100 元，对超过 60 周岁的农民，可以一次性补缴不少于 15 年的保险费后，从次月起可以享受相应的养老待遇，到达领取年龄时，每人每年享受国家 360 元基础养老金。本次到阿湖镇调查，发现农民参加养老保险的意识并不强烈。

第五节　对农村社会保障的基本评估

河南平舆县的调查结果显示，目前，我国农村社会保障存在保障水平低、农民认知有限、低保监管存在问题、对城乡差别存在不满等问题。在江苏新沂市进行的农村社会保障调查同样显示，目前我国的农村社会保障问题突出，农民对社会保障的需求反映强烈。

基于对河南平舆县和江苏新沂市的村民的入户访谈调查，进一步深入研究分析，目前，我国的农村社会保障的问题主要体现在以下方面。

一、农村社会保障水平相当低下

进入 21 世纪以来，农村、城镇社会保障都取得了相当大的发展，保障项目都在不断增加，城镇居民和农民的社会保障水平都在提高，但相对于城镇而言，农村社会保障水平相当低下。

社会保障水平是一定时期一定区域内社会成员获取社会保障待遇的高低程度，其衡量指标通常用社会保障支出占 GDP 的比重来表示。辽宁大学穆怀中（1997）对保障水平提出了三种口径的统计分析指标：一是不含住宅投资和价格补贴的社会保障水平，称为"小口径统计分析"保障水平；二是含住宅投资的保障水平，称"中口径统计分析"保障水平；三是含住宅投资和价格补贴的社会保障水平，称为"大口径统计分析"保障水平[①]。目前，我国理论界大多采用"小口径统计分析"保障水平进行统计分析。因为，我们从财政意义上所称社会保障的内容一般不包括价格补贴和住宅投资项目。按前面所述，我国社会保障体系内容包括社会救济（助）、社会保险、社会福利和社会优抚四部分。社会保障总支出应是这四部分之和。为了与有关统计年鉴口径一致，将其分为抚恤和社会福利救济费、社会保障补助支出、离退休费和退职职工保险福利费、在职职工社会保险及福利费四部分[②]来计算社会保障总支出，从而计算出社会保障水平。在此口径下，我国城乡社会保障水平差异很大，与城市相比，农村社会保障水平相当低下。从表 4 - 12 中数据可以看出，在社会保障总支出中，城市社会保障支出占比年均超过 98%，而农村

---

① 穆怀中. 社会保障适度水平研究 [J]. 经济研究, 1997. 2.
② 胡仲明. 中国城乡社会保障制度实证研究 [D]. 中共中央党校, 2006.

社会保障支出占比不足 2%。从人均社会保障支出看，城乡差距也是非常巨大。2000 年，城乡人均社会保障支出比为 108：1，2003 年，城乡人均社会保障支出比为 93：1。2000 年，城市社会保障水平 17.39%，而农村只有 0.16%；到 2003 年，城市社会保障水平 18.1%，而农村只有 1.8%，城市社会保障水平是农村的 10 倍还多。

表 4-12   我国城乡社会保障水平对比

	项目	2000 年	2001 年	2002 年	2003 年
城市	社会保障支出（亿元）	5 647	6 362	7 061	7 979
	人均社会保障支出（元）	1 230	1 324	1 416	1 516
	社会保障水平（%）	17.39	17.30	17.50	18.10
	社会保障支出占比（%）	98.86	98.38	97.68	98.20
农村	社会保障支出（亿元）	92	105	119	146
	人均社会保障支出（元）	11.4	13.2	15.2	16.3
	社会保障水平（%）	0.16	0.17	0.18	0.19
	社会保障支出占比（%）	1.13	1.62	2.32	1.80

资料来源：胡仲明. 中国城乡社会保障制度实证研究［D］. 中共中央党校，2006.

再从中外对比分析我国农村社会保障水平的高低。

本书采用穆怀中的以柯布—道格拉斯生产函数原理建立的城乡社会保障负担系数模型和劳动生产要素分配系数模型[1]以及复旦大学的卞燕的农村社会保障水平的评估模型[2]为基础，构建我国目前的社会保障水平评估模型，对我国目前农村社会保障水平进行分析（见表 4-13）。

穆怀中的城乡社会保障负担系数模型和劳动生产要素分配系数模型：

$$S = \frac{S_a}{W} \times \frac{W}{G} = Q \times H \qquad (4.1)$$

其中，S 为社会保障水平，S_a 为社会保障支出总额，W 为工资收入总额，G 为 GDP，$Q = \frac{Sa}{W}$ 为社会保障负担系数，$H = \frac{W}{G}$ 为劳动生产要素投入分配比例系数。

---

① 胡仲明. 中国城乡社会保障制度实证研究［D］. 中共中央党校，2006.
② 卞燕. 农村社会保障水平的关键因素及相关指标探析［J］. 东疆学刊，2007.4.

表4-13 我国目前农村各项社保支出总额和农民劳动所得收入总额 单位：亿元

年份	S_{a1}	S_{a2}	S_{a3}	S_{a4}	S_{a5}	W_r
2007	109.1	346.6	40	23.3	62.7	28 504.3
2008	228.7	662.0	56.8	31.2	76.0	32 009.0
2009	363.0	922.9	76	54.1	88.0	33 899.0
2010	445.0	1 187.8	200	69.5	98.1	36 684.6
2011	667.7	1710.2	588	98	121.7	42 111.6

资料来源：根据年度人力资源和社会保障事业发展统计公报，年度卫生事业发展统计公报，年度国民经济和社会发展统计公报，年度民政事业发展统计报告及中经网产业宏观库农村住户抽样调查资料整理、计算。2009年农村低保支出总额363.0亿元中包括中央财政春节一次性生活补贴支出39.6亿元。

根据穆怀中模型，构建评判我国农村社会保障水平的模型：

$$S_r = \frac{S_a}{W_r} \times \frac{W_r}{G_r} = Q_r \times H_r \qquad (4.2)$$

其中，S_r为农村社会保障水平，S_a为农村社会保障支出总额，W_r为初次分配中农民劳动所得的收入，G_r为农业GDP增加值，$Q_r = \frac{S_a}{W_r}$为农民社会保障负担系数，$H_r = \frac{W_r}{G_r}$为农民劳动生产要素投入分配比例系数。

根据本书对我国目前农村社会保障的现状的分析，我国农村社会保障支出总额为五项内容之和，即：

$$S_a = S_{a1} + S_{a2} + S_{a3} + S_{a4} + S_{a5} \qquad (4.3)$$

其中，S_a为农村社会保障支出总额，S_{a1}为农村居民最低生活保障支出总额，S_{a2}为新农合基金支出总额，S_{a3}为农村社会养老金支出总额，S_{a4}为农村医疗救助支出总额（扣除资助参加新农合资金部分），S_{a5}为五保供养支出总额。

根据我国目前农村住户抽样调查统计数据，按收入来源划分，农村居民家庭人均纯收入包括工资性收入、家庭经营纯收入、转移性收入和财产性收入四项内容，作为初次分配中农民劳动所得收入的W_r，应从家庭纯收入中扣除转移性收入部分。

根据柯布—道格拉斯总量生产函数原理和实际研究结果，把农民劳动生产要素投入分配比例系数 H_r 的"度"界定为 0.75[1]。根据表 4 – 13 数据，计算出我国 2007 ~ 2011 年的农村社会保障水平分别为 1.53%、2.47%、3.33%、4.09%、7.56%（见表 4 – 14）。

表 4 – 14 我国目前农村社会保障支出总额及社会保障水平

年份	S_a（亿元）	W_r（亿元）	S_r（%）（ $S_r = \dfrac{S_a}{W_r} \times 0.75$ ）
2007	581.7	28 504.3	1.53
2008	1 054.7	32 009.0	2.47
2009	1 504.0	33 899.0	3.33
2010	2 000.4	36 684.6	4.09
2011	3 185.6	42 111.6	7.56

根据穆怀中、王晓琴、杨翠迎等的研究结论（见表 4 – 15 和表 4 – 16），我国从 2005 年开始人均 GDP 超过 2000 美元，目前，人均 GDP 处于 2 000 ~ 4 000 美元的区间，当属社会保障的形成时期，因而，我国目前适度的社会保障水平应该在 10%（或 13%）以上，这与穆怀中（1997）预测的中国目前社会保障适度水平（见表 4 – 17）基本上是一致的。而实际上，目前占我国人口大多数的农村农民的社会保障水平 2007 年仅为 1.53%，2008 年达到 2.47%，2009 年加上中央财政春节一次性生活补贴才达到 3.33%。即使在 2011 年，我国人均 GDP 大于 4 000 美元的年份，测算出的农村社会保障水平也只有 7.56%。因而，可以得出结论，目前我国农村社会保障水平相当低下。

---

[1] 穆怀中. 社会保障适度水平研究 [J]. 经济研究，1997.2.

表4-15 与GDP联系，适度的社会保障水平发展轨迹

人均GDP（美元）	社会保障发展时期	
小于2 000	前社会保障时期（即不存在现代意义的社会保障）	
2 000~4 000	社会保障形成期	社会保障水平大于10%
4 000~20 000	社会保障上升时期	
大于20 000	社会保障水平逐渐回落	

资料来源：穆怀中.社会保障水平发展曲线研究［J］.人口研究，2003.3.

表4-16 西方主要国家社会保障水平发展轨迹

时间	社会保障发展时期	社会保障水平（%）
1960~1970	基本形成期	13.02~17.24
1970~1980	快速增长期	17.24~26.58
1980~1990	滞涨期	26.58~28.75
1990~1995	平缓增长期	28.75~32.04

资料来源：王晓琴、杨翠迎等.浙江省社会保障水平与经济发展的适应性研究［J］.学术论坛，2008.5.

表4-17 中国社会保障近期适度水平 单位：（%）

适度水平	2005年		2010年	
	A	B	A	B
适度上限	11.19	12.39	12.20	13.73
适度下限	9.33	10.53	10.34	11.86

注：A代表以60岁及以上老年人口比重为基础的计算结果；B代表以男60岁女55岁及以上老年人口比重为基础的计算结果。

资料来源：穆怀中.社会保障适度水平研究［J］.经济研究，1997.2.

二、城乡差距显著

下面，以城乡养老保险为例进行对比分析。

根据表4-18中数据，城乡养老保险无论在覆盖率还是待遇标准方面都有很大差距。

表 4 - 18　　　　　　　　　　　城乡养老保险对比分析表

年份	农村人口（万人）	城镇人口（万人）	参加养老保险数（万人）		养老保险覆盖率（%）		养老金待遇（元/月·人）	
			农村	城镇	农村	城镇	农村	城镇
2013	62 961 (46.3%)	73 111 (53.7%)	27 929	58 934	44.4	80.6	82	1 914
2012	64 222 (47.4%)	71 182 (52.6%)	27 470	55 869	42.8	78.5	73	1 742
2011	65 656 (48.7%)	68 079 (51.3%)	36 783	28 391	56	41.7	58	1 558
2010	67 415 (50.3%)	66 558 (49.7%)	13 561	25 707	20.1	38.6	58	1 395
2009	71 288 (53.4%)	62 186 (46.6%)	11 338	23 550	15.9	37.9	55[①]	1 276
2008	72 135 (54.3%)	60 667 (45.7%)	8 011	21 891	11.1	36.1	92	1 161
2007	72 750 (55.1%)	59 379 (44.9%)	7 017	20 137	9.7	33.9	85	1 003
2006	73 742 (56.1%)	57 706 (43.9%)	6 791	18 766	9.2	32.5	70	880
2005	74 544 (57%)	56 212 (43%)	5 442	17 487	7.3	31.1	58	771

表中指标统计口径：

农村参加养老保险数 = 参加基本养老保险的农民工人数 + 参加农村养老保险人数（2005 年无农民工参保数据）

城镇参加养老保险数 = 参加城镇基本养老保险人数

农村养老保险覆盖率 = 农村参加养老保险数 ÷ 农村人口

城镇养老保险覆盖率 = 城镇参加养老保险数 ÷ 城镇人口

城镇养老金待遇按参保离退休人员计算，农村养老金待遇按领取了养老金的农民计算。

资料来源：表中数据根据国家统计局 2008 年度人力资源和社会保障事业发展统计公报，2007 年、2006 年、2005 年劳动和社会保障事业发展统计公报，国家统计局年度国民经济和社会发展统计公报整理计算。

　　2005 年前，农民工基本上还未被纳入养老保险，所以 2005 年无农民工参保数据。从 2006 年起，才有农民工养老保险的统计，加上农民工养老保险数，农村居民养老保险的覆盖率仍远远低于居民的养老保险覆盖率，至 2008 年，占全国 54.3% 的农村人口 72 135 万人中，包括农民工在内仅有 8 011 万人参加了养老保险，领取了养老金的农民仅有 512 万人，占全国 60 岁及以上人口的比例仅为 3.2%（城镇占比约为 33%），农村养老覆盖率仅为 11%，而

---

　　① 无法准确计算。部分老人只按每人每月 55 元领取基础养老金，且只领取 1～3 个月。新农保制度规定，中央确定的基础养老金标准为每人每月 55 元。新农保制度实施时，已年满 60 周岁、未享受城镇职工基本养老保险待遇的，不用缴费，可以按月领取基础养老金。政府对符合领取条件的参保人全额支付新农保基础养老金。因此，为了比较，暂选 55 元作为标准。

同年城镇养老覆盖率为36%，是农村的3倍多。另外，从图4-4可以看出，虽然农村、城镇养老保险覆盖面均呈扩大化趋势，但是，除了2011年，总体上农村养老保险覆盖率的增长速度明显滞后于城镇。2011年，农村养老保险覆盖率超过城镇，主要原因是新农保从2009年试点开始已经实施了2年多，而城镇居民社会养老保险2011年开始才启动试点。

在养老金待遇上，农村也远远低于城镇。2008年，农村养老金待遇标准是每月人均92元，而城镇标准是每月人均1 161元，城镇是农村的近13倍。同时，从图4-5可以看出，虽然农村、城镇养老金待遇均呈扩大化趋势，但农村养老保险金的增长速度大大滞后于城镇。

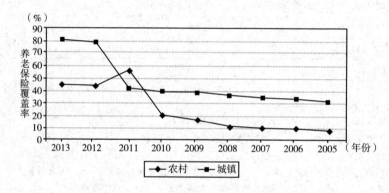

图4-4　农村城镇养老保险覆盖率对比

资料来源：根据表4-18中的数据绘制。

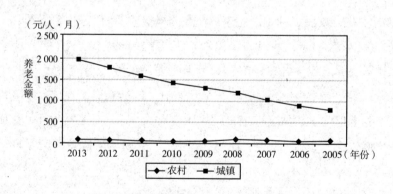

图4-5　农村城镇养老金待遇对比

资料来源：根据表4-18中数据绘制。图中纵轴养老金数是指每月人均数。

对河南平舆县和江苏新沂市的调查也同样显示，农村养老保险严重滞后于城市。对河南平舆县的调查显示，村民参与养老保险保障项目的比例和对养老保险保障项目的认知比例均为 0。江苏新沂市的村民参与养老保险保障项目的比例和对养老保险保障项目的认知比例为 10.42% 和 57.92%（见表 4 - 19）。新沂市调查点养老保险的覆盖率为 10.42%，接近 2008 年全国农村养老保险的覆盖率水平（11.1%），远远低于城镇养老保险的覆盖率。

表 4 - 19　　　　新沂市调查村民获取保障及对相关保障项目的认知情况

项目	新农合	养老保险	低保	五保供养	优抚	其他
参与保障项目户数	235	27	31	8	3	6
参与保障项目比例（%）	90.73	10.42	11.97	3.09	1.16	2.32
对保障项目的认知户数	247	150	142	127	54	20
对保障项目的认知比例（%）	95.37	57.92	54.83	49.03	20.85	7.72

注：以上比例均为占户比（样本户数 259）。

三、供给严重不足，农民对城乡差异存在一定程度的不满

对河南平舆县的调查显示，83.3% 的村民认为目前国家组织实施的农村社会保障有必要或很有必要；83.3% 的村民对农村社会保障的需求程度认为是强烈或非常强烈。对新沂的调查也显示同样的状况，见表 4 - 25，94.6% 的村民认为目前国家组织实施的农村社会保障有必要或很有必要；68% 的村民对农村社会保障的需求程度认为是强烈或非常强烈。根据供求理论，说明我国目前农村社会保障的供给不足，而且相当严重。

调查显示，很多村民认识到我国城乡消费水平有差距。另外，农民有基本的土地保障，因而，对社会保障的一定程度的城乡差距是认可的，但也有相当比重的村民认为城乡收入差距太大、城乡社会保障存在不公，存在一定程度的不满。在平舆和新沂的调查均显示，有 30% 左右的农民认为社保城乡差异有一定程度的不合理。在新沂的调查显示，29% 的村民认为城乡差异有一定程度的不合理，3.9% 的村民认为城乡差异绝对不合理，10.4% 的村民对

城乡差异不了解，更有 37.8% 的村民表示不愿填写或不关心（见表 4-20）。

表 4-20　　　　新沂市对农村社会保障的需求、对城乡差异的看法

问题	村民看法	户数	占比（%）
对目前国家组织实施的农村社会保障的必要性	认为有必要或很有必要	245	94.6
	认为无所谓	7	2.7
	没填	7	2.7
对农村社会保障的需求程度	认为强烈或非常强烈	176	68.0
	认为不强烈或不太强烈或很不强烈	79	30.5
	没填	4	1.5
对社保城乡差异的看法	不了解	27	10.4
	认为城乡差异合理	49	18.9
	认为城乡差异有一定程度的不合理	75	29.0
	认为城乡差异绝对不合理	10	3.9
	没填	98	37.8

四、管理分散，监管不严，效果不甚理想

21 世纪以来，城市化扩张和三农问题的突显，使农民群体出现了分化，出现了失地农民，在大中城市打工的农民流动工和在乡镇企业就业人员，务农农民三类群体[1]。多年来，关于农村社会保障的调研、制度设计，理论界和舆论界呼声很高，政府也出台了各种相应的制度和措施，但基本上是头痛医头、脚痛医脚的"碎片式"措施。农民工出问题了，就规定农民工可自愿参加城镇职工养老保险的措施；失地农民出问题了，就采取一些失地农民的保障措施；农民老人出问题了，就规定凡年满 60 周岁农民可按月领取养老金，但有捆绑条件，子女必须参加养老保险并逐月交纳养老保险费。由于缺乏统筹可持续的设计，近年来农村社会保障效果并不理想，曾有媒体报道农民在长三角、珠三角等地的社保管理中心，每天都有外地打工人员前来退保，甚

---

① 李广舜. 农民分化与农村社会保障的分类构建 [J]. 地方财政研究，2005.4.

至出现退保人数比参保人数还多的现象，深圳宝安区沙井社保站曾出现一天有 600 多名农民工排队退保的场面。由于有捆绑条件，新农保出台时已满 60 周岁老人至今还有相当大比重没有享受到养老金待遇，甚至出现了特别困难老人通过填报虚假"无儿无女"信息来获取养老保障的事例①。

"碎片式"措施必然导致管理分散。同时，从农村社会保障项目的主管部门来看，也存在着多头管理致使管理分散的问题。目前，我国农村养老保险的主管部门在人力资源和社会保障部门；新型农村合作医疗的主管单位是卫生部门；农村低保五保供养和农村医疗救助的主管部门在民政部门。卫生部门主管的新型农村合作医疗与民政部门主管的农村医疗救助在实践中又常常需要配合协调，无形中增加了行政成本。

在河南平舆与江苏新沂的调查中，村民都反映，低保的执行和实施都存在问题。平舆县调查点遇到 3 户低保家庭，访谈得知，其低保基本是靠亲戚、凭关系才得以办理。同时，有另外 8 户较贫穷的家庭首先渴求国家给予的保障便是低保，但却没有获得最低生活保障。

同样，在江苏新沂的调查中，在低保的申办过程中，部分村委干部并未按低保的申办程序和规定来执行，对低保政策在村民中的宣传也不到位。而真正贫困的家庭一般知识水平较低，对低保及其他社会保障政策也基本不了解。所以，存在着一些真正需要低保的家庭却没享受低保待遇，而有些低保户其实并不符合标准，但是通过关系获得了低保的待遇，且类似情况的存在还比较普遍。这就造成了部分实际上并不需要享受低保待遇的家庭虽获得了低保却对家庭生活没有多大改善，而需要的家庭由于没有获得相应的低保待遇生活却相对更加困顿。从而使国家政府财政出资提供的低保出现"功能错位"，发挥不出应有的功能作用。

五、新农合医药价格偏高与报销比例偏低的矛盾较突出

调查访谈中，江苏新沂的村民反映，医药费太贵，定点医院药品的价格

---

① 来自笔者对农民的随访调查。

要比医药公司、药店的价格高,而且药品的价格较之前有所上涨,甚至报销后价格还比之前要高,这就让报销名存实亡了。村民还普遍反映,医保实际报销比例偏低,且报销项目偏少。按照新沂市农村合作医疗报销规定,住院者按7档级别不同比例予以报销:1 001~2 000元报销20%;2 001~3 000元报销25%;3 001~4 000元报销30%;4 001~5 000元报销35%;5 001~10 000元报销40%;10 001~20 000元报销45%;20 001元以上按50%比例报销。据调查,很多村民反映大病报销比例在30%左右,且有些药品不在报销范围,而这些药品价格又不菲,农民医药负担仍然很重。

调查中还发现,在县级医院无法根据农村合作医疗的规定报销,这让很多去城市门诊看病的人感到不解;有些营养药品没有被列入报销的范围,而且存在着病人通过贿赂医生达到报销这些药品费用的现象。按照新农合用药规定,在不同级次的医院就诊,准予从新农合统筹基金中报销的药品目录是不同的,而农民并不清楚这些具体规定,而医生又没清楚告知,虽然相关医院也有通过宣传栏等方式进行宣传,但并无法让农民真正了解,出现了部分患大病农民在城市看病后回去报销比例比在乡镇医院低,农民感觉不到实惠而出现怨言的情形。各地政府规定的新型农村合作医疗报销基本药物目录是新型农村合作医疗基金支付药品费用的依据,如按《河南省新型农村合作医疗报销基本药物目录(2006年版)》的规定,药品目录共分乡(镇)、县(市、区)及省、市级定点医疗机构等三个层次,药品使用范围中的药品分西药、中成药和中药饮片三部分,其中,新农合基金准予支付费用的西药品种分别为:省、市级890个,县(市、区)级715个,乡(镇)级604个;中成药品种分别为:省、市级391个,县(市、区)级341个,乡(镇)级288个。新农合基金不予支付费用的中药饮片120种及1个类别,其中,单方不予支付费用的94种,单、复方均不支付费用的有26个品种和1个类别。由于一些乡村农村医疗统筹层次低,在城市看完病还要回到自己的报销点乡镇医院报销,而在城市用药一些项目超出了乡镇报销范围,且医院越大,价格越高,因而出现了实际报销比例偏低的现象。

六、农村社会保障存在区域差异

由于各地经济水平的差异，导致农村社会保障在东部、中西部存在差异。

首先，东部比中西部农村社会保障覆盖面广且发展速度快。以江苏河南两地农村养老保险为例进行分析（见表4-21），从2008年江苏河南两地农村社会保险情况看，江苏养老保险覆盖率A是河南的9倍多，B是河南的近7倍。而且，江苏农村养老保险的发展速度也远远快于河南，从参保率指标就可以反映出来。另外，从领取养老金的农民人数来看，江苏的覆盖面也远远大于河南，2008年，江苏领取养老金的农民人数有176.4万人，而河南只有6.9万人。

表4-21   江苏河南农村养老保险情况

年份	地区	年末参加农村社会养老保险人数（万人）	本年农民工参保人数（万人）	本年领取养老金农民人数（万人）		农村人口（元）	总人口（元）	养老保险覆盖率（%）	
								A	B
2008	江苏	958.0	—	176.4	3 509（45.7%）	7 677		27.3	12.5
	河南	172.5	—	6.9	6 032（63.97%）	9 429		2.9	1.8
2010	江苏	1 514.56	388.22	746.99	3 101.71（39.42%）	7 869.34		48.8	19.2
	河南	1 211.8		251.1	6 385（61.2%）	10 437		19	11.6

注：A为年末参加农村社会养老保险人数与农村人口之比；B为年末参加农村社会养老保险人数与总人口之比。

资料来源：根据2009《中国统计年鉴》，2010年江苏与河南人力资源和社会保障网及中经网数据库中相关数据汇总计算。

其次，中央财政对中西部的补助政策存在差异。如2003年开始的新农合，中央财政通过专项转移支付对贫困地区农民贫困家庭新农合、医疗救助给予适当支持。从2003年起，中央财政对中西部地区除市区以外的参加新型合作医疗的农民每年按人均10元安排合作医疗补助资金，地方财政对参加新型合作医疗的农民补助每年不低于人均10元，具体补助标准由省级人民政府确定。从2006年起，针对新型农村合作医疗的保障水平低、参加和办理报销的程序烦琐等原因，出现一些农民对 2003 年开始的新农合不满意，一些农民不愿参加新型农村合作医疗的现象，调整相关政策，加大中央和地方财政的支持力度、合理制定和调整农民医疗费用补偿方案等方面进行了制度规定。从 2006 年起，中央财政对中西部地区除市区以外的参加新型农村合作医疗的农民由每人每年补助 10 元提高到 20 元。从 2009 年起，中央财政的补助标准又提高到 40 元，大大刺激了中西部地区医疗保险的发展。而东部地区的新农合，除了农民缴费，基本上由地方财政负担。

再次，从江苏和河南的调查看，两地在农村社会保障实施方面也存在着一定程度的差异（见表 4 - 22）。从农村社会保障制度的实施时间来看，整体上河南滞后于江苏。如新农保，江苏 2006 年开始推行新农保。河南 2009 年底才启动新农保试点工作，周口市扶沟县、驻马店市平舆县作为第一批新农保试点，2010 年 10 月第二批试点工作才启动。调查点河南平舆县作为河南的第一批试点县，于 2009 年底才启动新农保。新沂作为江苏的贫困县，调查点于 2004 年起就实施了新型农村合作医疗，而平舆县调查点于 2007 年才开始实施新农合。另外，在农村社会保障待遇标准上也存在着明显的区域差异，如 2009 年河南调查点低保待遇标准，即人均补差标准是每月 50 元，而江苏调查点是每月 80 元。2003 年，参加农村社会养老保险的 5 428 万人中，东部有 2 283.5 万人，占 42.07%，年末积累资金 1 477 363 万元，是中西部年末积累资金总和的 1.3 倍，东部基金积累额为 647 元/人，同期中西部分别为 396.8 元/人和 261.4 元/人[①]。

表 4 - 22　　　　　　　　河南与江苏调查点农村社保实施情况对比

项目	河南调查点	江苏调查点
2009 年低保待遇（人均补差支出）（元/月）	50	80
2009 年新农合人均中央财政补助（元/年）	40	0
新农合实施时间	2007 年起	2004 年起
低保实施时间	2008 年	2007 年

资料来源：调查数据。

---

① 邵美侠. 初探我国农村社会养老保险 [J]. 人口与经济, 2008.4.

最后,受制于农村基础设施、社会经济环境及农民文化认知水平的差异,东部与中西部农民在社会保障方面的认知也有一定程度的差异,从表 4 – 23 平舆县与新沂市的调查情况可以看出,由于新沂市的农民养殖业、乡镇企业比平舆县要发达,农民的收入水平相应要高,因而,很多富裕起来的新沂市农民对政府组织提供的社会保障项目尤其是低保和五保供养并不关心,因而认知率就相应低些,而平舆县对低保和五保供养的认知比例均达 90% 以上。另外,新沂市还有部分农民积极参与了其他商业保险项目。

表 4 – 23 平舆县与新沂市样本点村民参与及认知各项农村社会保障项目对比

项目	新农合	养老保险	低保	五保供养	优抚	其他
平舆县参与保障项目比例（%）	100	0	10	6.7	6.7	0
新沂市参与保障项目比例（%）	90.73	10.42	11.97	3.09	1.16	2.32
平舆县对保障项目的认知比例	100	0	93.3	96.7	13.3	0
新沂市对保障项目的认知比例（%）	95.37	57.92	54.83	49.03	20.85	7.72

资料来源:调查数据。

本章小结

本章选择了中部省份的平舆县和东部发达省份的新沂市(县级市)作为典型案例,对我国农村的社会保障现状从财政供给角度,运用城乡社会保障负担系数模型和劳动生产要素分配系数模型等进行了分析和评估。评估结论是,农村社会保障存在水平相当低下、城乡差距显著,从农民的需求和反映看,农村社会保障供给严重不足,农民对城乡差异存在一定程度的不满,以及农村社保措施缺乏统筹可持续设计,管理分散,且有些措施监管不严,效果不甚理想,新农合医药价格偏高与报销比例偏低的矛盾较突出等问题,而且农村社会保障存在区域差异。由此推断,在经济相对落后的西部地区,以上问题更甚。

第五章　财政供给对我国农村社会
　　　　保障发展的必要性和
　　　　可行性分析

　　根据本书第三章的分析，农村社会保障本质上属于公共产品，造成农村社会保障问题的根本原因是公共财政供给不足，涉及财政支持农村社会保障的必要性、可行性和外部效应等诸多问题。

第一节　农村社会保障的核心问题

　　农村社会保障的公共产品属性决定了政府和财政在农村社会保障制度的发展进程中居于主导地位，世界各国的经验也证明，农村社会保障事业的发展必须依赖政府财政扶持。长期以来，由于财政职责界限模糊，农村社会保障改革严重滞后，财政供给缺失，造成目前我国农村社会保障存在覆盖面较窄、水平较低，管理不够规范，城乡差异大且不同地区存在差异，农民不满意等问题。

一、二元经济结构下农村社会保障制度改革严重滞后

　　计划经济时代，人人都有保障，农村虽然没有福利，但是集体经济与福利色彩浓厚的分配方式在当时的历史条件下还是基本保障了农村居民的生活权利。后来，适应经济体制改革对传统保障体制进行改革是完全必要

的，但一直以来，只考虑削减、控制政府责任和增大个人责任，是对计划经济时代那种无所不包的做法的矫枉过正。以前有公费医疗、劳保医疗与合作医疗，现在看病难成为绝大多数人面临的一个问题，同样走向了另外一个极端①。

进入市场经济体制后，我国的社会保障制度进行了相应的改革，取得了很大成绩，半基金积累式的筹资模式是与中国特色社会主义市场经济相适应的一种筹资模式，在保障人民基本生活、推动社会经济发展发挥了重要作用。但同时，还存在缺陷。其中一个重大缺陷就是没有按城乡统筹的理念去设计农村社会保障制度，使农村社会保障事业发展相当滞后，如2003 年才推出新农合，2007 年才在全国推行农村低保，2009 年才推出"新农保"制度。因此，我国固有的二元经济结构造成了目前城乡社会保障制度格局的二元性（见表 5 - 1），这种二元性也导致了目前农村社会保障问题和矛盾的出现。

表 5 - 1　　　　　　目前我国城乡社会保障制度项目对比

项　目	农　村	城　镇
养老保障	五保供养	城镇职工基本养老保险
	家庭养老	城镇居民基本养老保险
	新农保	
	农民工养老保险	
医疗保障	新农合	城镇职工基本医疗保险
		城镇居民基本医疗保险
	医疗救助	医疗救助
工伤保障	农民工工伤保险	城镇职工工伤保险
	土地保障	
生育保障	土地保障	生育保险
失业保障	土地保障	失业保险
最低生活保障	农村低保	城镇低保

---

① 郑功成在"共享改革成果，构建和谐社会"专题座谈会上的发言。

　　另外，从国际比较看，我国农村社会保障制度建设也是明显滞后的。从国际经验看，农村社会保障体系中的养老保险制度一般是最晚建立的，下面，就以养老保险制度进行国际比较。

　　从表 5 - 2 中数据可以看出，德国 20 世纪 50 年代就建立了农村养老保险制度，大部分欧美发达国家在 20 世纪七八十年代也都相继建立了农村社会养老保险制度，而我国 2009 年才推出"新农保"。再从国外建立农村养老保险制度时的背景和经济水平看，也基本上是在农村问题比较突出时建立的，此时，大量农村人口流向城市，农村劳动力老龄化加剧，致使农业劳动生产率降低、农业产业占 GDP 的份额逐步下降、农业产业贡献率逐步下降，农业发展状况已成了工业化进程的障碍。从我国目前的发展状况看，若按 7∶1 的人民币兑美元汇率看，我国 2000 年人均 GDP 就超过了 1 000 美元，2005 年超过 2 000 美元，2008 年超过 3 000 美元，2009 年达到 3 654 美元。从农业产业占 GDP 的比重看，呈逐年下降趋势，目前，农业在 GDP 中只占 10% 的水平，第一产业贡献率 2000 年以来一直较低，一直在大约 5% 的水平，第一产业就业人员也在逐步降低，目前，农业产业从业人员占总就业人数的比例不足 40%。与国外建立农村养老保险的发展条件相比，我国早已具备建立农村养老保险制度的条件，而实际上我国的"新农保"2009 年才在全国推出，说明与国际比较，我国农村的社会保障制度设计和建设也是滞后的。具体见表 5 - 3。

表 5 - 2　　　　　　部分国家或地区建立农村养老保险的时间及发展水平

国家或地区	年份	建立农村养老保险时人均 GDP（美元）	农业占 GDP 的比重（%）
德国	1957	—	5.7（1996）
日本	1971	3 802	8.0（1971）
丹麦	1977	12 943	6.9（1976）
芬兰	1977	—	14.5（1977）
波兰	1977	1 822	12（1977）
美国	1987	21 696	6.9
加拿大	1990	21 842	2.0
中国台湾	1994	—	3.4

　　资料来源：张凤梅. 浅谈建立农村社会保险制度的必要性及可行性 [J]. 天津社会保险，2008.

表 5 - 3　　　　　　　　　　我国农村经济发展状况

年份	全国人均 GDP（元）	农村人均 GDP（元）	农业增加值占 GDP 比重（%）	第一产业对 GDP 贡献率（%）	第一产业就业人员占比（%）
2000	7 872.33	1 820.48	15.1	4.4	50
2001	8 640.05	1 948.29	14.4	5.1	50
2002	9 419.95	2 069.07	13.7	4.6	50
2003	10 567.81	2 207.95	12.8	3.4	49.1
2004	12 363.79	2 760.95	13.4	7.8	46.9
2005	14 217.00	2 924.92	12.1	5.6	44.8
2006	16 558.43	3 186.58	11.1	4.8	42.6
2007	20 284.67	3 885.95	10.8	3	40.8
2008	23 851.43	4 651.63	10.7	5.7	39.6
2009	25 899.53	4 954.31	10.3	4.5	38.1
2010	30 494.44	5 863.93	10.1	3.9	36.7
2011	35 931.53	7 029.57	10	4.6	34.8
2012	39 446.62	7 924.49	10.1	5.7	33.6
2013	43 213.80	8 786.66	9.4	4.9	31.4
2014	46 531.17	9 428.70	9.2	4.7	29.5

资料来源：中经网产业数据库，中国统计数据库。

二、农村社会保障公共产品供给缺失的例证

（一）河南与江苏的调查例证

从农民的需求和反映实证调查看，农村社会保障供给严重不足。对河南平舆县的调查显示，83.3% 的村民认为目前国家组织实施的农村社会保障有必要或很有必要；83.3% 的村民对农村社会保障的需求程度认为是强烈或非常强烈。对江苏新沂的调查也显示类似的状况，94.6% 的村民认为目前国家组织实施的农村社会保障有必要或很有必要；68% 的村民对农村社会保障的需求程度认为是强烈或非常强烈。根据供求理论，说明我国目前农村社会保

障的供给不足，而且相当严重。从江苏新沂、河南平舆两地农村社会保障水平、覆盖面、财政补助政策看，也均证明了目前财政对农村社会保障供给不足。

（二）另一个典型例证

框 5 - 1   农村社会保障公共产品供给缺失的一个典型例证①

> 2007 年 2 月 26 日晚上，中央电视台 2006 年度感动中国颁奖盛典在北京隆重举行，河北省衡水市枣强县王常乡南臣赞村的农村妇女林秀贞当选为年度人物。她 30 年如一日，克服了常人难以想象的各种困难，义务赡养了 6 位与自己及家庭成员无任何血缘关系的孤寡老人，在精神和物质生活等各方面对 6 位老人付出了儿女般的照料和孝道。她学科技、学经济，带头创办个体企业，并把经营企业作为扶贫济困奉献社会的基础。她多年来为 8 位残疾人传授了玻璃钢和橡胶生产技术，不但在自己的企业为他们安排就业岗位，还帮助他们解决了婚姻、疾病救治等许多生活困难。她热心乡村教育事业，先后出资 4 万多元帮助乡村中小学改善办学条件，还资助本村和邻村 14 名贫困家庭子女步入大中专院校，她还收养救治了一名出生仅 40 天的患病弃婴。她热心公益事业，积极为村里修路、打机井、文化娱乐队伍建设等公益事业捐资出力。推选委员会道出了人们为之动容的缘由：用三十载爱心，让一村之中，老有所终，幼有所长，鳏寡孤独废疾者皆有所养，富人做这等事是慈善，穷人做这等事是圣贤，农民做这等事是伟人。

"老有所终，幼有所长，鳏寡孤独废疾者皆有所养"是我们社会保障的动力和目标，是政府的职责所在，但南臣赞村困难群体的养老保障、医药保障等却由林秀贞个人承担了。如果林秀贞没有高尚的品格和伟大的助人精神，南臣赞村困难群体的生存状态可能会很悲惨。

农村社会保障是典型的公共产品，财政承担着不可缺少的投入职责，但由于长期以来，我国基于家庭联产承包责任制下的农村财政职责界限不清，致使财政对农村社会保障的支持投入长期处于缺失状态。

---

① 范小华等. 论我国农村社会保障体系的构建——以感动中国年度人物林秀贞为例 [J]. 国家行政学院学报，2007. 3.

三、社会保障的财政供给率较低

(一) 我国财政对社会保障的投入偏低

各国衡量社会保障财政供给率指标通常用社会保障支出（中国财政年鉴称作"财政性社会保障支出"）占同期财政收支的比值来表示。国外社会保障支出是财政支出项目中的第一大支出，社会保障的财政扶持率较高（见表 5 - 4），而我国相对较低。长期以来，列入我国财政一般支出的社会保障项目只有抚恤和社会福利救济费，且所占比重一直在 2% 左右（见表 5 - 5）。1997年，随着我国新的社会养老保险制度的实施，我国在财政体系中增加了社会保险基金收支项目，1998 年，在一般预算中增设了社会保障补助支出项目。随后，我国财政支出项目和结构不断调整，一些社会保障支出逐步纳入预算管理，社会保障支出在财政支出中的比重不断增加，但与西方发达国家相比，我国社会保障的财政扶持率仍然不高（见表 5 - 6）。需要说明的是，表 5 - 4中数据没有包括地方财政支付的社会保障，所以表 5 - 4 与表 5 - 6 中数据具有一定程度的可比性。

表 5 - 4　　　　　若干国家社会保障支出占同期财政收支的比重

项目	时间	美国	日本	德国	英国	巴西
社会保障支出占 财政收入的比重（%）	1981 ~ 1990 年	29.9	—	48.9	30.0	—
	1991 ~ 1995 年	28.5	37.5	45.3	30.5	—
社会保障支出占中央 财政支出的比重（%）	1999 年	28.8	36.8	—	31.1	30.4

资料来源：参考刘子操（2007），城市化进程中的农村社会保障问题研究；陈共（2007）编著，《财政学》。

表 5 - 5　　　　我国抚恤和社会福利救济费占其相应公共支出的比重

年份	财政支出（A） （百万美元）	抚恤和社会福利救济费（B） （百万美元）	B/A（%）
1978	1 122.09	18.91	1.69
1980	1 228.83	20.31	1.65

续表

年份	财政支出（A） （百万美元）	抚恤和社会福利救济费（B） （百万美元）	B/A（%）
1985	2 004.25	31.15	1.55
1989	2 823.78	49.60	1.76
1990	3 083.59	55.04	1.78
1991	3 386.62	67.32	1.99
1992	3 742.20	66.45	1.78
1993	4 642.30	75.27	1.62
1994	5 792.62	95.14	1.64
1995	6 823.72	115.46	1.69
1996	7 937.55	128.03	1.61
1997	9 233.56	142.14	1.54
1998	10 798.18	171.26	1.59
1999	13 187.67	179.88	1.36
2000	15 886.50	213.03	1.34
2001	18 902.58	266.68	1.41
2002	22 053.15	372.97	1.69
2003	24 649.95	498.82	2.02
2004	28 486.89	563.46	1.98
2005	33 930.28	716.39	2.11

资料来源：《中国统计年鉴》（2006）。抚恤和社会福利救济费包括：抚恤支出、离退休费（1996年起不包括已划入行政事业单位离退休经费支出类中的由民政部门管理的地方离退休费）、社会救济福利费、救灾支出和其他。

表 5-6　　　　　　　全国财政社会保障支出情况

年份	财政总支出 （亿元）	财政性社会保障总支出 （亿元）	财政性社会保障支出占财政 支出比重（%）
2000	15 886.50	1 517.57	9.55
2001	18 902.58	1 987.40	10.51
2002	22 053.15	2 689.10	12.19
2003	24 649.95	2 712.24	11.00
2004	28 486.89	3 185.57	11.18

续表

年份	财政总支出 （亿元）	财政性社会保障总支出 （亿元）	财政性社会保障支出占财政 支出比重（%）
2005	33 930.28	3 787.11	11.16
2006	40 422.73	4 394.11	10.87
2007	49 781.35	5 447.16	10.94
2008	62 592.66	6 804.29	10.87
2009	76 299.93	7 606.68	10.94
2010	89 874.16	9 130.62	10.87
2011	109 247.79	11 109.40	9.97
2012	125 952.97	12 585.52	10.16
2013	140 212.10	14 490.54	10.17
2014	151 661.54	15 913.40	9.99

资料来源：《中国财政年鉴》（2009），中国统计数据库。

我国早在《劳动和社会保障事业发展"十五"计划纲要》中就明确指出："调整财政预算支出结构，增加中央财政和地方各级财政对社会保障的支出，逐步将社会保障支出占财政支出的比重提高到15%"。而实际上至2008年，我国财政社会保障支出占财政支出的比重才达10.87%，离"十五"规划15%的目标还有相当差距，这也进一步说明，我国财政对社会保障的投入偏低。郑功成（2010）也指出，我国现行口径财政性社会保障支出占财政支出的比重在2007年时为11%强，属于明显偏低型[1]。

按柯卉兵（2017）的测算，2015年，我国小口径的社会保障支出（相当于本书的财政性社会保障总支出）占财政支出的比重为10.81%，财政投入对社会保障的总体不高。

（二）我国财政对农村社会保障的投入更低

相对于西方国家，我国社会保障支出占公共财政收支的比重偏低，不能

---

① 郑功成. 中国社会保障改革与未来发展 [J]. 中国人民大学学报, 2010.5.

充分满足社会成员对社会保障的需求。而且与城市相比，我国财政对农村的投入更加偏少。据统计，国家对农村养老保险的投入只相当于城市的 1/8，农村人均国家社会养老保险投资仅为城市的 1/30①。中国人民大学肖行在《我国社会保障问题讨论综述》②一文中也提到，"中央财政用于社会保障的支出占中央财政总支出的比例，加拿大为 39%，日本为 37%，澳大利亚为 35%，我国只有 10% 左右，而这 10% 的投入也是绝大部分给了城镇职工。"而且，存在着财政对农村社会保障投入结构不合理的状况，以"新农合"为例，根据我国开展新型农村合作医疗试点工作的规定，中央财政对"新农合"筹资给予补贴，但是，中央财政只对中西部地区除市区外参加"新农合"的农民提供补贴，而对东部地区参合农民没有补贴，由地方财政筹资解决。中央财政收入每年占全部财政收入的 50% 以上，相对而言，对"新农合"的农民补贴面和补贴额均偏低，按有关制度规定，2006 年前，中央财政对参合农民补贴额为 10 元/人·年，2006 年开始为 20 元/人·年，2009 起补贴额为 40 元/人·年。翁晓松（2008）对我国 2006 年的中央财政对新农合的投入进行了测算，指出：即使中央财政对 2006 年的全体农村居民 7.37 亿人按人均 20 元的标准进行新农合参保资助，每年需要支付资金也只有 147.4 亿元，占 2006 年中央财政支出的比例仅为 0.39%；而美国，作为发达国家中唯一没有实行全民医疗保健的国家，在 2005 年仅联邦财政对老年医疗照顾（medicare）和贫民医疗救济（medicaid）这两项的投入，就高达 4859 亿美元，占当年联邦财政预算总额的 19.7%③。虽然，经过 2003 年以来实施的新农合、2007 年以来实施的农村低保、2009 年以来实施的新农保的不断发展，农村社会保障的覆盖面在很多方面基本上实现了"全覆盖"，但其保障水平总体还很低，如 2013 年农村养老金人均 82 元/月，2014 年财政对农村低保人均支出 129 元/月，而同时城镇养老金待遇和低保待遇要比农村高许多，这使得不是多高的我国社会保障财政支出中，相对于城镇，对农村农民的投入更加偏少。

---

① 邵美侠. 初探我国农村社会养老保险 [J]. 人口与经济，2008.4.
② 肖行. 我国社会保障问题讨论综述 [J]. 经济理论与经济管理，2002.10.
③ 翁晓松. 福建新型农村合作医疗的路径选择 [J]. 发展研究，2008.3.

四、历次财政改革真正涉及农村社会保障方面的相对较少

从财政改革来说，2000 年前几乎没有强调涉及农村社会保障方面：1994 年，进行了以分税制为核心的财政管理体制改革；1998 年，实施积极的财政政策、提出公共财政改革；2000 年起，进行了部门预算、国库集中支付、收支两条线等预算制度改革。这些改革推动了与社会主义市场经济相适应的现代财税制度逐步形成。2003 年是具有里程碑意义的一年。党中央在提出"统筹城乡发展"，解决"三农"问题的基础上，进一步提出全面、协调、可持续的科学发展观，并要求全党把解决"三农"问题作为一切工作的重中之重。财政支农方面，除了已有的政策继续执行并加大力度外，一是提出并开始实施公共财政覆盖农村政策，新增教育、卫生、文化支出主要用于农村，同时在基本建设投资包括国债资金方面加大了对农村公共基础设施建设的投入；二是改变财政支农方式，对农民实行直接补贴；三是改革农业税制，取消农业特产税，进行农业税减免试点，以至逐步取消农业税；四是推进农村社会保障制度建设，实现基本社会保障措施的全覆盖。推进农村社会保障的标志性措施就是 2003 年推出"新农合"，财政对"新农合"进行财政补贴。之后，在 2009 年末推出新农保，进一步推动了农村社会保障事业的发展。2013 年 11 月，中国共产党第十八届中央委员会第三次全体会议通过了《中共中央关于全面深化改革若干重大问题的决定》，指出财政是国家治理的基础和重要支柱，要深化财税体制改革，健全城乡发展一体化体制机制，稳步推进城镇基本公共服务常住人口全覆盖，把进城落户农民完全纳入城镇住房和社会保障体系，在农村参加的养老保险和医疗保险规范接入城镇社保体系。建立财政转移支付同农业转移人口市民化挂钩机制。

近年来，尽管我国的财政支农总量不断地提高，但农业投入特别是公共产品的投入仍显不足，尤其是农村公共服务的水平难以得到应有的提高，影响了农村的发展、农民收入的提高。并且，在有限的农业公共投入中，又存在公共产品投入结构不合理现象，农村社会保障公共产品的投入严重不足，制约了我国农村社会保障事业的发展。通过以上分析，可以得出结论，农村社会保障供给不足的核心问题是公共财政供给不足。

第二节　财政农村社会保障供给不足的效应分析

一、影响我国收入分配的公平性

（一）城乡收入差距在持续拉大

差距指数、绝对差额指标设计借鉴胡仲明（2006）的《中国城乡社会保障制度实证分析》。

关于表 5 - 7 中数据可比性的说明。我国关于农民人均可支配收入的统计至今没有，国家统计局农调总队课题组主张两者相等，国家计委经济研究所课题组认为，两者相差5%，即将农民人均纯收入中扣除5%的生产建设投资后作为农民人均可支配收入。这样看来，农民人均可支配收入与农民人均纯收入基本一致，相差无几[①]。

表 5 - 7　　　　　　　　　　农村与城镇居民家庭每年人均收入

年份	城市居民家庭人均可支配收入（元/年·人）(1)	农村居民家庭人均纯收入（元/年·人）(2)	差距指数 (1) - (2)	绝对差额（元/年·人）(1) - (2)
2000	6 280	2 253.42	2.79	4 026.58
2001	6 860	2 366.4	2.90	4 493.6
2002	7 703	2 475.6	3.11	5 227.4
2003	8 472	2 622.2	3.23	5 849.8
2004	9 422	2 936.4	3.21	6 485.6
2005	10 493	3 254.93	3.22	7 238.07
2006	11 760	3 587	3.28	8 173
2007	13 786	4 140.36	3.33	9 645.64
2008	15 781	4 760.62	3.31	11 020.38
2009	17 175	5 153.17	3.33	12 021.83
2010	19 109	5 919.01	3.23	13 189.99
2011	21 810	6 977.29	3.13	14 832.71

[①] 胡仲明.中国城乡社会保障制度实证研究［D］.中共中央党校,2006.

续表

年份	城市居民家庭人均可支配收入（元/年·人）(1)	农村居民家庭人均纯收入（元/年·人）(2)	差距指数 (1)－(2)	绝对差额（元/年·人）(1)－(2)
2012	24 565	7 916.58	3.1	16 648.42
2013	26 467	8 895.91	2.98	17 571.09
2014	28 844	9 892.00	2.92	18 952.00

资料来源：中经网产业数据库。

目前，我国城乡收入分配差距很大，处于极不公平的状态。从表 5 - 7 和图 5 - 1 可以看出，我国城市居民家庭人均可支配收入远远大于农村居民家庭人均纯收入，且差距呈逐步扩大趋势。2000 年，城市居民家庭人均可支配收入为 6 280 元，农村居民家庭人均纯收入只有 2 253.42 元，2000 年，城乡差距指数即城乡收入比为 2.79（农村 = 1）；2009 年，城市居民家庭人均可支配收入达 17 175 元，农村居民家庭人均纯收入只有 5 153.17 元，2009 年，城乡差距指数即城乡收入比达 3.33（农村 = 1），这已超过国际公认的城乡差距 3∶1 警戒线，若将城市居民的一些隐性福利（如奖金、住房补贴、公费医疗等）优惠折算成收入，城乡居民收入差距将达到 6∶1。国家统计局副局长邱晓华曾认为，中国城乡居民收入差距可能将达到 6∶1①。

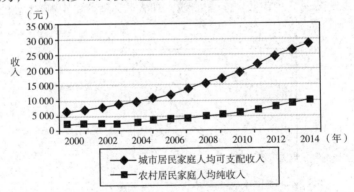

图 5 - 1　城乡人均收入对比

资料来源：根据表 5 - 7 中数据作图。

---

① 邱晓华．中国城乡居民收入差距高于 5∶1，2002 年 10 月 21 日中国新闻网（www.chinanews.com）。

造成这种城乡收入差距拉大的重要原因就是我国城乡社会保障制度差距大，农村社会保障制度建设滞后于城市。冯臻等（2008）认为，"三条保障线"（社会基本养老保险制度、下岗职工基本生活保障和失业保障制度、城市居民最低生活保障制度）基本上注重的是体制内成员，没有完全覆盖到体制外成员，特别是忽视了广大农民，社会保障在制度设计上不兼顾农民，不根据农村的实际情况建立相应的保障体系，客观上会造成"保富不保贫"，加重我国二元经济的分化程度，使城乡差别加大①。

（二）对收入分配公平性的影响分析

根据基尼系数原理，可以用基尼系数分析农村社会保障对收入分配公平性的影响。这里，利用南京农业大学张瑛博士基于基尼系数原理设计的社会保障收入分配曲线来分析我国农村社会保障对收入公平分配的影响。

图 5-2 中横轴表示按照收入水平排列的家庭百分比，纵轴表示可支配收入百分比，OA 表示"均匀收入分配线"，社会保障理想的公平状态。如果社会保障水平提高，会使收入分配线从 B 修正为 C，更接近均匀收入分配线 OA，更加接近公平，分配状况改善。反之，如果社会保障水平很低，会使收入分配曲线逐渐偏离均匀收入分配曲线，加大收入差距，影响社会公平。

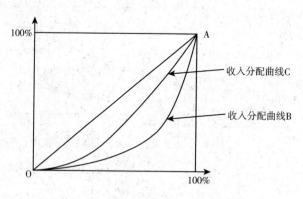

图 5-2　社会保障收入分配曲线②

①　冯臻等. 简述我国社会保障适度水平的选择 ［J］. 消费导刊，2008.5.
②　张瑛. 南京市农村社会保障制度研究 ［D］. 南京农业大学，2007：79。

据有关统计，几十年来，占国家人口 80% 左右的农民的社会保障支出仅仅占全国社会保障费的 11%，而占 20% 左右的城镇居民却占 89% 的社会保障费，到 20 世纪 90 年代初，城市人均享受的社会保障费用是农村人均的 30 倍之多，两者差距之大已经超过世界上任何一个国家①。目前，我国农村社会保障水平仍然相对很低，城乡居民家庭收入分配曲线逐渐偏离公平收入分配线，造成国家收入分配在城乡家庭间的严重不均。

另外，根据福利经济学理论，在国民收入总量一定的条件下，收入分配是否均等化，在很大程度上取决于国家政府的转移支付政策，其中，对穷人的社会保障支出是重要手段。我国大多数穷人以农业为生，在农村，是农民，通过前述我国财政对农村社会保障投入的状况分析，可以看出，相对于西方国家，我国社会保障支出占公共财政收支的比重偏低，不能充分满足社会成员对社会保障的需求，而与城市相比，我国财政对农村的投入更加偏少。我国历次财政改革，真正涉及农村社会保障方面的相对较少，农村社会保障公共产品的投入严重不足，制约了我国农村社会保障事业的发展，也促使我国城乡收入分配差距的扩大，影响收入分配的公平性。

二、影响城乡消费的均衡性

按照转移支付理论，健全的转移支付对居民收入、消费水平的波动能起到自动修复作用，是经济调节的"自动稳定器"。社会保障作为重要的转移支付手段，对居民收入消费波动起到重要的平抑作用。

目前，我国农村土地保障功能、家庭保障功能逐渐弱化，农民"因病致贫、因贫致病"等现象日趋严重，使农民的生产经营等风险系数增加。此时，若农村社会保障制度健全，可以自动修复生产经营产生的风险，不至于降低农民消费水平；若农村社会保障制度不健全、保障水平低下，农村

---

① 胡仲明. 中国城乡社会保障制度实证研究 [D]. 中共中央党校，2006：53.

消费水平就会相应降低。但是，根据前述分析，我国农村社会保障覆盖面窄，水平低下，农村社会保障制度很不健全，因此，使农民的消费水平相应降低。从表5-8中数据可以看出，21世纪以来，我国城镇居民的消费水平要高于农村，而且至2009年城乡消费差距呈扩大趋势，从2010年开始，农村居民恩格尔系数有所降低，城乡消费水平也相对缩小，但两者之间的差距仍然很大（见图5-3）。

表5-8　　　　　　　　　　　城乡消费水平

年份	消费水平			恩格尔系数（%）	
	城乡消费水平对比（A/B）	城镇居民家庭人均消费支出（元）（A）	农村居民人均生活消费总支出（元）（B）	农村居民家庭	城市居民家庭
2000	3.7	4 998.00	1 670.13	49.1	39.4
2001	3.6	5 309.01	1 741.09	47.7	38.2
2002	3.6	6 029.88	1 834.31	46.2	37.7
2003	3.8	6 510.94	1 943.30	45.6	37.1
2004	3.8	7 182.10	2 184.70	47.2	37.7
2005	3.7	7 942.88	2 555.40	45.5	36.7
2006	3.7	8 696.55	2 829.02	43	35.8
2007	3.7	9 997.47	3 223.85	43.1	36.3
2008	3.6	11 242.85	3 660.68	43.7	37.9
2009	3.7	12 264.55	3 993.45	41	36.5
2010	3.1	13 471.45	4 381.82	41.1	35.7
2011	2.9	15 160.89	5 221.13	40.4	36.3
2012	2.8	16 674.32	5 908.02	39.3	36.2
2013	2.5	18 487.54	7 485.15	37.7	35.0
2014	2.4	19 968.08	8 382.57	37.8	34.2

资料来源：中国统计数据库。

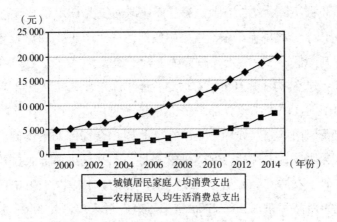

图 5 – 3　城乡消费水平变动趋势对比折线图

资料来源：根据表 5 – 8 数据绘制。

三、导致区域经济差异进一步扩大

区域经济差异的缩小是发展的要义。很大程度上，我国东部、中西部社会经济发展差异的缩小，依赖于产业结构的优化调整。各国产业经济理论和实践都证明了产业结构的优化调整必须同时遵循配第—克拉克定律和库茨涅兹的产业结构演变规律。

英国著名经济学家科林·克拉克（Colin Clark）1940 年在他的经济学著作《经济进步的条件》中首次把区域内的全部经济活动划分为第一次产业、第二次产业和第三次产业，即我们通常所说的第一产业、第二产业和第三产业。并在英国经济学家威廉·配第（William Petty，1672）提出的关于劳动力转移观点的基础上进一步研究，得出配第—克拉克定律：随着经济的发展和人均国民收入水平的提高，劳动力首先从第一产业向第二产业转移，进而再向第三产业转移；从劳动力在三次产业之间的分布看，第一产业的就业比重逐渐下降，第二产业、第三产业的就业比重逐渐增加，尤其是第三产业增速更快。

美国著名经济学家西蒙·史密斯·库茨涅兹（Simon Smith Kuznets，1971）的产业结构演变规律是指，随着国民经济的发展，第一产业增加值占

GDP 的比重不断下降，第二产业、第三产业增加值占 GDP 的比重待续上升。

21 世纪以来，我国无论东部还是中西部，三次产业的 GDP 比重结构都是一产比重逐渐降低，二、三产比重持续上升。如表 5-9 中，江苏和河南的三次产业 GDP 比重结构演变基本也遵循和验证了库茨涅兹的产业结构演变规律。但江苏与河南的区域经济差异却呈扩大趋势（见图 5-4），江苏的人均 GDP 增速明显快于河南。究其原因，主要在于我国社会保障制度不健全，中西部社会保障差异明显，农村社会保障供给不足，尤其是中西部农村社会保障供给不足，阻碍了农村富余劳动力向二三次产业的转移，又加上中西部地区农村人口占比相对高于东部，如 2006 年，河南农村人口占比为 67.53%，江苏仅为 48.1%（见表 5-10），造成劳动力向二三产转移的速度相当慢（见图 5-5），造成河南富裕的农村劳动力长期滞留在一产，使江苏与河南的区域经济差异不仅没有缩小，反而呈扩大趋势。

表 5-9　　　　　　　江苏、河南 GDP 及三次产业 GDP 比重结构情况

年份	人均 GDP（元）			第一产业占 GDP 比重（%）			第二产业占 GDP 比重（%）			第三产业占 GDP 比重（%）		
	全国	江苏	河南	全国	江苏	河南	全国	江苏	河南	全国	江苏	河南
1992	2 310	3 091	1 444	21.4	18.4	27.7	43.0	52.4	42.6	35.6	29.2	29.7
1995	5 047	7 296	3 284	19.7	16.8	25.5	46.7	52.7	46.7	33.7	30.5	27.8
2000	7 872	11 674	5 326	14.7	12.3	23.0	45.4	51.9	45.4	39.8	35.9	31.6
2001	8 640	12 851	5 791	14.1	11.6	22.3	44.7	51.9	45.4	41.3	36.5	32.3
2002	9 420	14 322	6 278	13.4	10.5	21.3	44.3	52.8	45.9	42.3	36.7	32.8
2003	10 568	16 684	7 104	12.4	9.3	17.5	45.5	54.5	48.2	42.1	36.1	34.3
2004	12 364	19 944	8 803	13.0	9.1	19.3	45.8	56.2	48.9	41.2	34.6	31.8
2005	14 217	24 510	11 287	11.7	7.9	17.9	46.9	56.6	52.1	41.4	35.6	30.0
2006	16 558	28 400	13 163	10.7	7.1	15.5	47.4	56.5	54.4	41.9	36.4	30.1
2007	20 285	33 689	16 039	11.1	7.0	14.8	46.1	55.6	55.2	42.9	37.4	30.1
2008	23 851	39 912	19 110	10.3	6.8	14.8	46.8	54.8	56.9	42.9	38.4	28.3
2009	25 900	44 118	20 534	9.9	6.6	14.2	45.7	53.9	56.5	44.4	39.6	29.3
2010	30 494	52 642	24 552	9.6	6.1	14.1	46.2	52.5	57.3	44.2	41.4	28.6
2011	35 932	62 174	28 686	9.2	6.2	13.0	46.1	51.3	57.3	44.3	42.4	29.7

续表

年份	人均GDP（元）			第一产业占GDP比重（%）			第二产业占GDP比重（%）			第三产业占GDP比重（%）		
	全国	江苏	河南	全国	江苏	河南	全国	江苏	河南	全国	江苏	河南
2012	39 447	68 256	31 468	9.5	6.3	12.7	45.0	50.2	56.3	45.5	43.5	30.9
2013	43 214	75 261	34 197	9.4	5.8	12.3	43.7	48.7	52.0	46.9	45.5	35.6
2014	46 531	81 769	37 028	9.2	5.6	11.9	42.6	47.7	51.2	48.2	46.7	36.9

资料来源：中国统计数据库。

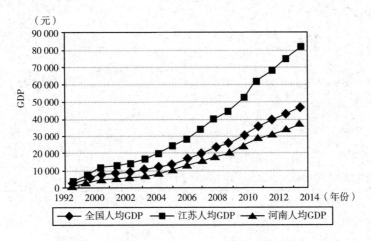

图 5-4　江苏、河南人均 GDP 增长趋势比较

资料来源：根据表 5-9 数据绘制。

表 5-10　　江苏、河南农村人口及三次产业就业比重结构情况

年份	年底总人口（万人）		农村人口占比（%）		三次产业就业比重结构（%）					
					江苏			河南		
	江苏	河南	江苏	河南	第一产业	第二产业	第三产业	第一产业	第二产业	第三产业
2000	7 327	9 488	58.5	76.8	42.2	29.7	28.1	64.1	17.5	18.4
2001	7 359	9 555	57.4	75.6	41.4	30.1	28.6	63.1	18.1	18.8
2002	7 406	9 613	55.3	74.2	39.2	30.8	30.0	61.6	18.8	19.6
2003	7 458	9 667	53.2	72.8	34.6	34.3	31.0	60.2	19.6	20.2

续表

年份	年底总人口（万人）		农村人口占比（%）		三次产业就业比重结构（%）					
					江苏			河南		
	江苏	河南	江苏	河南	第一产业	第二产业	第三产业	第一产业	第二产业	第三产业
2004	7 523	9 717	51.8	71.1	31.0	36.2	32.7	58.1	20.4	21.5
2005	7 588	9 380	49.5	69.4	27.8	38.5	33.7	55.4	22.1	22.5
2006	7 656	9 392	48.1	67.5	28.6	38.4	33.0	53.3	23.6	23.0
2007	7 723	9 360	46.8	65.7	22.7	43.7	33.7	50.6	25.8	23.7
2008	7 762	9 429	45.7	64.0	20.9	44.4	34.7	48.8	26.8	24.4
2009	7 810	9 487	44.4	62.3	19.8	44.8	35.5	46.5	28.2	25.4
2010	7 869	9 405	39.4	61.5	18.7	45.3	36.1	44.9	29.0	26.1
2011	7 899	9 388	38.1	59.4	21.5	42.4	36.1	43.1	29.9	27.0
2012	7 920	9 406	37	57.6	20.8	42.7	36.5	—	—	—
2013	7 939	9 413	35.9	56.2	20.1	42.9	37.0	—	—	—
2014	7 960	9 436	34.8	54.8	19.3	43.0	37.7	—	—	—

资料来源：中国统计数据库。

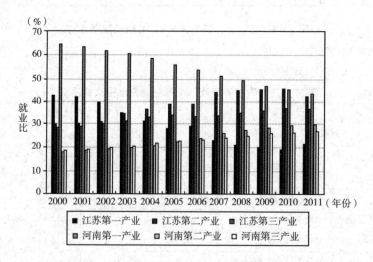

图 5-5　江苏、河南三次产业就业变动趋势

资料来源：根据表 5-10 数据绘制。

第三节　财政支持我国农村社会保障
发展的必要性分析

虽然，我国社会保障制度不断完善发展，各项社会保障覆盖范围继续扩大，参保人数持续增长，但相比西方发达国家，我国社会保障的覆盖面仍然较窄、水平相对很低。2002 年，我国社会保障水平为 7.15%，人均 GDP 近 1 000 美元，与德国、法国、英国、芬兰、丹麦等国 1960 年的人均 GDP 相近，但与这些国家 1960 年的社会保障支出水平（大于 10%）都有较大差距，甚至低于当时人均 GDP 仅 458 美元的日本。而且，我国 7.15% 的社会保障支出中，绝大部分被占总人口约 30% 的城镇居民所获取，而约占 70% 的农民享受的份额很低①。

2007 年，是社会保障工作取得较快发展的一年，城镇 5.6 亿多人口中，参加城镇基本养老保险人数为 20 137 万人，而乡村 7.4 亿人中，参加农村养老保险人数仅为 5 171 万人；而且保障水平也远远落后于城市，2007 年，全年共有 392 万农民领取了养老金，全年共支付养老金 40 亿元，平均每人每年养老金约 1 020 元，而城镇基本养老保险参保离退休人员 4 954 万人，全年基金总支出 5 965 亿元，平均每人每年养老保险待遇水平约 12 041 元。在农村，低水平的社会保障，落后的医疗卫生条件使农民就医难、农民因病返贫、因贫致病现象屡有发生；而且单纯依靠土地、家庭养老的传统养老模式无法解决农民的后顾之忧。因此，为促进我国的社会保障事业统筹发展，消除城乡差距，公共财政必须倾向对农村社会保障建设的投入。

一、农村社会保障的公共产品属性和我国公共财政框架理论角度的必要性分析

农村社会保障是公共产品，必须由公共财政提供财力的支持。西方公共

---

① 罗凤娇. 论财政在农村社会保障体系中的角色［J］. 企业家天地·理论版，2007.2.

产品理论和我国公共财政框架理论均说明社会保障是一种公共产品，在现代社会，农村社会保障是我国农村居民的共同需要，提供农村社会保障是政府职能所在，完善社会保障体系保证农村社会保障支出需要，是社会主义市场经济条件下公共财政的一项重要职能；农村社会保障制度作为人类社会互助互济、相互支撑的一种制度安排，它反映着全社会的共同利益和愿望，符合公共产品的特征。就具体项目而言，农村社会保障可分为纯公共产品和准公共产品，前者如"低保"，社会福利等，这些项目具有使用上的非排他性、消费上的非竞争性、效用上的不可分割性等公共产品特征，其覆盖面遍及全体社会成员，因而这类项目必须由财政来提供；社会保障的准公共产品主要在社会保险方面，如养老保险、医疗保险等，理论上说，这些项目由于具有使用上的排他性或效用上的可分割性，既可由政府提供，也可由市场提供，也可采用混合提供方式。但由于我国农村社会保障对社会经济发展的特定作用，是缩小贫富差距、实现社会公平、缓解社会矛盾、维护社会安定的重要手段，所以，必须将社会保障作为政府财政的职责，由政府统筹安排提供。

同时，农村社会保障作为一项社会安全制度，需要公共财政代表国家履行相应的宏观管理职能。在农村社会保障体系内部，国家、集体和个人三方当事人中，公共财政的主导地位是其他各方所无法替代的，农村社会保障作为一项社会安全制度，需要公共财政代表国家履行相应的宏观管理职能。集体和个人是资金缴纳者，无力进行社会保障资金的保值增值运作管理，难以在社会保障体系中居主导地位。农村集体组织只有依法缴纳农村社会保障税（费）的义务，而没有义务和能力监管社会保障体系的运转。农民个人仅有缴纳社会保险税（费）的义务，也无力成为社会保障体系的主体。其他社会组织如商业保险公司和各类民间福利团体也不具备管理社会保障事务的能力。商业保险与社会保险在性质、经营目标、保险对象及资金来源和运行机制等方面完全不同，决定了商业保险只能是一项商品经营活动。而商业保险公司作为商业保险业务经营活动的载体，实质上是企业法人，无法在社会保障体系中居主导地位。各类民间福利团体提供的保障具有很强的救济和民间互助的性质，实施范围有限，并不是现代意义上的社会保障，因此，该类组织也无法在社会保障体系中居主导地位。

二、构建我国农村社会保障供求平衡模型分析财政扶持农村社会保障的必要性

本书对江苏新沂和河南平舆的调查显示，在问及对目前国家组织实施的农村社会保障的必要性认识时，绝大部分农村居民都认为必要或很有必要；同时，调查显示绝大部分农村居民对农村社会保障的需求强烈或非常强烈。这说明目前我国农村居民的社会保障需求很大程度上得不到满足。如何提高我国农村社会保障水平，满足农民对社会保障的需求成为我国政府目前乃至今后相当长一段时期内的重任。

按照供求平衡原理，需求得不到满足，很大程度上说明供给不足，欲满足农村社会保障的基本需求，就要想法增加农村社会保障的供给。本书按照穆怀中关于社会保障的供求平衡分析式，构建我国的农村社会保障供求平衡模型，对财政扶持我国农村社会保障的必要性进行理论分析。

穆怀中依据社会保障水平适度模型，同时，依据社会保障资金的供求因素，提出了适度保障水平的需求平衡分析式和供给平衡分析式[①]：

$$S_d = \frac{PNR}{G} \tag{5.1}$$

$$S_b = \frac{I+U+T}{G} \tag{5.2}$$

其中，S_d 表示社会保障需求水平，S_b 表示社会保障供给水平，P 表示受保障人口，N 表示保障项目，R 表示社会保障程度，I 表示个人保障资金供给总额，U 表示单位或企业保障资金供给总额，T 表示国家保障资金供给总额，G 表示 GDP。

构建我国农村社会保障供求平衡模型为：

$$S_{br} = S_{dr} \tag{5.3}$$

---

① 穆怀中. 中国社会保障水平研究（四）——中国适度保障水平发展策略 [J]. 中国社会保障，1997. 5.

$$S_{dr} = \frac{P_r N_r R_r}{G_r} \qquad\qquad (5.4)$$

$$S_{br} = \frac{I_r + U_r + T_r}{G_r} \qquad\qquad (5.5)$$

其中，S_{dr}表示农村社会保障需求水平，S_{br}表示农村社会保障供给水平，P_r表示受保障农村人口，N_r表示农村保障项目，R_r表示农村社会保障程度，I_r表示农民个人保障资金供给总额，U_r表示农民集体组织或乡镇企业保障资金供给总额，T_r表示财政对农村社会保障资金供给总额，G_r表示农业 GDP。S_r表示实际的农村社会保障水平。

由于$S_{br} = S_r$，而我国目前农村社会保障水平低下，所以目前我国农村社会保障的供求关系为：

$$S_{br} < S_{dr} \qquad\qquad (5.6)$$

欲使$S_{br} = S_{dr}$，理论上有两种途径：一是提高S_{br}，二是降低S_{dr}。

调查显示，目前，我国农村居民的社会保障需求很大程度上得不到满足，因而，不可能再降低S_{dr}，欲使$S_{br} = S_{dr}$，只能提高S_{br}。

根据前述分析，当前，满足我国农民对社会保障的需求，关键是提高S_{br}的水平，从式（5.5）可以看出，影响S_{br}水平高低的因素包括四个因素：农民个人保障资金供给总额I_r，农民集体组织或乡镇企业保障资金供给总额U_r，国家对农村社会保障资金供给总额T_r，农业 GDPG_r。随着农业 GDP 的增长，$(I_r + U_r + T_r)$的增速要大于G_r的增速才能提高S_{br}；在经济发展水平相对稳定的一段时期内，G_r的值相对稳定，此时，要提高农村社会保障供给水平，就要依赖I_r、U_r、T_r三个要素的增长变动。根据目前我国农民收入和农村发展状况，农民相对贫困，很多地区农民尤其是中西部地区农民维持基本生活需求都成困难，因而，不可能拿出更多的资金来为社会保障筹资。而且，由于联产承包责任制的实施，许多地区的农民集体组织力量不断削弱，同时，尽管许多地区乡镇企业自进入市场经济以来，不断取得发展，但乡镇企业整体市场竞争力相对较弱，再加上乡镇企业对社会保障责任认识不清，因而，靠农村集体组织和乡镇企业为社会保障筹资都很困难。这样，S_{br}的提高只能依

靠 T_t 的增长。因此，目前我国要提高农村社会保障的水平，满足农民对社会保障的基本需求，必须依靠政府的力量，依靠财政的扶持。

第四节　财政支持农村社会保障发展的可行性分析

一、财政支持农村社会保障发展的法律可行性

我国的《宪法》《劳动法》及《社会保险法》都明确规定了财政对农村社会保障投入是政府的职责。

（一）《宪法》

2004 年 3 月 14 日，第十届全国人民代表大会第二次会议通过的《中华人民共和国宪法修正案》修正后的《宪法》第四十四条规定："国家依照法律规定实行企业事业组织的职工和国家机关工作人员的退休制度。退休人员的生活受到国家和社会的保障。"第四十五条规定："中华人民共和国公民在年老、疾病或者丧失劳动能力的情况下，有从国家和社会获得物质帮助的权利。国家发展为公民享受这些权利所需要的社会保险、社会救济和医疗卫生事业。国家和社会保障残废军人的生活，抚恤烈士家属，优待军人家属。国家和社会帮助安排盲、聋、哑和其他有残疾的公民的劳动、生活和教育。"这里的公民既包括城镇居民，也包括农村居民。可见，我国《宪法》明确规定，国家在养老保障、健康保障、特定群体（包括无劳动能力、残废军人、烈士家属、残疾公民等群体）基本生活保障方面都必须承担责任。这就是政府财政投入农村社会保障的宪法依据。

（二）《劳动法》

1994 年 7 月 5 日，第八届全国人民代表大会常务委员会第八次会议通过的《中华人民共和国劳动法》第五条规定："国家采取各种措施，促进劳动就业，发展职业教育，制定劳动标准，调节社会收入，完善社会保险，协调劳

动关系，逐步提高劳动者的生活水平。"第四十八条规定："国家实行最低工资保障制度。最低工资的具体标准由省、自治区、直辖市人民政府规定，报国务院备案。用人单位支付劳动者的工资不得低于当地最低工资标准。"第七十条规定："国家发展社会保险事业，建立社会保险制度，设立社会保险基金，使劳动者在年老、患病、工伤、失业、生育等情况下获得帮助和补偿。"第七十一条规定："社会保险水平应当与社会经济发展水平和社会承受能力相适应。"第七十二条规定："社会保险基金按照保险类型确定资金来源，逐步实行社会统筹。用人单位和劳动者必须依法参加社会保险，缴纳社会保险费。"第七十三条规定："劳动者在下列情形下，依法享受社会保险待遇：（一）退休；（二）患病、负伤；（三）因工伤残或者患职业病；（四）失业；（五）生育。劳动者死亡后，其遗属依法享受遗属津贴。劳动者享受社会保险待遇的条件和标准由法律、法规规定。劳动者享受的社会保险金必须按时足额支付。"第七十六条规定："国家发展社会福利事业，兴建公共福利设施，为劳动者休息、休养和疗养提供条件。用人单位应当创造条件，改善集体福利，提高劳动者的福利待遇。"

中华人民共和国第十届全国人民代表大会常务委员会第二十八次会议于2007年6月29日通过2008年1月起实行的《中华人民共和国劳动合同法》第四十九条规定："国家采取措施，建立健全劳动者社会保险关系跨地区转移接续制度。"

2007年8月30日，第十届全国人民代表大会常务委员会第二十九次会议通过2008年1月起实行的《中华人民共和国就业促进法》第十六条规定："国家建立健全失业保险制度，依法确保失业人员的基本生活，并促进其实现就业。"第三十五条规定："县级以上人民政府建立健全公共就业服务体系，设立公共就业服务机构，为劳动者免费提供下列服务：（一）就业政策法规咨询；（二）职业供求信息、市场工资指导价位信息和职业培训信息发布；（三）职业指导和职业介绍；（四）对就业困难人员实施就业援助；（五）办理就业登记、失业登记等事务；（六）其他公共就业服务。公共就业服务机构应当不断提高服务的质量和效率，不得从事经营性活动。公共就业服务经费纳入同级财政预算。"第三十六条规定："县级以上地方人民政府对职业中介机构提供公益性就业服务的，按照规定给予补贴。国家鼓励社会各界为公益性就业服务提供捐赠、资助。"第五十二条规定："各级人民政府建立健全就业援助制度，采取税费减免、贷款贴息、社会保险补贴、岗位补贴等办法，通过公益性岗位安置等途径，对就业困难人员实行优先扶持和重点帮助。"

（三）《社会保险法》

2010 年 10 月 28 日出台、自 2011 年 7 月 1 日起施行的《中华人民共和国社会保险法》（简称《社会保险法》），使我国的社会保障制度建设进入法制时代，《社会保险法》是我国自新中国成立以来的第一部关于社会保障的法律。

《社会保险法》第二十条规定："国家建立和完善新型农村社会养老保险制度。新型农村社会养老保险实行个人缴费、集体补助和政府补贴相结合。"第二十一条规定："新型农村社会养老保险待遇由基础养老金和个人账户养老金组成。参加新型农村社会养老保险的农村居民，符合国家规定条件的，按月领取新型农村社会养老保险待遇。"第二十二条规定："国家建立和完善城镇居民社会养老保险制度。省、自治区、直辖市人民政府根据实际情况，可以将城镇居民社会养老保险和新型农村社会养老保险合并实施。"第二十四条规定："国家建立和完善新型农村合作医疗制度。新型农村合作医疗的管理办法，由国务院规定。"第二十六条规定："职工基本医疗保险、新型农村合作医疗和城镇居民基本医疗保险的待遇标准按照国家规定执行"。

《社会保险法》明确规定了政府对农村社会保险资金的筹集承担补贴责任。对我国财政对农村社会保障制度的投入奠定了法律基础。

二、财政支持农村社会保障发展的经济可行性

（一）经济发展水平从根本上决定着农村社会保障水平

经济发展水平从根本上决定着农村社会保障水平，因为，现代农村社会

保障是政府的重要职责，农村社会保障支出是财政的一项重要支出，经济决定财政，经济越发达，财源越丰富，可供社会保障制度运行的财力基础越雄厚。一般来讲，经济越发达，农村社会保障的社会化程度越高。经济发达国家和地区，农村社会保障的社会化程度较高，而发展中国家和其他不发达国家社会程度则比较低。经济发展水平决定着农村社会保障待遇水平。经济发展水平越高，社会保障待遇标准就可能越高，反之则相反。经济发展水平决定社会保障制度水平。农村社会保障制度建立的基础是经济发展水平的高低，一般而言，经济发展水平越高，社会保障制度化水平越高，社会保障体系越完善，社会保障项目越繁多，如英国社会保障体系庞大，贯彻从生到死的方方面面，美国的社会保障项目也达 300 项之多。GDP 是衡量经济发展水平、国家经济实力的基本指标。从我国 GDP 总量以及人均 GDP 数量来看（见表 5 - 11），均呈逐年增长趋势。从增长率来看，GDP 以及人均 GDP 增长率均是正值，呈逐年增长趋势，从图 5 - 6 看，我国 GDP、人均 GDP 增长率变动趋势规律基本是一致的，由于我国人口基数相对较大，所以人均 GDP 增长率略低于 GDP 增长率。改革开放后，生产力得到很大解放，所以 1990~1992 年 GDP、人均 GDP 增长率大幅提高；1992~1998 年，由于处于市场经济的转轨时期，GDP、人均 GDP 增长率出现急剧下滑；后经经济秩序的治理整顿，逐步理顺市场经济各种分配关系，从 1999 年开始，GDP、人均 GDP 增长率又步入稳步提高状态，2007 年达到最高点，GDP、人均 GDP 增长率分别为 23.1% 和 22.5%。虽受 1997 年、2008 年亚洲金融危机和世界经济危机的影响，我国经济发展速度有所降低，但目前，无论是 GDP 还是人均 GDP 增长率，均位于世界各国前列。如 2013 年世界 GDP 增长速度（同比）为 2.19%，而我国 GDP 增长速度（同比）为 7.67%[①]，是世界平均增速的 3 倍多。目前，由于我国仍是发展中国家，发展前景、势头很好，待步入初级发达国家行列后，经济水平会进一步提高，扶持农村社会保障发展的力度会进一步增强。

---

① Worldbank WDI Database.

表 5 - 11　　　　　　　　　　我国 GDP 增长状况

年份	GDP（亿元）	GDP 增长率（%）	人均 GDP（元）	人均 GDP 增长率（%）
1992	27 068	14.2	2 310	12.8
1995	61 130	10.9	5 047	9.7
2000	99 776	8.4	7 872	7.6
2001	110 270	10.5	8 640	9.8
2002	121 002	9.7	9 420	9.0
2003	136 565	12.9	10 568	12.2
2004	160 714	17.7	12 364	17.0
2005	185 896	15.7	14 217	15.0
2006	217 657	17.1	16 558	16.5
2007	268 019	23.1	20 285	22.5
2008	316 752	18.2	23 851	17.6
2009	345 629	9.1	25 900	8.6
2010	408 903	18.3	30 494	17.7
2011	484 124	18.4	35 932	17.8
2012	534 123	10.3	39 447	9.8
2013	588 019	10.1	43 214	9.5
2014	636 463	8.2	46 531	7.7

资料来源：中国统计数据库。GDP 及人均 GDP 增长率按环比法计算。

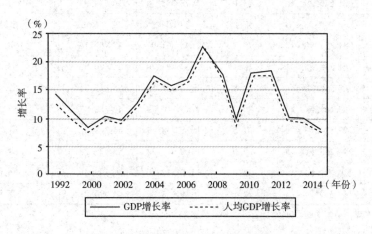

图 5 - 6　我国 GDP 增长变化趋势

资料来源：根据表 5 - 11 数据绘制。

（二）财力增强提高了农村社会保障的支持能力

于凌云等（2008）通过预测分析认为，我国从 2010 年开始，通过政府财政支持全面落实覆盖全国的农村社会保障制度不会对国家财政造成额外的经济负担[①]。

如表 5 - 12 所示，2000 年以来，我国财政收入和税收收入逐年增长，至 2009 年，财政收入达近 7 万亿元，占 GDP 的比值近20%；2014 年，财政收入超过 14 万亿元，占 GDP 比值超过 22%。同时，中央财政收入也逐年增长。由于目前我国中央财政承担了中西部地区农村社会保障资金的补贴职责，因而全国及中央政府财力的不断增强，大大提高了我国农村社会保障的财政扶持能力。

表 5 - 12　　　　　　　　中国财政收入及中央财政收入状况

年份	全国财政收入（亿元）	财政收入占 GDP 比重（%）	各项税收（亿元）	中央财政收入（亿元）	中央财政收入占全国财政收入比重（%）
2000	13 395.23	13.4	12 581.51	6 989.17	52.2
2001	16 386.04	14.9	15 301.38	8 582.74	52.4
2002	18 903.64	15.6	17 636.45	10 388.64	54.96
2003	21 715.25	15.9	20 017.31	11 865.27	54.64
2004	26 396.47	16.4	24 165.68	14 503.10	54.94
2005	31 649.29	17.0	28 778.54	16 548.53	52.29
2006	38 760.20	17.8	34 804.35	20 456.62	52.78
2007	51 321.78	19.1	45 621.97	27 749.16	54.1
2008	61 330.35	19.4	54 223.79	32 680.56	53.29
2009	68 518.30	19.8	59 521.59	35 915.71	52.42
2010	83 101.51	20.3	73 210.79	42 488.47	51.1
2011	103 874.43	21.5	89 738.39	51 327.32	49.4
2012	117 253.52	22.0	100 614.28	56 175.23	47.9
2013	129 209.64	22.0	110 530.70	60 198.48	46.6
2014	140 349.74	22.1	119 158.05	64 490.01	45.9

资料来源：中国统计数据库。

---

① 于凌云等. 农村社会保障及政府承担力的一个基本判断 [J]，广东金融学院学报，2008.3.

本章小结

　　本章从财政供给角度揭示出农村社会保障的核心问题，并通过农村社会保障供给不足的效应分析，指出财政供给不足是产生我国农村社会保障问题的根本原因。农村社会保障水平低下在一定程度上造成城乡居民收入差距的拉大，影响我国收入分配的公平性，农村社会保障的东部、中西部差异导致区域经济差异进一步扩大，影响城乡一体化进程。本章还进一步按照供求平衡原理，依据穆怀中关于社会保障的供求平衡分析式，构建我国的农村社会保障供求平衡模型等，对财政扶持我国农村社会保障的必要性和可行性进行分析。

第六章　国外农村社会保障及其财政供给制度分析与启示

国外尤其是发达国家 20 世纪 60 年代基本上已经建立起现代社会保障制度，了解并总结其发展实践和经验可对我国目前农村社会保障问题的解决带来启示和借鉴。

第一节　国外农村社会保障制度发展的主要路径和模式

一、国外农村社会保障制度发展的主要路径

国际上，发达国家和巴西等发展中国家社会保障发展的路径基本上是先城市、后农村，在工业化发展到一定程度、有能力反哺扶持农村的时候，政府及时建立出台了农村社会保障体系的相应法律法规，并积极引导民间机构或基层互助组织参与到农村社会保障事业中来，共同推动农村社会保障事业的发展，并逐步实现城乡一体化、国民平等的社会保障制度。

二、国外农村社会保障制度发展的主要模式

第二次世界大战后，世界各国纷纷建立健全社会保障制度。社会保障无论在广度还是在深度上都取得了很大进展。从 20 世纪 40 年代末到 70 年代初，

在世界范围内基本形成了四种社会保障模式①。

（一）"社会保险型"模式

这是最早出现的社会保障模式，因而也被称作"传统型"社会保障模式，德国和美国都是社会保险型社会保障制度模式的代表性国家。这种模式的特点是，强调劳动者个人在社会保险中的责任，社会保障资金以个人和雇主缴纳的社会保障税（费）为主，国家财政予以资助扶持。这种模式重视社会保险中权利与义务的对应关系，强化劳动者个人的自我保障意识，体现了效率原则，同时，保险资金在社会成员间统筹安排使用，体现了高收者对低收入者的照顾，体现了社会保障互助互济的宗旨。这种保障模式在人口老化、就业率下降时面临保险费率上升的压力。

（二）"国家福利型"模式

瑞典等北欧国家和英国都是国家福利型社会保障制度模式的代表性国家，所谓"国家福利型"，按照英国工党在 1945 年竞选宣言中表示的，就是使国家担负起保障公民福利的职责，使公民普遍地享受福利。英国政府在贝弗里奇报告的基础上，先后颁布了一系列的社会保障法案，建成当时拥有最先进的社会保障体系的国家，并于 1948 年正式宣布建成世界第一个"福利国家"。之后，瑞典等北欧国家相继建立起福利国家。福利国家的社会保障项目内容广泛，几乎贯彻公民从生到死，从"摇篮到坟墓"的整个过程，全体公民包括农民的医疗等社会保障的社会服务，基本上由国家负担。

（三）"国家保险型"模式

这是苏联、东欧等社会主义国家及我国计划经济时期采用的社会保障模式。这种模式是苏联在革命取得政权后，针对沙俄时代社会保险实施范围窄、工人缴纳保费负担重、保险待遇差等问题，依照列宁的社会保障思想建立的，1917 年 11 月，苏联政府向全世界宣告：苏联无产阶级在自己的旗帜上写上向

---

① 孙光德等主编. 社会保障概论［M］. 北京：中国人民大学出版社，2000：15－18.

工人及城乡贫民实行全面的社会保险。这种模式的特点是受保险人不缴纳任何费用，国家、企业负担全部保险费用；保险待遇不与缴费多少挂钩，只与劳动贡献大小对应，且保险待遇整体偏高。

（四）"强制储蓄型"模式

这种模式实质上是政府引导下的一种自我积累、自我保障的类型，代表性的当属新加坡的中央公积金制度。新加坡的中央公积金制度是在其经济发展初期，国家为鼓励国民努力工作，促进经济增长，提高居民保障水平而推出的社会保障措施，并设中央管理局来负责其各项管理职能，公积金是以个人供款账户的形式强迫劳动者通过个人的劳动进行储蓄的一种机制。收入高，个人进行的社会保障资金的积累额就大，个人享受的社会保障待遇就高。中央公积金提供的社会保障内容涉及房屋、医疗及养老保障三个方面共16个项目。通过这些项目参与公积金储蓄者获取养老等方面的保障。新加坡的中央公积金制度对个人及国家的发展具有较强的激励效应，能避免西方高福利国家"养懒罚勤"的弊端，但其过于强调自我储蓄、自我保障，因而其削弱了社会保障的社会性和互助互济性，甚至有人称其不是真正意义上的社会保障，与社会保障的理念背道而驰。

第二节　部分典型国家和地区的农村社会保障及其财政供给制度

一、福利国家城乡一体化的社会保障制度

（一）芬兰等北欧国家的社会保障制度

经过多年的实践和发展，北欧国家已经建立起相对完善的社会保障制度体系。具体来讲，北欧国家社会保障的特点可以概括为以下方面。

1. 福利性特征明显。

众所周知，北欧是福利国家，福利性特征明显。福利性的具体含义是：

（1）社会保障体系的内容的基本构成是社会救济、社会保险和社会福利，社会福利是社会保障体系最高层次的内容，福利性特征明显说明社会保障已经达到了相当高的水平；（2）社会保障制度措施遍及全体公民，北欧国家城乡之间并没有特殊的社会性差异，有利于实施全民统一的社会福利政策。社会保障制度遵循的是"公民权利"和"普遍性"原则，保障居民的基本生存权是政府的法定职责。（3）福利性特征还体现在社会保障资金来源主要依靠中央和地方政府财政，而个人缴费和保险市场所承担的责任相对较少。北欧国家社会保障财政这部分来源在社会保障资金中占 40% 以上，丹麦则超过 60%①。

2. 社会保障体系内容广泛。

社会保障体系内容包括教育资助、免费医疗、失业救济、老人照料、养老金支付、残疾人救助、单亲父母津贴、家庭和儿童保护等方方面面，十分细致周到。可以说，在北欧国家的福利制度下，政府建立了殷实的社会安全网，居民从"摇篮"到"坟墓"都会得到国家的关照，都由政府给予基本的保障，如在北欧，无论是低收入或是无工资收入的人，只要符合一定的居民条件，都保证可以享受到基本的养老金待遇，而这些基本养老资金都来自财政税收。可以说，北欧基本实现了《礼运大同篇》里幼有所养、老有所终的乌托邦境界。以芬兰为例，芬兰的社会保障体系分为三大部分：预防性安全和健康政策、社会和卫生服务以及社会保险。涉及从人的出生、婴儿时期到老年的全过程，从预防疾病、事故，控制饮酒、抽烟开始，到实施基本免费医疗；从免费教育，到失业救济再到免费职业再培训；从儿童补助、单亲父母津贴到养老金支付和老人照料，等等。瑞典的社会保障体系主要包括养老保险年金制度、失业保险、医疗保险、工伤保险、社会福利津贴和其他社会补贴，每一项下都包含很多具体内容，如社会福利包括老人福利、儿童福利、残疾人福利和教育福利等。

3. 国家社会保障支出占 GDP 的比例较高。

据芬兰社会保障和健康部官员介绍，随着社会保障体系的逐步完善和涵

---

① "全国发改委系统研究部门协作中心北欧考察报告" 2006 年 1 月 24 日，中国网。

盖范围的不断扩大，芬兰社会保障支出额在 20 世纪 80 年代曾有过较快增长，90 年代中期到后期增长缓慢，但最近几年又呈现快速增加的势头。按照 2003 年不变价换算，1980 年支出总额约为 150 亿欧元，而到 2003 年支出总额接近 380 亿欧元，增长了近 1.5 倍。与此同时，社会保障支出占 GDP 的比例也在不断提高。1980 年以来，芬兰的社会保障支出占 GDP 的比例一直保持在 20% 以上，20 世纪 90 年代初高峰时期甚至超过 30%。虽然，近几年社会保障支出占 GDP 的比例有所下降，但总体上仍然保持上升趋势。芬兰社会保障和健康部的专家分析，预计到 2025 年，社会保障支出占 GDP 的比例将超过 30%。根据芬兰社会保障和健康部提供的资料，不仅北欧国家，整个欧盟成员国中这一比例也是较高的。2002 年，这一比例最高的是瑞典，约为 32.5%，其次是法国（30.6%）、德国（30.5%）、丹麦（30%），芬兰为 26.4%，而欧盟 15 国平均水平为 27.5%[①]。吴祥辉在《芬兰惊艳》一书中也提到，芬兰约三成的国家总预算，使用于社会福利。

4. 政府财政对社会保障事业的财力支持，其社会保障资金均主要来源于公共财政支出（见表 6-1）。

表 6-1　　　　　欧洲主要国家社会保障资金不同来源渠道所占比例
（基数 100）（2002 年）

国家	国家和地方政府	雇主	保险	其他
丹麦	62.4	9.7	21.9	6.0
爱尔兰	61.8	23.1	13.5	1.6
挪威	54.7	29.5	15.6	0.2
冰岛	51.5	38.8	9.4	0.3
英国	48.4	31.2	18.8	1.6
瑞典	46.8	41.7	9.2	2.3
芬兰	43.4	39.4	11.0	6.2
卢森堡	43.3	27.4	25.0	4.3
意大利	41.1	42.6	14.9	1.4

资料来源：于慧利，徐学才. 北欧国家社会保障制度及对我国的启示 [J]. 理论参考，2007.4.

---

① "全国发改委系统研究部门协作中心北欧考察报告" 2006 年 1 月 24 日，中国网。

5. 北欧国家提供福利更多是提供服务而非现金转移支付。

典型的例子是那些日托设施、幼儿园和养老院，以及地方政府组织的照顾老人或病人的场所。这样，北欧国家的社会福利部门雇用了大量的劳动力，这与任何欧美国家相比都是一个相当高的比例。因此，北欧国家在社会、医疗和教育等公共部门的雇佣率最高，这些部门中大约90%的雇员由政府雇佣，形成对比的是，在其他欧洲国家这一数字为40%～80%。北欧国家也由此开辟出一些新的工作领域，创造出大量就业机会。例如芬兰，在社会保障部门工作的人数逐年增长，2001年达到24万人以上。瑞典中央一级劳动力市场委员会有工作人员1 400多人，各城市共有325个就业办公室，工作人员7 000多人。与财政资金以提供服务形式为主不同，像养老金、失业金等福利项目，则以提供资金为主，也有时适当地提供一些服务①。

（二）英国社会保障及其财政供给制度

英国是始创社会保障制度的国家，建立了当今世界历史上最悠久、最发达和最完整的社会保障制度。1948年，英国率先建成福利型国家。目前，在世界体系中，英国与北欧国家一样，属于高福利国家。

英国社会保障体系的主要内容：一是社会基本养老保险。英国现行养老金包括基本国家养老金和社会救济性质的收入转移项目。二是社会医疗保险制度。英国的医疗保险制度是一种筹资和服务相统一的全民保健计划，公共医疗服务机构为全体国民提供基本上是免费的医疗卫生服务，经费90%来源于财政，10%由个人负担。三是社会救助和社会津贴。

英国社会保障制度具有自身的特点：（1）英国社会保障制度源于1601年的济贫，目前仍然主要侧重于济贫。（2）强调社会保障的平等性和普遍性，其重点基于保障公民的基本生存权、体现国家对国民基本生活需要的关切，其覆盖率普及所有公民，公民享有救济或津贴的时间都以需要为准，不受其他限制。英国社会保障体系极为庞大，贯彻从生到死、医疗教育，保障内容几乎无所不包。（3）各项保障待遇标准都以法律形式固定下来。1834年颁布

---

① "全国发改委系统研究部门协作中心北欧考察报告" 2006年1月24日，中国网。

《济贫法》，首推现代社会救助，在凯恩斯国家干预理论的指导下，以贝弗里奇社会保障计划为蓝本，第二次世界大战后英国颁布了《国民保险部组织法》（1944 年）、《国民救济法》（1945 年）、《家属津贴法》（1945 年）、《国民保险法》（1946 年）、《工业伤害法》（1946 年）等一系列社会保障法案，形成了福利国家的基本制度框架。(4) 强调国家责任，以政府为主导，社会保障事业统一由政府管理，收缴与发放采取分开的原则。英国于第二次世界大战后确立了政府主导的全国卫生服务体系，为公民提供了几乎是免费的医疗卫生服务。在医疗和养老这两个主要社会保障项目上采用普遍福利和国家救助模式，在工伤、失业方面主要采用社会保险方式，这些方式都由国家强制实施，都体现国家责任。普遍待遇和国家救助完全由政府承担费用，普遍待遇对所有人给予相同的待遇，国家救助对收入低于一定水平者提供帮助，两者更体现国家责任。与此相对应，英国在保障资金的筹措方面，个人和企业承担了较小责任，国家发挥了主导作用。同时，英国社会保障资金的筹资模式基本上是现收现付，没有形成大量的可以长期投向市场的资金，因而，难以通过市场来实现社会保障资金的大规模增值，所以，英国通过市场筹得的社会保障资金很少。在英国，一般税收在社会保障支出中占的比重高于德国、美国等许多西方发达国家。据资料显示，1993 年，英国的社会保障资金中有65.5% 来自政府财政，30% 来自雇主和雇员交费，4.5% 来自投资收益[①]。

二、美国农村社会保障及其财政供给制度

美国的社会保障始于 1935 年，以制定综合性的《社会保障法》为标志，开始实施社会保障制度。美国与大多数西方国家一样，农村社会保障滞后于城市，1935 年，实施社会保障法案时，并没有将农民纳入社会保障体系，直至 1990 年才全面建立起农民年金保障制度。美国 940 万平方千米的领土只有3 亿多人，农村人口更少，如 2005 年，美国农业劳动力占总劳动力的比重仅

---

① 董溯战. 英国社会保障制度中的国家、市场与社会作用之比较分析 [J]. 宁夏社会科学，2003.11.

为 1.6%①。农村社会保障整合在整个社会保障体系中，城乡基本没有多大差异。美国社会保障制度的特点体现在以下方面：

（一）社会保障支出是联邦财政支出的最大项目

2002 年，联邦支出的最大项目是社会保障支出，其中主要包括对退休人员和残疾人员的直接支付。收入保障是指联邦政府所做的转移支付（见表 6 - 2），这些转移支付主要提供给穷人，2002 年，这些转移支付占联邦支出的比例为 15.54%。此外，联邦政府通过老年保健制度向 65 岁以上的个人提供医疗保险，还通过医疗补助制度向穷人提供保健服务，2002 年，联邦政府通过老年保健制度和其他联邦健康计划用于医疗保健的支出总和超过了当年联邦支出的 20%。联邦政府用于社会保障、向穷人提供收入支持、为老年人提供健康保险以及向其他有资格获得联邦健康援助的个人提供支持的资金合计占到了联邦支出的 1/2。

表 6 - 2　　　　按职能划分的美国联邦政府支出（2002 财政年度）

项　目	合计（十亿美元）	占总支出的比重（%）
社会保障	456.4	22.70
国防	348.6	17.33
收入保障	312.5	15.54
老年医疗保健	230.9	11.48
净利息	170.1	8.46
保健	196.6	9.78
教育	70.5	3.51
交通运输建设	61.9	3.08
退伍军人救济金	51	2.54
其他	112.5	5.59
总计	2011	100.00

注：表中数据为预算数据。

资料来源：U. S. Office of Management and budget, Budget of U. S. Government, Fiscal Year 2004。

---

① 刘家庆. 现代西方农村社会保障制度的特点与思考 [J]. 财会研究, 2009. 24.

（二）社会保障的项目很多

在美国，社会保障项目很多，约 300 个，覆盖社会的多个群体，涉及范围很广。

从联邦政府财政支出项目看，属于社会保障项目支出的大致包括以下五类：一是社会保险（social insurance）：指向退休、伤残工人及其眷属和生还者支付保险金，是联邦政府第一大支出项目，超过联邦总支出的 1/5。2001年，这一项目占联邦财政支出的 23%。二是收入保障（income security）。包括普通退休和伤残保险、联邦雇员退休和伤残、住房资助、食品和营养资助、其他收入保障和失业补偿金。2001 年，这一项目占联邦财政支出的 14%。三是医疗照顾（medicare）。1965 年以来，主要对 65 岁及以上老年人实施的社会医疗保险。目前，这一制度对老年人和残疾人提供的健康保险分为 A、B 两部分，A 为住院医疗保险（medicare hospital insurance，MHI），B 部分为补充医疗保险（supplementary medical insurance，SMI）。2001 年，这一项目占联邦财政支出的 12%。四是退伍军人福利与服务。指退役军人的收入保障，教育、培训及恢复、医院和医疗照顾、住房等支出。五是社区与区域开发。包括社区开发、区域开发、灾害救济和保险等。

（三）社会保障向穷人和弱者倾斜

美国的社会保障项目很多，尤其是针对穷人和弱者的社会保障更为完善。从表 6 - 3 中列出的 2000 年联邦财政救济穷人的主要转移支出项目的情况可见一斑。

表 6 - 3　　　　联邦财政救济穷人的主要转移支出项目表（2000 年）

项　目	金额（十亿美元）	占联邦财政支出的比重（%）
补充保障收入（简称 SSI）	29	1.64
家庭资助	21	1.19
收益税减免	26	1.47
医疗补贴（即 MEDICAID）	115	6.50
食品券	19	1.07

续表

项　　目	金额（十亿美元）	占联邦财政支出的比重（%）
儿童保护和社会服务	5	0.28
儿童营养和健康	11	0.79
合计	226	12.78

资料来源：根据 DAVID N. HYMAN 的第七版 PUBLIC FINANCE 中第 250 页中的资料整理并翻译所得。

从表 6-3 中的项目可以看出，对穷人的救济支出大多是直接涉及穷人无法承受而又对社会经济发展有重要影响的方面，如穷人的医疗、住房，贫困家庭的孩子的营养、教育等方面。而且，在美国，对穷人的救济支出采取了较有效的支出形式，有的以现金形式支出，有的以非现金形式支出。表 6-3 中，补充保障收入、家庭资助和收益税减免属现金类支出项目，医疗补贴、食品券、儿童保护和社会服务及儿童营养和健康以非现金形式支出。其中，项目最大的一笔支出医疗补贴（medicaid）就是以有效的非现金形式支出的。医疗补贴是 1965 年美国国会推出的对 65 岁以下的穷人的医疗帮助。这一保障费用由联邦政府和州政府共同负担，管理权在州政府。医疗补贴覆盖各州低收入家庭的所有 18 岁及 18 岁以下儿童，有些州对贫困线以上的家庭的 18 岁以上的成人也提供医疗补贴。当然，在大部分州，成人被提供医疗补贴仅仅限于家庭收入在贫困线以下的家庭成员。对于补贴者而言，医疗服务基本上都是免费的，所以这一费用在联邦财政支出中增长很快，2000 年联邦财政这一项支出达到 1 150 亿美元，占联邦总支出的 6.5%，这一数值到 2010 年达到约 2 640 亿美元。

（四）社会保障资金有较稳定的来源

美国的社会保障资金有稳定可靠的收入来源。美国从 1935 年开始征收社会保险工薪税（有的国家也称为社会保障税、工资税），为实施社会保险制度筹集资金。该税种以企业的工薪总额为课税对象，对职工和企业或仅对企业征收，税款由取得工资收入的职工和雇主各负担 1/2。美国的社会保险税主要用于职工老年退休、遗属抚恤、残废和健康保险及失业救济金等。对境内存在雇用关系、发放和领取工薪的雇主和雇员（不论其是否为美国公民或居民）及自谋职业者，都要征收社保税。社保税的失业保险（UI）部分只对雇主征收。社会保险税有三个税目：老年人、残疾、遗属保险（OASDI），医疗保险（HI）和失业保险（UI）。1998 年，社会保险税的 OASDI 部分税率为 6.2%，应税工薪的上限为 68 400 美元；HI 部分的税率为 1.45%，应税工薪没有上限；UI 部分的税率为 6.2%，应税工薪上限为 70 000 美元；自谋职业者的税率 OASDI 部分为 12.4%，HI 部分为 2.9%。美国虽然有稳定的工薪税收入，但有些社保项目的资金却主要依赖一般性财政收入，如医疗保险中的 B 部分（SMI）大约 3/4 就来源于一般性财政收入。

（五）社会保障的管理由政府统一管理并具有层次性

首先，美国的社会保障总体上由政府依法统一管理安排。其次，其管理具有层次性，以州和地方政府管理为主，联邦政府予以支持并尽可能把管理权限下放到地方。如对穷人的救济项目中，占较大比重的非现金类支出项目的管理权基本上都在州政府和地方政府。另设社会安全理事会负责主要工作的监督和管理。分层次以地方为主的管理方式能够提高社会保障的时效性，但同时，这种管理方式也容易导致社会保障在各地发展的不均衡。

三、德国的农村社会保障及其财政供给制度

德国是欧洲社会保障制度的发源地。1883 年、1884 年、1889 年俾斯麦政府通过了一系列的社会保险法——《疾病保险法》《工业伤害保险法》《伤残和养老保险法》，标志着德国社会保障制度的建立。德国农村社会保障建设也滞后于城市，但由于其相对完善的农村社会保障体制，使农村的社会保障与城市无多大差别，属于城乡一元化社会保障类型。

养老保险是德国社会福利的重要内容，1886 年 5 月，德国颁布了《关于农业企业中被雇佣人员工伤事故保险法》，为农业从业人员提供风险保障[①]。

———————————

① 徐嘉辉等. 德国农村社会保障制度及其借鉴 [J]. 商业研究，2009.6.

1957 年，德国养老金制度改革，建立了农民法定老年补助，标志着对农民的老年传统救济被归入德国社会保险领域，即对年老的农业企业主在将其农场交给继承人之后对其及家属实行的一种特殊的老年法定补贴。德国养老保险是由国家机构——养老保险局主办的，养老保险局系统是由联邦职员养老保险局、矿工养老保险局、农业养老保险局、各个州级养老保险局等组成。养老保险局的职责是：收取和发放养老金；为投保者提供其他服务，如为老年疗养和老年重新学习提供资助。养老保险局收不抵支的部分由联邦政府提供补助，联邦的补助占养老保险局养老金支出的 17% ~ 18%，养老金补助是联邦政府社会福利开支中最大的部分，占联邦财政支出的 20% 左右。个人达到法定退休年龄就可以按退休前平均工资的一定比例领取退休养老金。

1972 年，德国制定《自雇农场主法定医疗保健法》，开始实行农村医疗保险政策，农民被纳入法定医疗保险中，城乡居民的医疗保险待遇没有区别。法定保险的保险费由雇主和个人各承担 1/2，个人参加保险后，即从所投保的农业保险公司得到一张医疗保险卡，病人凭卡可接受治疗，若病情较重，持医生的转诊证明可到相应医院看病，看病所支付的费用均由保险公司承担，病人凭医生的处方到药店取药，成年人需支付 10% 的药费，18 岁以下的未成年人可免费取药，特殊病情，医生可上门服务，对于必要的疗养和病休，保险公司支付给病人生活补贴和病休补贴。保险公司提供的医疗服务以家庭为单位，在一个家庭里，只要主要家庭成员农场主投保后，其他家庭成员可享受连带保险（只适用于父母对子女的连带和夫妻之间的连带），同投保人享受同样的保险待遇，而不需要另付保险费，只有当这些家庭成员有自己独立的收入，成为法定保险的对象，才需要单独付保险费。保险公司的法定保险收不抵支时，可以要求政府补贴。

四、日本农村社会保障及其财政供给制度

日本社会保障体系效仿欧美国家、但又立足自身的国情建立。日本农村社会保障制度的特点是"民办官助"，中央政府与地方农民互助组织都很重视农民的社会保障体系建设，在工业化快速增长期及时制定实施农村社会保障

的法律法规，并配合相关的农业现代化、城市化政策解决了农村人口的养老、医疗等社会保障问题，形成了现代城乡一体化的较为完善的社会保障体系。

其特点是：（1）社会保障制度种类繁多，包括国家扶助、社会保险、社会福利、公共卫生和医疗等，其实施内容较全面，保障对象较普及。典型的当属国民养老金制度，按日本的《国民养老金法》，凡大于 20 岁小于 60 岁的日本公民都必须接受养老保险。社会保险作为社会保障体系的主要内容，种类更是非常之多，不论市民、农民，每个公民都有其相应的社会保险。按保险对象分类，包括：一般在职职工保险、国家公务员与地方公务员保险、农业从业人员保险、农林渔业团体职员保险、私立学校教职员保险、船员保险、其他国民社会保险等内容。按保险内容分类，包括：国民老年社会保险（即"年金"制度）、市町村国民健康保险、共济互助会健康保险、企业健康保险、工商保险、雇佣保险、公务员共济年金、私立学校员工共济年金等。（2）社会保险资金由个人、集体组织和政府共同筹集，农民与城市居民一样，享受各种平等的国民保险待遇，其重要原因是农民的集体组织力量较强，从基层到全国设有各级农业互助组织，基层有社区基层农协共济组织，国家层面有全国共济农业合作组织联合会，为农民保险的筹资奠定了坚实的基础。（3）社会保障管理采用集中与分散相结合的模式。即把共性较强的社保项目集中起来统一管理，而特殊性较强的社保项目单列，分散到相关部门各自管理。在日本，社会保障事业由厚生省、劳动省、大藏省和文部省主管，其具体运营则由其下属机构或公共法人组织来承担。日本运营社会保障事业的法人组织种类很多，包括保健所、福利事务所、国民健康保险互助会等各种共济互助会、农业从业养老基金会等。

日本较早建立起覆盖农村居民的农村社会保障体系，农民在许多方面与市民享有同等的社会保障待遇。1938 年，日本就制定了主要面向农村居民的《国民健康保险法》，1961 年，日本农民就实现了全民医保。1970 年，日本政府制定《农民养老金基金法》，规范农民互助基金的发展，是政府对农民社会保障发展在地方互助互济方面的政策支持和引导。从 2001 年起，日本 70 岁以上老人只需负担总医疗费用的 10%，其余 90% 由国家财政（23%）和各级保险机构组织来负担。日本年老的农民既可从国民养老金计划中获得基本养老金，又可从农民共济基金中获得补充养老金，多层次保障使农民养老保障待遇水平较高。

五、巴西的农村社会保障及其财政供给制度

巴西作为发展中国家，农村社会保障体系相对健全。其农村社会保障制度的特点：（1）城乡一体化。不论城市居民，还是农村居民，全民均等地享受政府组织提供的各项社会保障服务。如医疗保险，巴西实行全民医疗保险，在公立医院和卫生站看病甚至住院住宿几乎完全免费，同时，由于农村医疗条件暂不如城市，对农村居民建立了规范完善的转诊治疗制度，使城乡居民基本上都能较好也享受到医疗保险。巴西农民养老有农村年金计划和社会救助年金计划。农村养老金制度始于 20 世纪 70 年代，主要为农村 65 岁以上的老残寡人口提供统一的待遇给付，1996 年开始，巴西联邦政府对 67 岁以上的农村老人及无法独立生活或工作的残疾人推出社会救助年金计划。当然，农村年金计划和社会救助年金计划都需要进行收入调查才能确定获得资格。（2）农村社会保障有稳定可靠的资金来源。巴西开征了社会保障税进行筹资，农村社会保障资金来源主要靠政府投入。巴西农村社会保障基金的来源主要通过附加税的形式征收，税率为农民销售农产品销售额的 2.1%，由收购商直接扣缴①。

第三节　比较与借鉴

与北欧、英国城乡一体化以及政府财政资金提供的基本社会保障覆盖到全体国民头上的社会保障体系相比，与美国、德国和巴西政府主导的健全完善的农村社会保障制度相比，我国重城镇、轻农村的社会保障体系可以说是一种不完全的社会保障制度。

---

① 徐清照. 巴西农村社会保障建设经验及启示［J］. 山东劳动保障，2009.8.

但是，不同国家社会保障的发展具有其历史性，与其政治制度、社会经济发展、文化背景、保障观念相对应。不同国家社会保障制度具有不同特点，瑞典等北欧国家和英国都是国家福利型社会保障制度模式的代表性国家，德国和美国都是社会保险型社会保障制度模式的代表性国家。我国国土面积略大于美国，但人口远远大于美国；国土面积和人口也远远大于北欧国家和英国。因此，在建设我国社会保障的过程中，不能盲目借鉴西方国家的社会保障模式，必须立足于我国的基本国情，通过全面系统地认识与分析发达国家和发展中国家的社会保障制度，对建立和发展我国有中国特色的农村社会保障制度带来具体的启示与借鉴。

挪威、瑞典、芬兰、丹麦和冰岛等北欧国家经济发展水平、国家竞争力均居世界前列，是高收入、高税收、高福利的国家，鉴于国情不同，经济发展水平及居民收入水平的差异，我国目前不可能像北欧国家那样对公民实行从摇篮到坟墓式的政府关照，但可从中受到启示——对符合条件的居民（不论城乡）实行国家养老金制度。

英国（UK）是由英格兰、苏格兰、威尔士和北爱尔兰组成的联合王国，属于世界上最发达国家之一；作为欧盟成员国，其首都伦敦是欧洲最大和最具国际特色的城市，是欧洲最大的金融中心；作为世界上第一个工业化国家，其经济水平居世界前列。英国与我国社会经济状况明显差异，但其社会保障的某些情况和特点可以给我们启发与借鉴。英国一直侧重于济贫这一点最符合社会保障（social security）的本质特征，按照罗伯特·东（Robert East）的观点，社会保障是指政府通过一定的方式对那些经济困难的人提供物质帮助。哈维·罗森（Harvey Rosen）在他的著作中也阐述了社会保障计划实际上为一个人可能出现的下列情况提供保险：他活得比预期寿命要长，从而可能过早用光他为退休积累起来的全部资产；社会保障为丧失劳动能力的人及其遗属提供救济金；每个就业者都能得到社会保障或其他政府退休计划的庇护。中国学者基本上也认为，社会保障是指国家和社会组织通过采取一系列的公共措施，为那些由于各种原因不能从劳动中获得报酬因而失去生活来源的劳动者提供现金帮助和社会服务，以保障其基本生活的各种制度。

另外，英国政府为主导的社会保障，医疗和养老保障项目的普遍福利和国家救助模式，使英国的社会保障资金的分配与社会成员的缴费、收入等因素相关较小。因而，英国政府在社会财富的再分配方面发挥了较大作用，有利于实现社会公平，在一定程度上缩小了社会成员之间的收入差距。

当然，英国的社会保障制度也有其弊端和矛盾。由于英国的社会保障制度无所不包，贯彻从生到死，是典型的高福利国家，高福利必然高税收，在国际经济一体化趋势下，高税收有可能引致资产外逃，影响本国经济的发展。同时，由于英国社会保障能充分保障本国公民的基本生活和消费需求，在一定程度上也必然会带来养懒罚勤的效果。我们不能盲目借鉴，可以根据我国国情，在构建我国社会保障体系的过程中系统考虑，按社会保障济贫性的本质特征，理顺政府职责，优先安排针对贫困或低收入群体（目前我国贫困或低收入群体主要是广大农民）的社会保障项目，尽可能提高社会保障的社会效益，避免出现目前的"头痛医头，脚痛医脚"、缺乏长远考虑、带来公众愈发不满的现象。

美国国土面积 937.1 万平方千米，次于俄罗斯、加拿大和中国，居世界第四位。美国人口 2.67 亿，是当今世界上经济实力最为强大的国家，其经济繁荣、科技力量雄厚、人民生活水平较高。美国是一个联邦制国家，即中央联邦政府和州政府分享权力，与之相对应，美国财政体制是联邦、州和地方政府三级体制，三级财政体制相对独立。各级政府在财政支出方面的范围和责任比较明确：联邦政府的支出主要用于国防费用、社会保险和保健、教育、就业和社会服务、支付公债利息、一般行政费和发展对外关系等；州和地方政府的财政支出主要用于本州本地区的福利事业，如公共设施、教育卫生和治安消防等。

虽然，美国社会保障制度的历史与英国等国家相比较短，而且与英国及欧洲一些高福利国家相比，不是最完善、最发达的，覆盖面也有限，既不是一种完全的"从摇篮到坟墓"的普遍福利，也不是无条件的惠及所有公民，但其在建立稳定的资金来源渠道、突出对穷人的保障等方面的做法，对解决我国目前农村社会保障存在的问题具有现实的借鉴意义。

德国医疗保险制度的特点是体现社会互助原则，体现了高收入者对低收入者的帮助和无家庭者对有家庭者的帮助。德国的医疗保险金是按家庭总收入收取的，但不同收入水平的家庭，享受的服务是相同的。低收入的投保者，上缴的保险费较少，但他们的医疗费开支并不一定比高收入的人少。单身投保者和有家庭的投保者，他们支付的保费是相同的，但前者只有一人享受医疗服务，后者是全家享用，尤其是孩子享受全免费的医疗服务。法定保险业务由独立管理的法定医疗保险公司来处理，法定医疗保险公司按行业划分设置，有地方保险公司、企业保险公司、海员保险公司、矿工保险公司、农业保险公司等，确保了社会保险的专业管理水平和效率。参加社会保险是所有就业者的法定义务，保险费按工资收入的一定比例提交，雇主和雇员各支付1/2，政府财政对社会保险资金的不足给予补贴。德国社会保障制度的启示：可以考虑时机成熟时，不论家庭贫富，不论城乡，采取一些措施给予未成年人同样的政府保障待遇。德国实行的农民法定老年补助，将农民的老年传统救济归入统一的社会保险体系，并实行土地换保障的做法，对我国失地农民的社会保障制度的建立也提供了启示。

日本"自耕农"制度基础上的小规模生产经营方式与我国目前的联产承包责任制基础上的分户经营方式类似；日本人口相对较多，与中国人口大国的情况类似。日本的农村社会保障目前很完善，这值得我们思考。日本社会保障管理集中与分散相结合的模式有其优点也有其缺点，优点是既可体现社会保障社会化、规模化和一体化的发展要求，又能兼顾特殊保障项目的特殊需求，同时，管理成本相对较低、管理效率较高；缺点是管理运营部门较多，造成社会保障的制度的分割现象，削弱了社会保障的统筹功能[①]。目前，我国社会保障的主管部门包括人力资源和社会保障部、民政部、卫生部、财政部等多个部门，要借鉴日本社会保障制度给我们带来的启示，随着我国城乡一体化社会保障体系建设的进行，社会保障统筹层次的不断提高，待时机成熟时，将社会保障的管理职能统一到一个主管部门。另外，针对我国目前农村社会保障管理成本高、效率偏低的问题，可从日本经验获得启示，通过税收等优惠措施，鼓励商业保险公司代管社会保险业务，推动社会保障管理的社会化，降低农村基层社会保障管理成本、提高社会保障管理效率。日本的农

---

① 张留禄．借鉴国外经验构建适应经济发展的社会保障体系［J］，西部金融，2008.4.

民的集体组织力量较强这一点也应引起我们的思考，我国目前农村集体组织力量在不断削弱，集体筹资困难在一定程度上造成了目前我国农村社会保险事业进展缓慢。我们应想法增强农村集体组织的力量。另外，日本全民医疗保险、全民养老保险，尤其是其著名的"年金"制度（即国民老年社会保险）是国家的基础养老保险，不仅包括市民，也包括农民在内的制度也值得我们借鉴。我国是发展中国家，"三农"问题异常突出，农民年老时又可能面临产销风险和子女不孝的道德风险。可以从北欧国家的国家养老金制度和日本的国民年金计划得到启示，尽快建立较低层次的国家基本养老金制度。

　　巴西作为发展中国家，又是农业大国，与我国有一定程度的相似性，其相对健全的农村社会保障体系也为我国农村社会保障制度的发展带来启示和借鉴。巴西对老年人尤其是农村老年人提供的社会救助金计划，在一定意义上可以说是一种普惠型的国家养老金制度，对扩大社会保障覆盖面，解决农村人口的养老问题发挥了重要作用。巴西的资料显示，在农村获得社会救助养老金的人数是获得社会保险金人数的 63 倍，而支出是社会保险支出的 40 倍，非缴费的社会救助金成为一些发展中国家社会保障制度改革发展的新特点①。普惠型国家养老金可有助于国家在短时期内迅速扩大养老保险覆盖面，并较好地使老年人脱离贫困状态。这对于我国目前农村养老保险覆盖面窄，农村养老问题日益严重的现状的解决能带来启示和借鉴。

　　根据以上发达国家和发展中国家农村社会保障的比较和借鉴性的分析，结合我国目前农村社会保障的现状和问题，进一步设计出构建我国农村社会保障制度的原则：一是社会互助原则。长期以来，我国"牺牲农业、优先发展工业"和"牺牲农村、优先发展城市"的社会经济发展思路，阻碍了我国农村经济的发展，也阻碍了我国农村社会保障的发展。在共享改革发展成果的政策指引下，构建我国覆盖城乡社会保障体系、建立农村社会保障制度要体现社会互助原则，尤其要体现城市对农村的帮助、高收入者对低收入者的帮助。二是穷人、弱者优先原则（即国家救助优先原则）。从根本上讲，社会保障是国家和社会为帮助社会成员克服因非理性风险造成的物质生活困难、

---

　　① 林义等．国外农村社会保障制度改革的新探索及其启示［J］．国家行政学院学报，2010. 4.

维持其基本生活条件，依法进行的国民收入再分配活动。从社会保障自身的发展运行规律上看，随着经济水平的提高，社会保障的待遇层次从低到高，从社会救助到社会保险再到社会福利逐步提高。看一个国家社会保障体系完善与否，要先看其社会救助体系是否健全。英国自1834年颁布《济贫法》以来，其社会保障一直侧重于济贫；美国社会保障制度的突出特点是面向穷人和弱者的社会保障制度措施较健全；巴西等发展中国家的社会救助养老金计划也基本上是致力于解决农村老年人口的贫困问题。我国是发展中国家，相当的居民还比较贫困，尤其是中西部的农村居民，因此，按照社会保障及其发展的本质要求，建立我国社会保障制度要体现穷人、弱者优先原则。当然，为避免"养懒"现象的出现，这需要一些条件的制约。三是政府财政扶持原则。从以上分析可以看出，无论发达国家还是发展中国家，在国家社会保障事业建立和发展的过程中，政府政策的扶持、财政财力的扶持都是社会保障尤其是农村社会保障发展不可缺少的主导力量。我国是社会主义国家，随着政府财力的不断增强，政府财政对农村社会保障的扶持应是推动我国目前农村社会保障事业发展的关键力量。

本章小结

本章分析了国外农村社会保障及其财政供给制度发展的主要路径和模式，对比研究了芬兰等北欧国家以及英国、美国、德国、日本和巴西等部分典型发达和发展中国家或地区的农村社会保障制度，受到启示和借鉴，并结合我国目前农村社会保障的现状和问题，设计出了构建我国农村社会保障制度的原则。

第七章　解决我国农村社会保障问题的财政供给路径设计与制度安排

第一节　总体目标

一、建立城乡统筹的"全覆盖"社会保障体系是解决我国农村社会保障问题的总体目标

党的十六届六中全会明确提出，到 2020 年要基本建立覆盖城乡居民的社会保障体系。人人享有基本社会保障，明确了我国社会保障事业发展的目标，标志着我国社会保障事业开始进入一个由城镇为主向城乡统筹兼顾、由城镇职工为主向普惠全体国民、由部分覆盖转向"全覆盖"的发展时期。建立统筹城乡覆盖所有居民的社会保障体系，是我国社会保障事业发展的目标，也是农村社会保障事业的发展目标，更是解决当前我国农村社会保障问题的总体设计路径目标。当然，"全覆盖"并不意味着不顾短期内难以消除的我国城乡二元结构、不顾社会经济发展水平、不顾财政财力情况，一味追求城乡居民所有保障项目、保障水平的整齐划一。

二、目标的内容构成

从发展历程来看，"全覆盖"已成为我国当前社会保障制度改革最显著的

特征。随着我国社会保障制度改革的推进，社会保障已从过去比较注重特定人群保障向构筑覆盖城乡、覆盖不同人群的全方位保障转变，即逐步实现全覆盖。但从注重民生和构建社会主义和谐社会的目标来看，现行社会保障制度还存在不少问题，机关事业单位养老保险制度改革滞后、城乡之间和不同群体成员之间社会保障差别较大、社会保险关系转移机制尚未建立等，同时，现有社会保障制度发展和保障水平在不同地区之间也存在较大差异，覆盖范围窄、制度不健全、管理基础薄弱等问题依然突出。

因而，本书设计的"全覆盖"社会保障目标主要包括两个方面内容：一是制度的全覆盖，在制度设计上填补过去由于财政职责不清及财力不足等原因造成的空白，建立健全以养老保险、医疗保险等社会保险为主体内容，社会救济、社会福利为基本内容，社会优抚为特定内容的完整的社会保障制度体系；二是对象的全覆盖，将过去遗漏的人群纳入社会保障，做到人人享有，既包括城市居民，也包括农村居民。近年来，我国政府在稳定和改进既定社会保障制度的基础上，不断推出与社会发展相适应的新的社会保障制度和措施，各项社会保障的覆盖面不断扩大到农民、灵活就业人员、城市农民工和城镇非职工居民等群体。

三、关于农村非农群体的社会保障问题

本书研究中对农村非农群体的社会保障问题不过多涉及。目前，我国的农村非农群体包括农民工和失地农民。这是我国城市化进程中由于社会保障制度不健全而出现的过渡期现象。随着我国各项制度的健全，农民工、失地农民这些非纯粹的农民身份、非纯粹的市民身份的称呼会消失。但目前，这一问题必须要采取有效的手段予以解决，因为，目前由这一群体引发的社会矛盾也日益突出。据有关新闻报道，目前，我国的城市农民工大约有 1.5 亿人，农民工工伤等问题引发的矛盾时有发生，征地矛盾引发的群体性事件也时有发生。据统计，2002 年，国家信访局受理土地征用来信来访达 4 116 件；2003 年，在国土资源部信访接待部门受理上访事件总量中，70% 与征地纠纷、

违法占地问题有关，其中，40%的上访者主要反映土地纠纷问题①。据有关专家估计，目前，全国失地农民数量可能超过2 000万人。从发展趋势看，这一数字还会增加②。目前，农村群体引发社会矛盾的根本原因是这部分群体的基本生活保障措施欠缺，生存、生活保障受到威胁。过渡期的有效措施本书赞同刘子操在《城市化进程中的农村社会保障问题研究》中的观点，建立一种介于农村和城市之间，既不同于农村社会保障制度，也不同于城市社会保障制度而又与二者紧密联系，能实现有效对接的一种社会保障制度——"农民市民化社会保障制度"。农民社会保障市民化进程如图7－1所示。

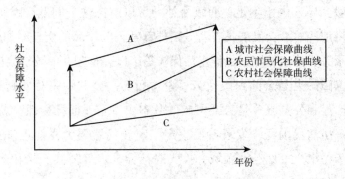

图7－1　农民社会保障市民化进程③

四、构建"全覆盖"社会保障体系目标的财政意义

构建全覆盖社会保障体系是社会主义公共财政体制得以完善的重要标志。

建立公共财政框架是我国财政体制改革的目标。当前，我国健全而规范的、适应社会发展需要的公共财政体系还未真正建立起来。根据国际经验，一个完善的公共财政体系，离不开完善的社会保障制度，而我国当前的社会保障制度与发达国家相比，在保障水平、社会化程度、覆盖面、筹资和支付

① 肖屹等. 基于农民产权认知的中国征地制度改革研究［J］. 江海学刊，2008. 1.
② 刘子操. 城市化进程中的农村社会保障问题研究［D］. 东北财经大学，2007.

管理方面还存在不少问题，由此引发的矛盾尚未根本解决，社会保障制度改革也成为我国社会经济领域的热点问题。在发达国家，社会保障支出是财政支出的第一大支出项目，依此为基础的公共财政政策体系比较完善。我国要实现建立完善社会主义公共财政体制的改革目标，必须尽快完善我国农村社会保障制度，覆盖城乡居民的社会保障体系是我国公共财政体制得以完善的最有力的支撑，其财政意义体现如下：

一是社会保障项目具有较强的正外部性，属于公共产品和服务的范畴，政府应成为主要供给者。美国财政学家哈维·罗森在分析外部性时提出，正外部性一般会导致供给不足，而政府补助可以解决这个问题。因此，政府要承担起提供那些对社会发展具有明显正外部性公共产品的责任，如公共卫生、基本医疗服务、养老保障、最低生活保障等，以完善公共财政框架体系。

二是保障民生是公共财政政策的基本目标。公共性是公共财政的核心，提供公共产品和公共服务是公共财政的基本出发点，而社会保障就是最大的公共产品。虽然我国经济发展阶段决定了财政仍然要为支持经济建设服务，但财政逐步退出竞争性经济领域并扩大对社会保障等公共产品和公共服务的支出是必然趋势。

三是福利最大化原理充分说明健全社会保障制度对完善公共财政体制的重要作用。福利经济学创始人庇古根据边际效用基数论提出两个基本的福利命题：国民收入总量越大，社会经济福利就越大；国民收入分配越是均等化，社会经济福利就越大。他认为，经济福利在很大程度上取决于国民收入的数量和国民收入在社会成员之间的分配情况。因此，要增加经济福利，在生产方面必须增加国民收入总量，在分配方面必须消除国民收入分配的不均等。而当前市场经济条件下，消除国民收入分配不均等的有效措施只能靠财政转移性支出，而社会保障支出正是财政转移性支出中最为重要的一个项目。因而，要实现社会经济福利最大化，完善公共财政体制，必须健全社会保障制度，实现社会保障的全覆盖。

第二节　设计原则

一、统筹规划原则

按照中央提出的要求及建设统筹城乡的"全覆盖"社会保障体系目标，结合各地实际，做到规划先行。郑功成认为，城乡分割与地区发展失衡在我国并非短期内可以改变，这决定了社会保障体系建设只能走渐进发展的道路。城乡之间不仅差距巨大，而且长期以来是政策分割与分治，这种格局绝非短期内可以改变，统筹城乡发展需要一个渐进的过程；东、中、西部的发展差距同样巨大，发达地区与欠发达地区不仅在社会保障需求方面存在差异，而且保障能力等方面更是差距巨大。这种现实格局决定了在推进我国社会保障制度建设的进程中，尊重规律需要尽可能防止制度"碎片化"、努力追求制度整合，而尊重国情必定使一定时期内采取多元化制度安排来覆盖全民成为必然选择①。因而，规划要按照建设覆盖城乡居民的社会保障体系总目标，统筹考虑需要与可能，既要考虑地区间、城乡间的发展不平衡，又要考虑到不同社会群体之间社会保障水平的公平性。规划涵盖社会保障覆盖面、保障水平、资金来源、保障制度、管理服务等各个方面，明确了实现全覆盖的目标、实施步骤和保障措施，不仅要实现对全体公民的全覆盖，也要明确对各类历史遗留问题所涉人群的解决办法。同时，要量化具体目标，在社会保障覆盖率、社会救助覆盖率上有量化指标，在社会福利和慈善事业上有新的发展，从而使人们对社会保障制度有明确的预期。需要特别注意的是，社会保障规划要与我国财政体制改革相结合，将完善社会保障体系与推进公共财政体制改革相衔接。加大财政对农村社会保障发展的扶持，这是当前解决我国农村社保问题的关键措施。世界上任何国家农村社会保障的建立和发展都离不开公共财政的支持。

---

① 郑功成. 中国社会保障改革与未来发展 ［J］. 中国人民大学学报，2010. 5.

二、突出重点原则

要完善制度，增强社会保障制度的包容性，把由于身份特殊和政策局限性还没有被纳入社会保障制度中的群体纳入进来。对城市农民工、非公经济从业人员、自由职业者、个体劳动者等群体纳入社会保障体系中来。进一步完善城乡社会救助制度。从制度上整合现有处于分割状态的各种保险和救助政策，逐步向统筹社会保障制度转变。重点加强对低收入、就业困难群体和农民群体救济制度的建立。改革城乡最低生活保障制度，逐步建立与当地经济发展水平和物价变动相适应的联动机制。逐步提高社会福利水平，加强各类社会福利院建设与管理，整合养老院布局，全面提高公办养老院的条件和管理服务水平。

三、向弱者、穷人和农民倾斜原则

1979 年，诺贝尔经济学奖获得者西奥多·威廉·舒尔茨（Theodore William Schultz）说，世界上大多数人是贫穷的，所以，如果懂得了穷人的经济学，我们也就懂得了许多真正重要的经济学原理；世界上大多数穷人以农业为生，因而，如果我们懂得了农业经济学，我们也就懂得了许多穷人的经济学。套用舒尔茨的话，在我国，如果解决了穷人的社会保障问题，也就真正解决了我国社会保障的"社会"问题；我国大多数穷人以农业为生，在农村，是农民，因而，如果我们解决了农村农民的社会保障问题，也就真正懂得了社会保障的真谛。所以我们的财政扶持社会保障要更多地向弱者、穷人和农民倾斜。

美国的社会保障项目虽然很多，但针对性也很强，主要是对穷人和弱者。如美国的医疗保险仅仅覆盖 65 岁以上的老年人及残疾人、永久性肾功能衰退者。而我国当前社会保障的不足和空白刚好在穷人和弱者。因此，借鉴美国的经验，在财政收入一定的条件下，可以调整社会保障支出结构，让富者自保的同时，享受一定的社会福利，而对穷人和弱者实施普遍的社会保障。目前，由于我国 13 亿人口中的大多数是农民，所以最突出的问题是：我国社会保障制度具有明显的二元特征。我国目前的社会保障大多项目还只是针对城镇居民，而广大农民则大多靠家庭自我保障。生、老、病、伤是每个人都面临的问题，社会保障制度应向每一个社会成员提供生活保障，以保持社会安定。特别是在收入分配存在差距和不够公平的情况下，社会保障更应该让那些确有困难而又无力满足基本需求的人得到资助。我国目前主要是对具有工资能力的人提供社会保障的做法，造成了比较大的社会福利差距，特别是城乡间的差距。拿医疗保险来说，据劳动和社会保障部提供的资料，2003 年下半年，大中城市医疗保险参保率都已达到 60% 以上，其中，直辖市和省会城市达到 70% 以上，其他城市参保率都达到 50% 以上。而在农村，虽然根据卫生部、财政部、农业部《关于建立新型合作医疗制度的意见》精神，全国各地都已逐步着手建立并实施农村医疗保险制度，但是，相对于城市，农村的医疗保险却显得苍白无力。除东南沿海等少数地区农村医疗保险覆盖面相对较宽、保障范围相对较大外，全国大部分地区也只是刚刚起步，而且基本上也只是针对个别群体个别大病的保险，还远远不能达到城镇水平。2003 年以来，我国的医疗保险覆盖面不断扩大，财政对新农合的补助支出也在不断提高。按人力资源和社会保障部的数据，至 2017 年末，全国参加基本医疗保险人数达 117 680 万人，其中，参加职工基本医疗保险人数为 30 323 万人；参加城乡居民基本医疗保险人数为 87 359 万人。2014 年，农民和城镇居民新农合和居民医保个人缴费标准在 2013 年的基础上提高 20 元，全国平均个人缴费标准达到每人每年 90 元。各级财政对新农合和居民医保人均补助标准在 2013 年的基础上提高 40 元，达到 320 元，其中，中央财政对原有 120 元的补助标准不变，对 200 元部分按照西部地区 80% 和中部地区 60% 的比例安排补助，对东部地区各省份分别按一定比例补助。虽如此，但总体上，相对于城市，农村的医疗保障待遇水平仍然较低，财政针对农民和无职业群体的医疗补助水平也有待进一步提高。参照美国的做法，具体操作上可以根据全国的经济发展水平和社会消费水平确定贫困线标准，然后由各级政府给予贫困家庭及其成员在生、老、病、死、教各方面的社会保障，资金不足部分再由中央政府给予转移支付（主要指经济不发达省区）。当然，这一措施要想在实践中贯彻实施，必须有一个前提，就是调整财政支出结构，优先安排社会保障支出，这有待于我国公共财政的建立和完善。

四、重要项目均等化原则

虽然目前我国的经济实力、政府财力在迅速增长，但相对于经济发达国家，政府的财力还不能保证在所有的政府保障项目上对国民提供均等的服务。北欧高福利国家政府集中了 GDP 60% 的财力，美国、日本等国家政府收入占 GDP 的比重超过 30%，而我国改革开放以来预算内财政收入占 GDP 比重一直较低，目前刚刚达到 20% 左右，同时，由于我国人口基数较大、地区经济差异等原因，不可能在所有的社会保障项目上对国民提供公共服务的均等化。目前，我国推行社会保障的全覆盖，也只是通过建立有层次的社会保障体系，对城市、农村不同地区、不同群体提供不同的社会保障待遇而进行，通过对一些特定对象增加一些新的社会保障项目来逐步实现"全覆盖"。但在一些重要的社会保障项目如基本养老保障和基本医疗保障，必须尽快实现国民享用的均等化，且不仅仅以是否交费为前提，而是以公民资格为前提。国外很多发达和发展中国家也基本实行的是到公立医院看病免费的制度。当然，为了医疗保障运行中的公平和效率，可以对交保费多而较少享用医疗服务的高收入者在一定条件下给予费用返还或奖励的待遇。当前，我国正在深化医疗保障改革，通过建立城镇职工基本医疗保险、城镇居民基本医疗保险和新型农村合作医疗制度三方联动的体系，基本从制度上实现了医疗保障的全覆盖，但在目前医疗卫生体制下，城镇职工和非职工城镇居民之间、城镇居民和农民之间无法真正实现医疗服务享用的均等化。因此，必须进行医药卫生体制改革，将公共医疗事业单位的营利性医疗服务剥离，公共医疗事业单位按照政府的职责向全体国民提供及时的、甚至免费的医疗服务。受制于我国目前经济发展水平和财政能力的制约，短期内不可能建立高水平的城乡居民均等养老保障机制，可借鉴北欧国家的社会保障制度，尝试在我国建立城市居民和农村农民均等的国家基本养老金制度的改革措施。

五、效益最大化原则

建立公共财政的核心内容之一就是要进一步提高财政支出的效率，而建立完善的社会保障制度是当前建立和完善公共财政的重要手段。完善的社会保障制度必然要求社会保障支出效益的最大化，而采取有效的社会保障支出形式就是提高社会保障支出效益。目前，我国的社保资金支出过程中存在损失、浪费，资源配置不合理的情况，尤其是医疗保险这一块，参加医疗保险的单位的职工看病时，有的通过定点医院公费记账；有的先自垫费用，然后再到单位报销；有的是单位直接每年支付职工一定的现金，超支部分再到单位按标准报销。当然，目前我国医疗保险范围主要集中在这一块，由于各参保单位各有一套管理制度，再加上医药卫生流通体制的不规范，各医院收费标准差异较大，医患联手开具假病历、套取"真收据"现象的存在。一方面使享受到医保的对象在充分享受到医疗保障的同时，也造成一定程度的医药资源的浪费，另一方面，相当部分享受不到医疗保障的城镇居民和农民却"因病致贫"或"因贫无法治病"，从而带来严重的社会问题。为适应建立公共财政、提高财政支出效率的要求，可以借鉴美国医疗补贴（medicaid）的做法，建立起对城镇穷人和农民的医疗补贴制度，并采用非现金的形式直接提供医疗服务，至少在城镇穷人和贫困农民患大病时能得到免费的医疗服务。

第三节　路径设计

综上所述，我国农村社会保障发展的总体路径应是从社会保障规划先行到社会保障目标（建立城乡统筹"全覆盖"社会保障体系）的实现，中间依赖有效的社会保障措施，关键措施是加大财政对农村社会保障发展的扶持，建立实施国家基本养老金，取消低保、推进开发式扶贫，适时开征社会保障税，推进农业合作经济组织发展等。具体路径见图7-2。

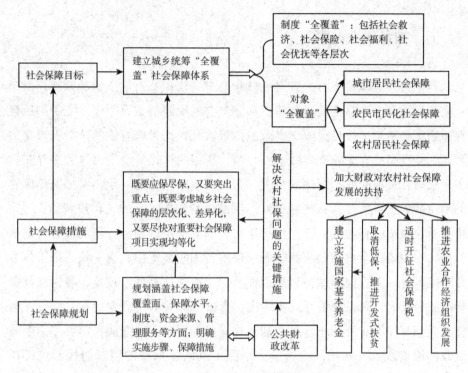

图 7-2　解决我国农村社保问题的总体路径设计

第四节　制度安排与政策建议

一、建立实施国家基本养老金制度

依据劳动部对 1992～2050 年全国城镇职工养老保险及退休职工人数的预测，我国城镇职工退休高峰的到来，在时间上与我国进入老年型国家同步，退休人员增长速度快，高峰期持续时间长，将给我国经济和社会发展带来巨大压力。2004 年 10 月 20 日，在杭州召开的国际老龄协会第十六届大会上预测，到 21 世纪中叶，中国的老年人口将超过 4 亿，占到全国总人口的 1/4 左右，养老保险问题日益严重。虽然我国在养老、失业、医疗这些社会保险方面都建立了基金制，但只是一种部分积累制，企业和个人的缴费分别进入统筹基金账户和个人基金账户，统筹基金实行的是现收现付制，而个人账户基金是完全的积累制，受益人领取养老金也是从两个账户各领取一定比例。又加上我国旧体制造成的养老金隐性债务（IPD），没有历史积累，个人账户的资金基本上当期就挪作社会保障支出，在这种情况下，养老资金面临严峻形势。同时，养老保障的城乡差异问题也突显，农村老人呈迅速增长之势，农村养老保障也提上议事日程。老人是社会中最需要关怀的群体，"老吾老以及人之老"，养老也是一个国家和社会文明程度的重要标志，鉴于此，除了提高养老的社会化水平，由政府加强管理，统一支付养老金等措施外，扩大视角寻求当前有效地解决城乡养老保障的措施更显必要。

调查显示，在我国，农村刚刚试行的农村养老保险困境重重，因而对我国现行农村养老保障制度的再改革和完善提上日程。本书通过对发达与发展中国家社会保障制度的分析研究得到启示，提出在按照农民自愿原则进一步推进"新农保"的基础上，应及时在我国建立城市居民和农村居民均等的国家基本养老金制度的改革措施，并对实行国家基本养老金制度的资金可行性进行了匡算分析。

（一）我国建立居民均等的国家基本养老金制度的必要性分析

目前，我国虽然已初步建立城乡居民养老保险体系，但随着统筹城乡社会保障目标的提出，很多问题和矛盾日益突出，使我国对目前养老保险制度改革的再改革提上日程。针对养老保障的城乡差异问题、养老资金的缺口问题、农村老龄化趋势，农村老年人的养老保障愈发显得重要，养老保障问题已经不再是农村居民的个体风险问题，而是农村居民的群体风险问题[①]。养老保障水平会成为一届政府施政能力的判定标准之一，也会成为我国构建和谐社会的一个重要指标，而且影响着我国社会保障事业的发展目标（到 2020 年要基本建立覆盖城乡居民的社会保障体系）的实现。由于目前我国城乡居民收入差距在持续拉大，农民收入很低，农民养老保险缴费筹资在相当一段时

---

① 郑功成. 中国农村社会养老保障政策研究——将农村居民社会保障与计划生育有机结合的政策选择［J］. 人口与计划生育，2008.3.

期内会阻碍农村养老保障的发展，我国现行养老保险事业注定会进程缓慢。据前所述，至2008年，占全国54.3%的农村人口72 135万人中，领取了养老金的农民仅有512万人，占全国60岁及以上人口的比例仅为3.2%（城镇占比约为33%），农村老人的养老保障令人堪忧。郑功成也提到，现行某些地区农民社会保险与计划生育养老保险的待遇水平少到只具有象征意义就不如不建立，因为政策成本、工作成本与党和政府的信誉成本太大而农村居民的养老问题又并未得到解决①。

如何改革和完善我国农村的养老保障，不能光围绕目前的养老保险做文章，要扩大视角。杨惠芳（2008）总结了发达国家的农村养老保险制度，认为社会养老保险制度的关系主要有完全统一模式、统分结合模式（即养老保险的基本或基础待遇实行全国统一、职业关联部分则保留一定的差异）以及专门制度模式（在制度形式上不一样，但基本待遇实质上没有差别）三种模式，并认为根据我国的实际情况，相对而言，统分结合（也可称为有差别的统一模式）比较符合我国国情②。笔者借鉴北欧、德国、巴西等国家农村养老社会保障经验，从中获得启示，提出在我国建立农民均等的国家基本养老金制度。这一制度在一定意义上可以说是一种普惠型的国家养老金制度，普惠型的国家养老金是近年来很多发展中国家普遍重视和推行的一种新型社会保障计划，这一计划可有助于发展中国家在短时间内迅速扩大养老保险覆盖面，并有助于较好地使老年人脱离贫困状态。1998~2005年，已有21个发展中国家建立起普惠制的社会养老金制度，社会养老金占人均收入的比例一般维持在20%以下③。在北欧，无论是低收入或是无工资收入的人，只要符合一定的居民条件，都保证可以享受到基本的养老金待遇，而这些基本养老资金都来自财政税收。在巴西，只要是无法独立生活或工作的残疾人以及67岁以上的农村老年人，都能获得政府筹资支付的社会救助年金。

---

① 郑功成. 中国农村社会养老保障政策研究——将农村居民社会保障与计划生育有机结合的政策选择［J］，人口与计划生育，2008.3.

② 杨惠芳. 城乡社会养老保障一体化的实践与探索——以浙江省嘉兴市为例［J］，农业经济问题，2008.5.

③ 林义等. 国外农村社会保障制度改革的新探索及其启示［J］. 国家行政学院学报，2010.4.

我国目前城乡养老保险覆盖面还相对较窄，如前文所述，2008 年，农村社会养老保险的覆盖率为 11.1%，城市社会养老保险的覆盖率为 36.1%。要想尽快建立老有所养的和谐社会，可以通过调整财政支出结构，控制和压缩"三公"支出，在财政支出中建立国家基本养老金支出项目（包括城市基本养老金和农村基本养老金），根据各地经济收入水平的差异，确定不同的国家基本养老金标准。对于符合法定退休年龄的中国公民（如年满 60 岁等），如果年收入（既包括工资收入也包括非工资收入）水平低于当地的国家基本养老金标准，即是"低收入群体"，其差额部分就由国家基本养老金支付。国家基本养老金制度不分城市居民还是农村居民，只要是中国公民，只要收入水平低于当地的国家基本养老金标准，就能享受到国家养老金待遇。这首先从制度上保证了国家公民在基本养老待遇上的均等权，为我国养老保障的城乡统筹、人人都能老有所养的实现奠定了基础。

（二）在我国建立国家基本养老金制度的资金可行性分析

1. 我国"低收入群体"界定方法的选择。

"低收入群体"，是一个相对的概念，没有统一界定标准，它目前有很多种界定方法，如绝对值法、恩格尔系数法、日美元标准、贫困线拓展法等。绝对值法，将总体平均收入的 1/2 或 1/3 定为低收入线；恩格尔系数法，即通过分析食物支出在生活费支出的比重，把家庭分为富裕、小康、温饱、相对贫困与绝对贫困五个阶层，其中，恩格尔系数在 50% ~ 60% 的为相对贫困户，高于 60% 的称为绝对贫困户；日美元标准，1990 年由世界银行提出，以每人每天 1 美元作为最低生活标准；贫困线拓展法，将贫困线按一定比例扩大，例如扩大到 115%、125%、135% 或 150% 等。

目前，随着我国改革的深入发展，贫富差距现象日益突出，除了有地农村贫民，又出现了新的城市贫民。按照国家统计局《2007 年国民经济和社会发展统计公报》的标准，只给出了总体上的农村居民家庭恩格尔系数（即居民家庭食品消费支出占家庭消费总支出的比重）为 43.1%，城镇居民家庭恩格尔系数为 36.3%，而没有富裕、小康、温饱、相对贫困与绝对贫困的不同阶层的具体统计数据。从给出的城镇与农村居民家庭恩格尔系数水平看，均远远低于 50% ~ 60% 的相对贫困户标准，因而，用恩格尔系数法很难测算低收入群体的规模。如果用贫困线标准按一定比例扩大法，只有农村贫困线的相关统计数据，而没有城市贫困线标准的权威数据，此方法也不可行。而对于日美元标准，由于我国城乡消费差异明显，同时缺乏较系统的统计数据，因而也很难利用。因此，只有运用绝对值法，近似地对低收入群体及国家基本养老金的标准进行界定。

按照我国的经济实力和人口状况，运用绝对值法，将总体平均收入的 1/3 定为低收入线（照此确定国家基本养老金的标准）较为恰当。另外，由于我国目前的法定退休年龄基本上是 60 岁，所以按 60 岁作为老龄标准较为恰当。

2. 实行国家基本养老金制度的资金可行性匡算分析。

按照国家统计局 2008 年 2 月 28 日公布的《2007 年国民经济和社会发展统计公报》，至 2007 年年末，全国总人口为 132 129 万人，其中，城镇 57 379 万人，乡村 72 750 万人；其中，60 岁及以上人数 15 340 万人，占总人口的 11.6%；65 岁及以上 10 636 万人，占总人口的 8.1%；全年农村居民人均纯收入 4 140 元，城镇居民人均可支配收入 13 786 元。

城镇人均年低收入线 = 13 786 × 1/3 = 4 595（元）

乡村人均年低收入线 = 4 140 × 1/3 = 1 380（元）

2007 年年末，全国参加城镇基本养老保险人数为 20 107 万人，其中，参保职工 15 156 万人，参保离退休人员 4 951 万人。假定扣除参保离退休人员，剩余城镇老人的一半需全额享受国家基本养老金，此假定的依据：

一是我国行政事业单位部分离退休人员经费由财政单独拨付，没有并入城镇基本养老保险的范畴，这部分人员需要扣除。

二是 2005 年，南京鼓楼区民政局与有关部门合作，抽样调查区内 202 位独居老年人的生活状况。结果，其中超过一半的老人没有退休养老金，而所有被调查的对象中有 70.3% 的独居老人表示需要社会提供养老扶助，但也表示付不起所需的费用。

三是 2007 年 12 月，城镇居民最低生活保障人数 22 708 867 人中，60 岁以上人群也应折合扣除一部分。

2007 年年末，全国共有 392 万农民领取了养老金，全年共支付养老金 40

亿元。假定扣除领取养老金的农民，剩余乡村老人均全额享受国家基本养老金。此假定的依据是：我国农业生产率较低，长期以来，农产品价格偏低、农民收入偏低，农民基本上没有什么资金积累，农民丧失劳动能力后，几乎没有生活来源。

根据以上假定，享受政府基本养老金城镇人数为：

$(57\ 379\ 万 \times 11.6\% - 4951\ 万) \times 1/2 = 852.482 (万人) = 8\ 524\ 820 （人）$

政府全年支付城镇基本养老金所需资金大约为：

$8\ 524\ 820 \times 4\ 595 = 3\ 917\ 154.79 （万元）$

享受政府基本养老金农村人数为：

$72\ 750\ 万 \times 11.6\% - 392\ 万 = 8\ 439\ 万 - 392\ 万 = 8\ 047 （万人）$

政府全年支付农村基本养老金所需资金大约为：

$80\ 470\ 000 \times 1\ 380 = 11\ 104\ 860 （万元）$

政府全年支付基本养老金所需资金大约为：

$3\ 917\ 154.79 + 11\ 104\ 860 = 15\ 022\ 014.79 （万元）= 1\ 502 （亿元）$

由于假定扣除已领取养老金的农民，剩余老龄农民全部享受国家基本养老金，所以以上匡算结果应该比实际支出所需资金要大。再来比较一下我国近年来的三公费用支出，所谓三公费用，是指行政事业单位公款招待费、公车支出费以及公务考察费。2004 年，中央党校主办的《学习时报》载文披露，全年公车消费 4 085 亿元，公款吃喝 2 000 亿元，公费出国 3 000 亿元，中国每年"三公消费"近 9 000 亿元[①]。据《中国经济时报》报道，2004 年，全国用于公款吃喝招待、公车消费和公费出国的开支共计高达7 000亿元人民币，其中公车消费 3 000 亿元，吃喝、出国各 2 000 亿元。近几年来，"三公消费"愈演愈烈，屡禁不止。2008 年 11 月 29 日，央视《新闻 1 + 1》对此进行了深入分析，在接受主持人柴静采访时，北京大学法学教授王锡锌一语惊人，我们一年"三公"加起来，费用可能接近 9 000 亿元[②]。

---

① 现代快报："三公消费"账怎么才能算清楚？2008 - 06 - 28.
② 新华网：9 000 亿的三公费用靠什么来瘦身？2008 - 12 - 01.

媒体报道出来的数据，无论是 7 000 亿元还是 9 000 亿元，均远远高于笔者匡算出来的 1 502 亿元。另外，据媒体报道，北京奥运会期间，北京封存了近一半的公车，但即使这样，各个部门的公务并没有受到明显影响。这说明，"三公消费"有很大的压缩空间。

根据以上分析，在全国实行统筹城乡的国家基本养老金制度，从政府财力上看，只要调整好财政支出结构是可行的。当然，为避免对既得利益造成巨大冲击，在实施国家基本养老金的过程中，可以对老龄人口分年龄段、分层次逐步进行。2010 年 21 日至 22 日，在京举行的中央农村工作会议明确表示"十二五"乃至今后十年财政支出重点向农业农村倾斜，确保用于农业农村的总量、增量均有提高。目前，对全体农村老人只以居民身份这一条件就可享受国家基本养老金更是绝对可行的，而不是现在实行的子女必须缴费才能享受新农保的状况。而且，基于目前中国区域经济差异、城乡收入分配差距短期内难以消除的现状，所以对农村实行的国家养老金全部来自中央财政，直接划入居民的"社保卡"。

二、逐步取消农村低保

低保，本来是作为我国社会保障的一个过渡性救助措施推出的，到了合适的时机是要取消或转型的。而且，从我国农村低保调查的现状看，效果不甚理想，其弊端越来越多地暴露出来。"功能错位""劳动消极性""人格萎缩"等现象的出现严重扰乱了农村发展中的社会经济秩序。已对老年人的低保支付，直接转为国家基本养老金，对非老年人贫困对象的低保归为传统的社会救济开发式扶贫等。

（一）取消低保的理论依据

1. 从性质上看，属于社保保障体系中社会救助范畴，是政府对部分农村贫困人口尚未解决温饱问题而给予的救助，以保障其基本生活，并帮助其中有劳动能力的人积极劳动脱贫致富。从管理方式上看，低保实行"动态管理"，今天贫困了，就可以"吃低保"了，明天脱贫了，就不能再"吃低保"

了，与我国传统救济方式一样，是临时性的措施。

2. 从资金来源上看，低保金完全来源于政府财政，并纳入各级政府财政预算，这点也与传统救济一样。长期以来，我国社会保障项目纳入财政预算的就只有抚恤和社会救济费支出。低保实行后，在财政支出系列里属于社会救济性质的支出项目就有两个，一个低保支出，一个抚恤和社会救济费支出。不符合财政科目设置的原则。

3. 从管理机构职能来看，低保与传统救助都属民政部社会救助司的职能。救助司既要拟订社会救助规划、政策和标准，健全城乡社会救助体系，组织城乡临时救助工作；又要组织城乡居民最低生活保障工作。难免存在职能上的交叉重复，等于把一种工作切成两块来做，造成人力资本的浪费，降低政府机构效率。

（二）取消低保的现实依据

从试点低保的实践看，我国 2007 年在全国农村普遍实施的低保制度，在保障部分贫困农民的最低生活需求的同时，其弊端越来越多地暴露出来。效果不甚理想。存在着"功能错位""劳动消极性""人格萎缩"等问题。

我国农村低保资金基本上以地方财政分级筹资为准，中央财政对中西部困难地区给予适当补贴，但是东部许多省份地方财政尤其是县乡财政在取消农业税费后日益困难，对低保的投入严重不足，削弱了低保的功能作用。据李小云等人的调查，在福建省沙县，农村低保资金筹集中县乡两层按 7∶3 比例分摊支付，该县 12 个乡镇低保资金投入差距很大。2005 年，最高的乡投入达到 33 606 元，最低的乡仅为 4 953.6 元。由于一些乡镇财政收入严重不足，为减轻乡镇财政负担，就人为地提高农户家庭收入，致部分农村困难户没有享受农村低保待遇[①]。

在河南平舆和江苏新沂的调查显示，有些不符合低保条件的家庭通过靠关系、贿赂干部获得了低保待遇，而一些真正需要低保的家庭却没享受到低保，造成了部分实际上并不需要享受低保待遇的家庭虽获得了低保却对家庭

---

① 郭金丰. 略论农村社会保障筹资模式的转型［J］. 江西农业大学学报（社科版），2008.3.

生活没有多大改善，而需要的家庭由于没有获得相应的低保待遇生活却相对更加困难。"功能错位"现象严重。同时，目前实施的低保制度存在监管上的难度，监管不力，在一定程度上存在"政府只管花钱，低保对象只管享受"的现象，致使一些低保申请者动机不良，纷纷找关系、贿赂干部以期获得低保（这可看作"不正当得利"）。此现象的社会影响相当严重且深远，一方面造成低保资金需求的财政压力；另一方面在农村助长了行贿受贿的社会歪风，损害百姓利益。

另外，低保制度的"消极性"还带来了人格萎缩等新的问题，越来越多的研究发现，真正的低保对象在被动领取低保金一段时间之后，其中相当部分的劳动者逐渐放弃了重新参与社会的愿望和能力，与社会相排斥①。而且这种现象在贫困落后的中西部更为严重，根据生产力理论，人格萎缩是阻碍生产力发展的最严重的因素，这在一定程度上更加剧了东部与中西部的发展差距。

（三）取消低保后的效应

1. 已对老年人的低保支付，直接转为国家基本养老金，有利于健全我国农村养老保险体系，尽早实现养老保险的国家统筹。

2. 部分农村低保职能并入社会救助，是低保的本位回归，有利于促进社会救济（助）事业的进一步发展。

无论社会经济多么发达，社会求助事业是必须的。根据社会救助理论，社会救助方式可分为直接救助和间接救助。传统的临时性的救助可采取直接救助方式，需要长期稳定实施的可采用间接救助方式。历史经验证明，与就业紧密连在一起的救济方式是最有效的方式。经济学上的就业指的是靠自己的劳动来维持自己生活的活动。就业能激发劳动者的潜能和创造力。古人云："授人以鱼不如授人以渔"。就业是人安身立命之本，社会救助的最好办法就是要促进和引导贫困居民实现最大范围的就业。富兰克林·罗斯福的社会保障思想之所以备受世界瞩目，他之所以成为继亚伯拉罕·林肯以来最受欢迎的美国总统，就是因为他的救济政策与扩大就业很好地结合在一起，他的

---

① 万红. 加强农村社会救助体系建设的基本思路［J］. 武汉学刊，2006. 2.

"以工代赈"间接救助方式与他的其他"新政"一起获得了极大的成功,使美国摆脱了当时巨大的社会经济危机。同时,他的通过"以工代赈"修建的基础设施为美国的后续发展奠定了坚实的基础。我国历史上曾采取的"以工代赈"间接救济方式也证明是有效的。抓住目前我国建设新农村的契机,以及从 2011 年开始的加大农田水利基础设施建设的良机,可以进一步发展利用有效的"以工代赈"间接救济方式,对参与修建农田水利基础工程的农民付出相应报酬,以扶持农民脱贫。另外,还可以借鉴推广广西的"五保村"经验,创新发展我国的农村五保供养制度。这样,可以对我国的农村社会保障体系中的社会救济事业在传统救济经验的基础上进行低成本、高效的推进和发展。

3. 有利于提升农村居民的尊严。

对低保对象有个俗称,"低保户""吃低保",言下之意,是处于社会低阶层的家庭,不利于刺激低收入家庭往高一级阶层前进的奋斗精神。取消低保后,根据需要,对贫困家庭施以临时的社会救济(与现在低保实行的动态管理有异曲同工之妙),并辅以积极的就业指导和扶助,可以帮助贫困农民尽快脱贫,提升贫困农民的尊严。

三、适时开征农村社会保障税

(一)开征社会保障税的必要性分析

虽然我国经济水平不断提高,财政收入也不断提高,财政具有扶持农村社会保障事业建立和发展的能力,但是由于财政职能涉及社会、经济和政治方面,包括资源配置、收入分配和经济稳定职能各个方面,从目前我国发展水平来看,财政支出压力还是较大的,要想长期稳定地发展我国的社会保障事业,决定了必须开征社会保障税。马克思说:"税收是政府的奶娘"。开征社会保障税也是财政扶持我国农村社会保障事业发展的措施体现。

社会保障税始于美国,1935 年,美国《社会保障法》规定,美国自 1935年开始征收工薪税。该法特别强调,铁路公司员工退职税、联邦失业税、个体业主税也归于社会保障税之内。第二次世界大战后,随着经济的高度发达和政治民主化趋势的加强，西方发达国家纷纷开征了社会保障税。目前，在发达国家和大部分发展中国家（典型的如巴西），普遍设有社会保障税，且这一税种已经成为西方国家最主要的税种之一。据统计，1998 年，世界上大约有 100 多个国家开征了社会保障税。按国际货币基金组织（1MF）统计，2010 年，全世界 170 多个国家里至少有 132 个国家征收社会保障税。美国、日本等发达国家的社会保障税收入仅次于个人所得税，是国家的第二大税类，德国的社会保障税占税收总额的 40% 左右，是国家的第一大税类①。

我国目前社会保障资金筹资的主要方式是社会统筹，与社会统筹的收费方式相比，社会保障税更具优点，是筹集社会保障资金的有效途径。其具体理由：税收的"三性"特征决定社会保障税比收费形式更稳定、可靠；征税是税务部门的职责，由税务部门来负责社会保障税的统一征收，而不是新设立比如社会保险征管处等类似的机构，大大节约了社会保障资金的运管成本；按亚当·斯密税收原则理论，税收的负担应公平合理地遍及全体国民头上，通过运用社会保障税手段，可以通过扩大社会保障税的覆盖面而实现农村社会保障公共产品提供的覆盖面。

中国关于"开征社会保障税"提法早在 1996 年已经出现。在当年国民经济和社会发展"九五"计划和 2010 年远景目标纲要中提出，要逐步开征社会保障税。在这之后，理论界学者与政府官员对开征社会保障税的研究与探讨就从未间断。如：张惟璐（2006）从社会保障税本身存在的一些优势、农民纳税能力、农村社会保障税的税负等方面分析了我国开征农村社会保障税的可靠性，并指出征收农村社会保障税使得农民得到的收益远大于为此支付的成本，并且出现社会多方负担的情况，这对农民增收、整个社会劳动力价格上升、提高人民的生活水平、刺激农业经济发展、促进农业与其他产业的协同发展以及加速城乡统一协调发展都有极大的促进作用。谢旭人（2010）指出，"完善社会保障筹资形式与提高统筹级次相配合，研究开征社会保障税。"

我国社会保障曾严重受制于资金不足。据劳动和社会保障部统计，由于养老保险基金当期收支存在地区间不平衡等问题，2000 年，基金缺口已由

---

① 陈丽. 开征社会保障税的相关问题研究［J］. 安徽农业科学，2008. 36（10）.

1998 年的 100 多亿元扩大到 2000 年的近 400 亿元。2001 年，随着国有企业下岗职工的增多，需支付养老金 2 200 亿元，资金缺口达 400 多亿元。据报道，21 世纪，我国已步入老龄化社会，而且老龄化程度正在加剧，养老保险基金负担系数逐渐提高，养老保险金支付将进入高峰期。在确保离退休人员养老金及时足额发放的同时，养老保险基金收不抵支、资金短缺的现象日益突出，养老保险基金进入紧张运行状态，一些地区甚至出现了基金赤字运转的局面。因此，目前我国社会保障资金压力仍然很大。而同时，我国企业的各项社会统筹基金的平均缴纳比例已经超过工资总额的 40%，加上各种税收，企业已不堪重负。因此，我国的养老保险面临重大压力，而要解决的途径只有偏重依靠良好的筹资手段和统筹支付手段。在此，可借鉴美国社会保障的筹资机制，适时开征社会保险税（工薪税），养老金由政府统一管理，规范支付。鉴于我国旧体制形成的养老金隐性债务，我国的养老金一方面来源于社保税，另一方面靠改制中国有资产的变卖收入，在支付高峰期可能还要靠代际人的税收负担。但无论如何，稳定、可靠、规范的税收来源对于我国养老保险的长远发展是最有利的筹资手段。另外，开征社会保障税后，还便于对社会保障税筹资的临时不足在财政收支系统内统筹安排使用，如美国医疗保险中的 B 部分（SMI）的做法，通过调整财政支出结构，将一部分一般性财政收入安排为社会保障支出。

（二）开征农村社会保障税的可行性分析

1. 农民收入水平不断提高，收入结构发生变化，工资性收入快速增长，社会保障税的税基条件具备。

从性质上看，社会保障税属于所得税，或称为收益税，以居民的工资薪金收入或劳动收入为征税对象（也叫税基）。从城镇居民可支配收入和农民家庭人均年收入上看，均呈不断增长趋势，尤其是农民收入水平不断增长，为普遍推行社会保障税奠定了基础。从图 7-3 可以看出，农民家庭人均年收入总额呈逐年上涨趋势，从增长率上看，虽有波动，但基本上年增长率都在 5%以上，尤其是 2005 年后，增长率都在 10%以上，由于 2008 年的世界经济危机的影响及遭受自然灾害，2009 年的增长率回调至 8.2%。同时，根据本文前述分析，城乡居民收入差距进入 21 世纪以来呈拉大趋势，在这种状况下，开征社会保障税更有利于发挥税收的收入再分配功能，更有利于推动城乡统筹社会保障事业的发展。

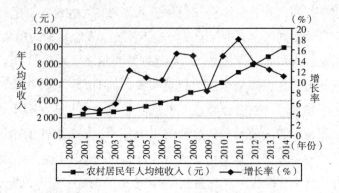

图 7-3　农村居民家庭人均年纯收入增长趋势

另外，从农民纯收入构成上看（见表 7-1），开征社会保障税的条件也已逐步形成。从社会保障税征管的可操作性方面看，社会保障税的税基应为工资薪金收入。从图 7-4 中看出，目前我国家庭收入的主要来源是家庭经营纯收入和工资性收入，又从图 7-5 可以看出，工资性收入的增长速度快于家庭经营纯收入的增长速度，而且随着我国农业经济发展方式的转变、农业合作经济组织的发展、城市化、乡镇企业的发展，农民的工资性收入会进一步增长，已经逐步成为农民收入的主要组成部分。

表 7-1　　　　　　　　　按来源分农村居民家庭人均纯收入　　　　　　　　单位：元

年份	纯收入总额	工资性收入	家庭经营纯收入	转移性收入	财产性收入
2000	2 253.42	702.3	1 427.27	78.81	45.04
2001	2 366.40	771.9	1 459.63	87.9	46.97
2002	2 475.63	840.22	1 486.54	98.19	50.68
2003	2 622.24	918.38	1 541.28	96.83	65.75
2004	2 936.40	998.46	1 745.79	115.54	76.61
2005	3 254.90	1 174.53	1 844.53	147.42	88.45
2006	3 587.04	1 374.80	1 930.96	180.78	100.5
2007	4 140.36	1 596.22	2 193.67	222.25	128.22

续表

年份	纯收入总额	工资性收入	家庭经营纯收入	转移性收入	财产性收入
2008	4 760.62	1 853.73	2 435.56	323.24	148.08
2009	5 153.17	2 061.25	2 526.78	397.95	167.2
2010	5 919.01	2 431.05	2 832.80	452.92	202.25
2011	6 977.29	2 963.43	3 221.98	563.32	228.57
2012	7 916.58	3 447.46	3 533.37	686.7	249.05
2013	8 895.91	4 025.37	3 793.17	784.32	293.05

资料来源：中国统计数据库。

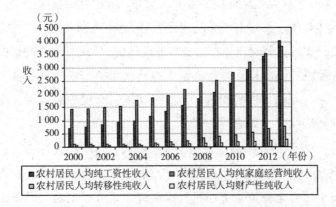

图7-4　按来源分农村居民家庭人均纯收入

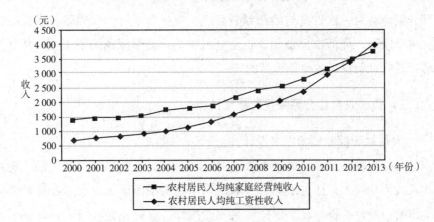

图7-5　工资收入与家庭经营纯收入增长趋势对比

2. 目前我国逐步消除了开征社会保障税的两大障碍。

长期以来，我国开征社会保障税的时机和条件是不成熟的，其中，最大的障碍是社会保险基金统筹层次太低。中国社会科学院世界社保研究中心主任郑秉文认为，"几乎一切社保制度缺陷，都是统筹层次太低派生出来的。"其次，目前由于税务部门和社保部门两个征收主体同时存在，各征收社保费的一部分，这在一定程度上导致社保资金在管理、支付等环节都存在问题。2010 年 10 月 28 日，第十一届全国人民代表大会常务委员会第十七次会议通过，自 2011 年 7 月 1 日起施行的《中华人民共和国社会保险法》第六十四条规定："基本养老保险基金逐步实行全国统筹，其他社会保险基金逐步实行省级统筹，具体时间、步骤由国务院规定。"第五十九条规定："社会保险费实行统一征收，实施步骤和具体办法由国务院规定。"通过立法的形式明确了我国的社会保险统筹层次将逐步提高，保险费将由一个机构统一征收。统筹层次的提高，单一征收主体的明确，消除了开征社会保障税的两大障碍，为社会保障税的开征奠定了基础。

3. 关于"统账结合"制度下的个人账户资金处理问题。

从性质上看，"统账结合"（统筹账户和个人账户相结合）制度下的统筹账户资金属于社会化资金，可通过费改税进入再分配范畴，但是，个人账户下的资金的所有权属于个人，政府是无权进行再分配的。开征社会保障税后，这部分资金必将一次性支付给已缴费公民，或折合成社会保障税，农民按统筹标准来缴税，降低农民负担，也能刺激缴纳社会保障税的积极性。从这点上看，开征社会保障税也是可行的。

（三）我国农村社会保障税的制度设计

1. 农村社会保障税的定义设计。

社会保障税，也称"社会保险税""工薪税"，主要是指以居民的工资薪金收入或劳动收入为征税对象，一般采用比例税率而征收的用于各种社会保障支出的一种目的税。社会保障税具有专用性。农村社会保障税只是一个区域概念，不是一个单独的税种名称，是相对于城市区域而言的，随着养老保险全国统筹的实现和其他社会保险统筹层次的提高，按照人人享有均等社会保障的城乡统筹目标宗旨，我国将推出城乡一致的社会保障税。

2. 农村社会保障税的税制要素设计。

鉴于城市生产经营活动与农村生产经营活动特征的不同，社会保障税在城市和农村计税依据会有所不同，城市社会保障税的计税依据是工资薪金收入，农民没有工资薪金收入，只能是农业生产经营收入，农民工进了城，可以自由选择按工资薪金收入缴税还是按农业生产经营收入缴税。除此之外，农村社会保障税和城市社会保障税在税率、纳税人、征管等方面的设计都是一致的。另外，考虑到农业生产的季节性、经营风险等因素，可在基本税法一致的基础上，对农民设计一些起征点等税收优惠要素。

3. 开征农村社会保障税的时点设计。

我国开征农村社会保障税的时点应该在基本养老保险基金实现全国统筹，其他社会保险基金实现省级统筹后。同时，由于我国养老保险与其他社会保险的统筹层次提高的进度不同，我国的社会保障税可借鉴美国的经验，先行开征养老保险项目的社会保障税，待其他社会保险项目统筹层次提高到全国统筹时再行开征。或将其他社会保险项目列入各省地方税收体系中去征收。注意，考虑到城乡统筹社会保障目标的实现，社会保障税不可在农村和城市错时开征，这不利于税收平等权的实现。陈丽（2008）也认为，不分农村、城市开征社会保障税是实现农村社会保障基金在全国范围内统筹的好办法。这样做，实际上就是在全国范围内统筹资金，可以消除由于地区、行业不同而造成的公民个人及单位之间负担不均、待遇有别的问题，真正让农村的贫困人口享受到社会经济发展所带来的成果[①]。

（四）在我国开征农村社会保障税的效应分析

1. 可有效解决社保资金征缴困难问题。目前，我国社保资金面临着征缴难的困境。开征社会保障税，实际上是将现行社会保险收费改成税，税费具有不同的特征和作用。由于税收具有强制性，因而，社会保险费改成社会保障税后，社会保障资金的征缴筹集就有保证，就可以改观当前社保资金征缴

---

① 陈丽. 开征社会保障税的相关问题研究 [J]. 安徽农业科学，2008.36（10）.

困难的问题。

2. 可降低政府的行政成本。目前，我国的社会保险费征收既有税务部门，也有社保部门，两套机构、两套人马必将造成人力资源成本、基本办公设施经费成本等重置，行政效率低下。而开征社会保障税，将社会保障费的征收和税务管理一体化，由税务部门或专门的一个社会保障税征管机构征管社会保障资金，减少了管理人员的数量，降低了办公设施、通信网络和相关职能的成本，就可以大大降低政府的行政成本。

3. 可降低雇主或单位的纳税成本（对农民工而言）。开征社会保障税，将社会保障税费的征收和税务管理一体化也大大降低了雇主或单位的奉行成本，因为采用统一的记账凭证制度，个人所得税、增值税和工薪税以及按照所得和工薪的社会保障税费的统一审计程序，就减少了纸面工作。基于互联网的电子申报和纳税普及率的提高也降低了纳税人和缴费者的纳税成本。另外，制度的简化也提高了雇主计算的准确性，因而提高了遵从度①。

4. 可消除对农民的税收歧视。一国国民，享有在国家法律框架下的平等权，包括税收平等权。按照亚当·斯密著名的税收原则理论，一国税收应平等地遍及到每个公民头上，不管他实际上是否承担税负（原因是起征点、免征额等的存在）。2006年起，我国对农民废除了农业税，这项措施是为城市反哺农村而出台的正确选择，对减轻农民负担、缩小城乡收入差距、缓和城乡矛盾起到了积极作用。但取消农业税并不意味着农民无税，随着统筹城乡社会经济的发展，新农合、新农保的发展，适时开征农村社会保障税，将农民参加新农合、新农保的缴费负担转移为税收，可消除税法上对农民的歧视。社会保障税是专款专用，用于农民的社会保障，还有国家对农业、农民的财政补贴，加强纳税宣传，不会造成农民的反感，也不会引起历史上的"黄宗羲定律"现象。另外，适时开征社会保障税，对完善我国财税体制、促进我国公共财政规范体系的建立也有重要作用。

---

① 参阅百度百科：社会保障税。

四、财政扶持农业合作经济组织发展，增强集体经济组织筹资实力

改革开放前，我国农村集体组织力量较强，对农村社会保障有比较稳定的资金支持。1961 年，中央制定了《人民公社 60 条》，该条例规定基本核算单位的生产队，每年可以从分配的总收入中扣留 2% 或 3% 的公益金，作为社会保障和发展集体福利福利事业的费用①。这一时期，农村集体保障、互助互济、家庭保障等基本能满足农民的需求，城乡基本没有差距。随着家庭联产承包责任制的实施，农村集体组织的力量不断削弱，又加上 21 世纪开始农村税费改革，各种农业税费项目的取消，农村集体组织资金更加困顿，集体组织筹资困难在一定程度上阻碍了农村社会保障的发展。按照马克斯·韦伯的观点，农业现代化也是一个农民组织化的过程，在这个过程中，农民会从传统的家庭、村落转向制度化程度更高的企业、协会、社区等组织中去，农民依靠这些组织维护自身的各种权益。而目前，我国农民组织化缺失导致农民利益表述权弱化，其社会保障的需求得不到关注②。与其他国家相比，目前我国农民参加各类农业合作经济组织的比例很低（见表 7 - 2），这严重制约了我国农村社会保障的发展。受日本农业合作共济组织的启发，可根据我国国情，推进我国农业合作经济组织的建立和发展，壮大农民集体组织的力量。

表 7 - 2　　　　　　　农村居民参加合作经济组织的国际比较　　　　　　　单位:%

项目	法国	德国	丹麦	日本	美国	中国
农业人口比重	4	2.8	4	6	2	70
农户加入农民经济组织比重	80	80	100	100	83	5.27

资料来源：姚飞等. 我国农村社会保障制度建设中的政府责任新论 [J]. 当代经济, 2008. 1.

目前，土地对农民的保障功能相对弱化，在家庭联产承包经营责任下，

---

① 郭金丰. 略论农村社会保障筹资模式的转型 [J]. 江西农业大学学报（社科版），2008. 3.
② 吴健智. 农民组织化缺失对我国农村社会保障制度的影响 [J]. 天水行政学院学报，2007. 6.

从长远看，要想彻底解决农村社会保障问题，还是要加速农村经济的发展，提高农村综合效益，增加农业生产附加值，提高农民收入。而推进农业合作经济组织建设正是增加农业生产附加值、提高农村综合效益和农民收入的较好的方法。

目前在我国实践中，已存在两种合作经济组织形式：一种称为专业合作社；另一种称为专业协会。可在我国基层党政组织的指导下进一步推进两种合作经济组织的发展。农业合作经济组织在发展的初期，合作的形式既有劳动的联合，也有资本、土地的联合，合作的动机是为了提高生产经营的组织化程度，联合起来闯市场，形成保护价格，维护自身利益；当合作组织发展到一定程度，形成一定的资金积累时，可以考虑涉及农民的社区生活，承担社会保障等社区功能，在农民获取社会保障权利的博弈中，代表农民、维护农民利益。合作经济组织对内部成员不以营利为目的，对外经营追求利润最大化。

相当长一段时期内，家庭承包经营是农业的一项基本经营制度，是我国农业的一项基本国策。农村合作经济组织不改变生产资料的产权关系，不改变现有的土地承包关系。它是建立在家庭承包经营的基础上，在农业产前、产中、产后的各个环节，从事资金、技术与购买、生产、服务等方面的联合与合作，以提高农民生产经营的组织化程度，增强市场竞争能力，维护团体成员利益。

农村合作经济组织作为农业产业化的载体之一，使农户与龙头企业之间开展多种类型的产加销合作，从整体上提高了市场绩效。龙头企业通过合作组织与分散的农户相联，保证了稳定的原料供应基地和原料品质，交易对象减少，交易成本降低，可以集中力量抓生产和营销；农民通过合作经济组织与龙头企业相联，可根据企业（公司）要求和市场需求，有计划地安排农作物生产的品种和数量，发展"订单"农业，降低了市场风险，也提高了农民进入市场的组织化程度；政府通过合作经济组织与农民相联，有效地协调了与农民在农业结构调整和推进农业产业化中的步调，是政府与农民之间处理事务的重要媒介。

由于各种原因，传统的双层经营中"统"的一面长期处于软弱涣散的状态并不断弱化，没有发挥应有的作用。随着市场经济的发展，农民对服务内容的需求日益多样化，农业合作经济组织弥补了农户分散经营的缺陷，因而受到了农民的欢迎。可以预见，合作经济组织的统一经营与农户的分散经营将赋予传统的双层经营以新的内涵，农村合作经济组织同其他组织一起成为农业社会化服务的希望所在，成为农村社会保险筹资的重力所在，对完善农村社会保障体系起关键性的作用。同时，按照《劳动和社会保障事业发展"十一五"规划纲要（2006~2010)》，到2010年，城镇新增劳动力供给5 000万人，而从需求看，劳动力就业岗位预计只能新增4 000万个，劳动力供求缺口1 000万左右。这对农村劳动力转移就业带来压力。《国家中长期人才发展规划纲要（2010~2020)》又提出以下目标：围绕社会主义新农村建设，以提高科技素质、职业技能和经营能力为核心，以农村实用人才带头人和农村生产经营型人才为重点，着力打造服务农村经济社会发展、数量充足的农村实用人才队伍。到2015年，农村实用人才总量达到1 300万人。到2020年，农村实用人才总量达到1 800万人，平均受教育年限达到10.2年，每个行政村主要特色产业至少有1~2名示范带动能力强的带头人。在这种情况下，发展农民经济合作组织，就地转移农村劳动力、促进农村社会保障问题的解决更显必要。

　　倡导和支持农村合作经济组织发展的思路和对策。（1）要统一思想认识。各级政府和有关行政管理部门要站在促进农业现代化发展的高度，充分认识农村合作经济组织的功能和作用。鼓励多形式、多渠道的发展途径，支持群众多样化的创造。正确处理发展与规范的关系，规范的目的是促进发展，发展的方向是逐步走向规范。坚持合作制的国际一般公认原则，尊重农民意愿，防止行政包办。创造一个发展合作经济的良好氛围。（2）要对合作经济进行立法。市场经济是法制经济，农村合作经济组织的运行和管理，也必须纳入法制化的轨道，这既是农村合作经济组织本身发展的要求，也是政府依法行政，维护农村市场经济秩序的需要。当前，农村合作经济组织的主管部门应及时出台一部示范章程，国家立法机关也应考虑将合作经济列入立法规划，这将从内部和外部两个方面来规范农村合作经济组织，确定其法律主体地位，维护其合法权益，促进其健康发展。（3）制定和落实优惠扶持政策。对农村合作经济组织从事农产品营销和初加工，要依照税法减免有关税收。通过优先安排财政贴息、农业政策性贷款等方式帮助融通资金，解决发展资金困难。支持合作组织对农业科技的投入，实行财政配套补贴。要优先安排合作组织用地，用水用电价格按农业用途计收。参照国际惯例，合作组织要建立上下工作指导机构，对组织成员开展培训和教育，由政府给予一定的财力资助。有条件的地方，可以在农业发展基金中对农村合作经济组织单独或优先立项，以加大扶持力度。

本章小结

本章以建立城乡统筹的"全覆盖"社会保障体系为总体目标，对解决我国农村社会保障问题的财政供给路径进行了设计，并从四个方面分析阐述了相应的制度安排与政策建议：一是建立实施国家基本养老金制度；二是逐步取消农村低保；三是适时开征社会保障税；四是财政扶持农业合作经济组织发展，增强集体经济组织筹资实力。

第八章 结论与展望

第一节 研究结论

本书围绕社会保障"全覆盖"目标，基于城乡一体化视角，通过平舆县和新沂市的入户访谈、问卷调查案例，对我国目前农村社会保障与财政供给的相关问题进行了规范和实证分析。在对我国农村社会保障及其财政供给现状问题分析的基础上，借鉴国外社会保障及其财政供给制度的经验，对解决我国农村社会保障问题进行了路径设计。得出的主要结论如下。

一、对我国农村社会保障现状评析

本书对中华人民共和国成立以来我国农村社会保障发展历程进行深入研究、评析的基础上，对我国农村社会保障制度变迁史进行了梳理，提出了比较科学合理的三阶段划分观点：第一阶段，中华人民共和国成立—改革开放前（1951～1978年），以农村集体保障为核心内容的农村社会保障发展阶段。这一阶段，全国经济水平、生活水平都较低，国民的社会保障需求也低，我国农村集体保障、互助互济等基本能满足农民的需求，城乡基本没有差距；第二阶段，改革开放后（1978～2000年），以土地保障、家庭保障为核心内容的农村社会保障发展阶段；第三阶段，21世纪以来（2000年至今），以现代社会化的保障为核心内容的农村社会保障制度的探索、起步和发展阶段。

目前，虽然我国农村的低保、医疗保险、五保供养等社会保障事业不断向前推进，但与我国城镇相比，差距很大，仍存在很多问题，使我国的社会保障体系依然呈明显的二元特征。从财政对农村社会保障的供给状况看，财政扶持农村社会保障还基本处于试点、探索的初期阶段，财政供给水平还较低。

二、我国目前农村社会保障存在的问题及其原因探究

(一) 目前我国农村社会保障存在的主要问题

1. 农村社会保障待遇水平相对低下。

社会保障水平是一定时期一定区域内社会成员获取社会保障待遇的高低程度，其衡量指标通常用社会保障支出占 GDP 的比重来表示。在我国理论界，社会保障水平有大、中、小三种统计口径，本书采用"小口径统计分析"保障水平进行统计分析，在此口径下，我国城乡社会保障水平差异很大，与城市相比，农村社会保障水平相当低下。

同时，本书采用穆怀中的以柯布—道格拉斯生产函数原理建立的城乡社会保障负担系数模型和劳动生产要素分配系数模型以及复旦大学的卞燕的农村社会保障水平的评估模型为基础，构建我国目前的社会保障水平评估模型，对我国目前农村社会保障水平进行分析。依据我国目前农村住户抽样调查统计数据，把农民劳动生产要素投入分配比例系数 H, 的"度"界定为 0.75，计算出我国 2007 ~ 2011 年的农村社会保障水平分别为 1.53%、2.47%、3.33%、4.09%、7.56%，与我国目前适度的社会保障水平应该在 10% (或13%) 以上相比，得出结论，目前我国农村社会保障水平相当低下。

2. 城乡差距显著。

以城乡养老保险为例，算出 2005 ~ 2013 年，我国农村养老保险覆盖率为 7.3%、9.2%、9.7%、11.1%、15.9%、20.1%、56%、42.8%、44.4%，而同期城镇为 31.1%、32.5%、33.9%、36.1%、37.9%、38.6%、41.7%、78.5%、80.6%；2005 ~ 2013 年，农村养老金待遇分别为每人每月 58 元、70

元、85元、92元、55元、58元、58元、73元、82元，而城镇分别为771元、880元、1 003元、1 161元、1 276元、1 395元、1 558元、1 742元、1 914元。可以看出，城乡养老保险无论在覆盖率还是待遇标准方面都有很大差距。同时，从增速对比上看，总体上农村养老保险覆盖率的增长速度明显滞后于城镇；村养老保险金的增长速度大大滞后于城镇。

对河南平舆县和江苏新沂市的调查也同样显示，农村养老保险严重滞后于城市。江苏新沂村民参与养老保险保障项目的比例和对养老保险保障项目的认知比例为10.42%和57.92%。新沂调查点养老保险的覆盖率为10.42%，接近2008年全国农村养老保险的覆盖率水平（11.1%），远远低于城镇养老保险的覆盖率。

3. 从农民的需求和反映看，农村社会保障供给严重不足，农民对城乡差异存在一定程度的不满。

调查显示，2/3以上的农民对农村社会保障有着强烈的需求，根据供求理论，说明目前我国目前农村社会保障有效供给不足，而且相当严重。

调查显示，很多村民认识到我国城乡消费水平有差距，另外，农民有基本的土地保障，因而对社会保障的一定程度的城乡差距是认可的，但也有相当比重的村民认为城乡收入差距太大、城乡社会保障存在不公，存在一定程度的不满。在平舆和新沂的调查均显示，有30%左右的农民认为社保城乡差异有一定程度的不合理。

4. 农村社保措施缺乏统筹可持续设计，管理分散，且有些措施监管不严，效果不甚理想。

随着"三农"问题的突显，关于建立农村社会保障的呼声越来越高，政府也出台了各种相应的制度和措施，但基本上是头痛医头、脚痛医脚，"碎片式"的措施。而且，有些措施监管不严，效果不甚理想。

在河南平舆与江苏新沂的调查中，村民都反映，低保的执行和实施都存在问题。有些并不符合标准的低保户低保待遇的获得基本上是靠亲戚、凭关系才得以办理的。同时，一些真正需要低保的家庭却没享受低保待遇，且类似情况的存在还比较普遍。这就造成了部分实际上并不需要享受低保待遇的家庭虽获得了低保却对家庭生活没有多大改善，而需要的家庭由于没有获得相应的低保待遇生活却相对更加困顿，使国家政府财政出资提供的低保的"功能错位"，发挥不出应有的功能作用。

另外，我国农村社会保障还存在新农合医药价格偏高与报销比例偏低的矛盾、农村社会保障存在区域差异等问题。

（二）原因探究

深入剖析、探究我国目前农村社会保障存在问题的原因，本书的研究结论是：农村社会保障本质上属于公共产品，因此，造成农村社会保障问题的根本原因是公共财政供给不足。

农村社会保障是典型的公共产品，财政承担着不可缺少的投入职责，但由于长期以来，我国基于家庭联产承包责任制下的农村财政职责界限不清，致使财政对农村社会保障的支持投入长期处于缺失状态。

各国衡量社会保障财政供给率指标通常用社会保障支出（中国财政年鉴称作"财政性社会保障支出"）占同期财政收支的比值来表示。我国社会保障的财政供给率（也叫财政扶持率，有人也称社会保障的财政负担率）较低，我国财政对农村社会保障的投入更低。而且我国历次财政改革，真正涉及农村社会保障方面的相对较少。

三、财政支持我国农村社会保障发展的必要性和可行性分析

（一）财政支持农村社会保障发展的必要性分析

农村社会保障的公共产品属性以及我国公共财政框架理论决定了财政必须支持我国农村社会保障的发展。同时，调查显示，绝大部分农村居民对农村社会保障的需求强烈或非常强烈，说明目前我国农村居民的社会保障需求很大程度上得不到满足，按照供求平衡原理，需求得不到满足，很大程度上说明供给不足，按照穆怀中关于社会保障的供求平衡分析式，构建我国的农村社会保障供求平衡模型，对财政扶持我国农村社会保障的必要性进行理论分析。得出结论，目前我国农村社会保障的供求关系为：

$$S_{br} < S_{dr}$$

调查显示，目前我国农村居民的社会保障需求很大程度上得不到满足，因而，不可能再降低 S_{dr}，欲使 $S_{br} = S_{dr}$，只能提高 S_{br}。

影响 S_{br} 水平高低的因素包括四个：农民个人保障资金供给总额 I_r，农民集体组织或乡镇企业保障资金供给总额 U_r，国家对农村社会保障资金供给总额 T_r，农业 GDPG_r。随着农业 GDP 的增长，（$I_r + U_r + T_r$）的增速要大于 G_r 的增速才能提高 S_{br}；在经济发展水平相对稳定的一段时期内，G_r 的值相对稳定，此时要提高农村社会保障供给水平，就要依赖 I_r、U_r、T_r 三个要素的增长变动，而根据目前我国农民收入和农村发展状况，农民相对贫困，很多地区农民尤其是中西部地区农民维持基本生活需求都成困难，因而不可能拿出更多的资金来为社会保障筹资，而且，由于联产承包责任制的实施，许多地区的农民集体组织力量不断削弱，同时，尽管许多地区乡镇企业自进入市场经济以来，不断取得发展，但乡镇企业整体市场竞争力相对较弱，再加上乡镇企业对社会保障责任认识不清，因而，靠农村集体组织和乡镇企业为社会保障筹资都很困难，这样，S_{br} 的提高只能依靠 T_r 的增长，即必须依靠政府的力量，依靠财政的扶持。

（二）财政支持农村社会保障发展的可行性分析

我国的《宪法》《劳动法》《社会保险法》都明确规定了财政对农村社会保障投入是政府的职责，对我国政府财政对农村社会保障制度的投入奠定了法律基础。

经济发展水平从根本上决定着农村社会保障水平。经济发展水平越高，社会保障待遇标准就可能越高，反之则相反。经济发展水平决定社会保障制度水平。现代农村社会保障是政府的重要职责，农村社会保障支出是财政的一项重要支出，经济决定财政，经济越发达，财源越丰富，可供社会保障制度运行的财力基础越雄厚。2008 年、2009 年以来，我国无论是 GDP 还是人均 GDP 增长率仍均位于世界各国前列。目前，由于我国仍是发展中国家，发展前景、势头很好，待步入初级发达国家行列后，经济水平会进一步提高，扶持农村社会保障发展的能力会进一步增强。

2000 年以来，我国财政收入和税收收入逐年增长，至 2009 年，财政收入达近 7 万亿元，占 GDP 的比值近 20%；2014 年，财政收入超过 14 万亿元，占 GDP 的比重超过 22%。同时，中央财政收入也逐年增长。由于目前我国中央财政承担了中西部地区农村社会保障资金的补贴职责，因此全国及中央政府财力的不断增强，大大提高了我国农村社会保障的财政扶持能力。

四、解决我国农村社会保障问题的路径设计

本书设计的解决我国农村社会保障问题的总体路径是：围绕建立统筹城乡覆盖所有居民的社会保障体系的目标，做好统筹规划，做到规划先行，再按照社会保障规划，按照设计原则，采取切实有效的社会保障措施，促进城乡统筹全覆盖社会保障体系目标的实现。其中，加大财政对农村社会保障发展的扶持，这是当前解决我国农村社保问题的关键措施。本书提出建立实施国家基本养老金，取消低保，适时开征社会保障税，扶持农业合作经济组织发展等财政扶持农村社会保障发展的关键措施。具体有以下方面：

（一）建立实施居民均等的国家基本养老金制度

调查显示，我国农村刚刚试行的养老保险困境重重，因此，对我国现行农村养老保障制度的再改革和完善提上日程。本书提出，在按照农民自愿原则进一步推进"新农保"的基础上，应及时在我国建立城市居民和农村居民均等的国家基本养老金制度的改革措施，并对实行国家基本养老金制度的资金可行性进行了匡算分析。

国家基本养老金制度不分城市居民还是农村居民，只要是中国公民，只要收入水平低于当地的国家基本养老金标准，就能享受到国家养老金待遇。这首先从制度上保证了国家公民在基本养老待遇上的均等权，为我国养老保障的城乡统筹、人人都能老有所养的实现奠定了基础。

按照我国的经济实力和人口状况，本书研究运用"低收入群体"界定的绝对值法对推行国家基本养老金制度的资金可行性进行了匡算分析，从而得

出结论，在全国实行统筹城乡的国家基本养老金制度，从政府财力上看，只要调整好财政支出结构是可行的。

（二）逐步取消农村低保

本书认为，低保，本来是作为我国社会保障的一个过渡性救助措施推出的，到了合适的时机是要取消或转型的。而且从我国农村低保调查的现状看，效果不甚理想，其弊端越来越多地暴露出来。"功能错位""劳动消极性""人格萎缩"等现象的出现严重扰乱了农村发展中的社会经济秩序。已对老年人的低保支付，直接转为国家基本养老金，对非老年人贫困对象的低保归为传统的社会救济开发式扶贫。

本书进一步分析了取消低保后的效应：

一是已对老年人的低保支付，直接转为国家基本养老金，有利于健全我国农村养老保险体系，尽早实现养老保险的国家统筹。

二是部分农村低保职能并入社会救助，是低保的本位回归，有利于促进社会救济（助）事业的进一步发展。

无论社会经济多么发达，社会求助事业是必须的。根据社会救助理论，社会救助方式可分为直接救助和间接救助。传统的临时性的救助可采取直接救助方式，需要长期稳定实施的可采用间接救助方式。历史经验证明，与就业紧密连在一起的救济方式是最有效的方式。就业能激发劳动者的潜能和创造力。古人云："授人以鱼不如授人以渔"。社会救助的最好办法就是要促进和引导贫困居民实现最大范围的就业。富兰克林·罗斯福的社会保障思想之所以备受世界瞩目，他之所以成为继亚伯拉罕·林肯以来最受欢迎的美国总统，就是因为他的救济政策与扩大就业很好地结合在一起，他的"以工代赈"间接救助方式与他的其他"新政"一起获得了极大的成功，使美国摆脱了当时巨大的社会经济危机。同时，由于他的通过"以工代赈"修建的基础设施为美国的后续发展奠定了坚实的基础。我国历史上曾采取的"以工代赈"间接救济方式也证明是有效的。抓住目前我国建设新农村的契机，以及从2011年开始的加大农田水利基础设施建设的良机，可以进一步发展利用有效的"以工代赈"间接救济方式，对参与修建农田水利基础工程的农民付出相应报酬，以扶持农民脱贫。

三是有利于提升农村居民的尊严。

对低保对象有个俗称，"低保户""吃低保"，言下之意，是处于社会低阶层的家庭，不利于刺激低收入家庭往高一级阶层前进的奋斗精神。取消低保后，根据需要，对贫困家庭施以临时的社会救济（与现在低保实行的动态管理有异曲同工之妙），并辅以积极的就业指导和扶助，可以帮助贫困农民尽快脱贫，提升贫困农民的尊严。

（三）开征农村社会保障税的税制要素和时点设计

长期以来，我国开征社会保障税的时机和条件是不成熟的，其中，最大的障碍是社会保险基金统筹层次太低。其次，目前税务部门和社保部门两个征收主体同时存在，各征收社保费的一部分，这在一定程度上导致社保资金在管理、支付等环节都存在问题。2010年，《中华人民共和国社会保险法》的颁布，通过立法的形式明确了我国的社会保险统筹层次将逐步提高，保险费将由一个机构统一征收。统筹层次的提高，单一征收主体的明确，消除了开征社会保障税的两大障碍，为社会保障税的开征奠定了基础。随着农民收入水平不断提高，收入结构发生变化，工资性收入快速增长，社会保障税的税基条件具备。与社会统筹的收费方式相比，社会保障税更具优点，是筹集社会保障资金的有效途径。可以得出结论，我国应适时开征社会保障税。

本书设计的农村社会保障税只是一个区域概念，不是一个单独的税种名称，是相对于城市区域而言的，随着养老保险全国统筹的实现和其他社会保险统筹层次的提高，按照人人享有均等社会保障的城乡统筹目标宗旨，我国将推出城乡一致的社会保障税。

鉴于城市生产经营活动与农村生产经营活动特征的不同，社会保障税在城市和农村计税依据会有所不同，城市社会保障税的计税依据是工资薪金收入，农民没有工资薪金收入，只能是农业生产经营收入，农民工进了城，可以自由选择按工资薪金收入缴税还是按农业生产经营收入缴税。除此之外，农村社会保障税和城市社会保障税在税率、纳税人、征管等方面的设计都是一致的。另外，考虑到农业生产的季节性、经营风险等因素，可在基本税法一致的基础上，对农民设计一些起征点等税收优惠要素。

我国开征农村社会保障税的时点应该在基本养老保险基金实现全国统筹，其他社会保险基金实现省级统筹后。同时，由于我国养老保险与其他社会保险的统筹层次提高的进度不同，我国的社会保障税可借鉴美国的经验，先行开征养老保险项目的社会保障税，待其他社会保险项目统筹层次提高到全国统筹时再行开征，或将其他社会保险项目列入各省地方税收体系中去征收。注意，考虑城乡统筹社会保障目标的实现，社会保障税不可在农村和城市错时开征，也不利于税收平等权的实现。

（四）扶持农业合作经济组织发展，增强集体组织的力量

改革开放前，我国农村集体组织力量较强，对农村社会保障有比较稳定的资金支持，而目前我国农民组织化缺失导致农民利益表述权弱化，其社会保障的需求得不到关注。与其他国家相比，目前我国农民参加各类农业合作经济组织的比例很低，这严重制约了我国农村社会保障的发展。受日本农业合作共济组织的启发，可根据我国国情，推进我国农业合作经济组织的建立和发展，壮大农民集体组织的力量。

本书还进一步提出了具体的倡导和支持农村合作经济组织发展的思路和对策。包括对农村合作经济组织从事农产品营销和初加工，要依照税法减免有关税收。通过优先安排财政贴息、农业政策性贷款等方式帮助融通资金，解决发展资金困难。支持合作组织对农业科技的投入，实行财政配套补贴。要优先安排合作组织用地，用水用电价格按农业用途计收。参照国际惯例，合作组织要建立上下工作指导机构，对组织成员开展培训和教育，由政府给予一定的财力资助等。

第二节 研究展望

党的十六届六中全会明确提出，到 2020 年要基本建立覆盖城乡居民的社会保障体系。加大财政对农村社会保障发展的扶持，是当前解决我国农村社保问题的关键措施，也将是我国今后相当长一段时期内政府、财政工作研究、部署的重要方面。为了进一步对我国农村社会保障事业建设提供理论依据及对政府关于农村社会保障的制度措施决策建言献策；实现我国城市社会保障和农村社会保障对接，对城乡一体化过程中可能会出现的新的矛盾与困惑起到预警作用；对我国历史和现实原因造成的目前异常复杂的"三农"问题的较好解决起到决策和实践上的借鉴，笔者将继续对我国农村社会保障相关问题深入研究，具体展望主要包括以下方面：

1. 在加快转变经济增长方式战略指引下，效率优先转为公平优先将是我们解决农村社会保障问题的首要原则。

改革开放以来，我国社会经济发展过程中，过分强调效率优先，过分重视 GDP 的增长，使财政资金等社会资源过多倾斜于能迅速拉升经济增长速度的地区和领域，因而，我国的财政社会保障资金支出长期以来向城镇居民倾斜，造成了目前我国农村社会保障事业发展相对滞后、城乡差异大的二元社会保障保障格局，严重制约了我国社会经济的均衡发展。随着经济增长方式的转变，公平与效率之间的关系会随之调整，效率优先会转变为公平优先兼顾效率。在公平优先原则指导下，我国财政对农村社会保障的资金扶持会不断增长，全国统一的关于农村社会保障财政投入的权威数据就会不断发布，随着 GDP 的增长和财政收入的增加，未来就可以对我国农村社会保障的合理水平及财政对农村社会保障发展扶持的合理标准进行准确量度和预测进一步研究，这是本研究目前的难点，也是本研究今后努力的方向。

2. 随着时间的推移，本书揭示的我国农村社会保障深层次的问题会日益暴露，目前我国"碎片式"的农村社会保障制度措施会进行再改革和归并。

按照我国现行"新农保"的规定，新农保制度实施时，已年满 60 周岁、未享受城镇职工基本养老保险待遇的，不用缴费，可以按月领取基础养老金，但其符合参保条件的子女应当参保缴费。由于有捆绑条件，新农保出台时已满 60 周岁老人至今还有相当大比重没有享受到养老金待遇，甚至出现了特别困难老人通过填报虚假"无儿无女"信息来获取养老保障的状况。随着时间的推移，本书揭示的我国农村社会保障深层次的问题会日益暴露，目前我国"碎片式"的农村社会保障制度措施会进行再改革和归并。

　　笔者将对我国农村社会保障问题做更广更深入的实证调查，对农村社会保障制度措施的再改革相关问题进行深入研究，为政府决策进言。这也是本书今后努力和进一步研究的方向。

　　3. 公平优先不能不顾效率，否则有失偏颇，效率分析将是我国农村社会保障问题研究的新领域。

　　本书对目前我国农村社会保障水平低下等问题产生的影响或效应进行了一定程度的分析，指出现行农村社会保障问题在一定程度上会造成城乡居民收入差距的进一步拉大，影响我国收入分配的公平性，影响城乡消费的均衡性，同时，农村社会保障的东部、中西部差异又导致区域经济差异进一步扩大。随着我国政府财政对农村社会保障问题的重视和不断地资金投入扶持，财政资金的社会保障效率、效益分析，财政社会保障支出本身的效率分析，农村社会保障支出对经济增长效率的贡献等分析将是我国农村社会保障问题研究的新领域。

参 考 文 献

［1］曾宪影．美国社会保障制度及其启示［J］．江苏社会科学，2006
（11）．

［2］曾宪影等．产业集群发展机理及其对区域竞争力的影响［J］．现代
经济探讨，2006（11）．

［3］曾宪影等．农村合作经济组织是农业领域产业组织的新发展［J］.
农业经济问题，2000（8）．

［4］李钦，曾宪影．公共财政体制建设与全覆盖社会保障体系［J］．学
海，2008（10）．

［5］刘书鹤．农村社会保障的若干问题［J］．人口研究，2001（5）．

［6］王国军．中国城乡社会保障制度衔接初探［J］．战略与管理，2000
（2）．

［7］许雄奇等．21世纪中国农村社会保障体系的构想［J］．农村经济，
2003（4）．

［8］裴育等．农村社会保障与合作经济组织弥合的构想［J］．山西财经
大学学报，2003（6）．

［9］穆怀中．社会保障水平发展曲线研究［J］．人口研究，2003（3）．

［10］毛剑波．我国开征社会保障税问题的研究［D］．西南财经大
学，2004．

［11］王越．中国农村社会保障制度建设研究［D］．西南农业大学，2005．

［12］胡仲明．中国城乡社会保障制度实证研究［D］．中共中央党
校，2006．

［13］刘子操．博士论文——城市化进程中的农村社会保障问题研究［D］．东北财经大学，2007．

［14］张瑛．南京市农村社会保障制度研究［D］．南京农业大学，2007．

［15］董颖瑶，从排斥到容纳：农村社会保障制度变迁的路径选择［D］．上海师范大学，2007．

［16］严俊．中国农村社会保障政策分析［D］．中共中央学校，2008．

［17］丛旭文，中国失地农民社会保障问题研究［D］．吉林大学，2013．

［18］薛青．公共财政视角下的农村社会保障建设［J］．福州党校学报，2007.1．

［19］李红旗等．基于南京市失地农民社会保障之外的对策思考［J］．江西农业学报，2008，20（5）．

［20］杜瑞涛等．城乡社会保障制度衔接的制约因素与政策措施［J］．河北大学成人教育学院学报，2008.3．

［21］邵美侠．初探我国农村社会养老保险［J］．人口与经济，2008.4．

［22］师宁慧．分类建立农民工社会养老保险制度的设想［J］．重庆科技学院学报（社科版），2008.4．

［23］翁晓松．福建新型农村合作医疗的路径选择［J］．发展研究，2008.3．

［24］崔永辉等．公正视野下的中国城乡社会保障制度［J］．湖北师范学院学报（哲学社科版），2008.2．

［25］杜爱玲．关于农村社会保障制度建立和完善的思考［J］．社会科学论坛，2008.5．

［26］魏薇．关于农村社会保障制度中资金问题［J］．江苏社会科学，2007.12．

［27］冯臻等．简述我国社会保障适度水平的选择［J］．消费导刊，2008.5．

［28］邵华杰．建立农村最低生活保障制度［J］．合作经济与科技，2008.1．

［29］张留禄．借鉴国外经验构建适应经济发展的社会保障体系［J］．西

部金融，2008.4.

[30] 龙卓舟．开征社会保障税——社会保障制度的本质要求 [J]．财经理论与实践，2008.3.

[31] 张惟璐．中国开征农村社会保障税的可行性分析 [J]．湖北社会科学，2006.10.

[32] 谢旭人．坚定不移深化财税体制改革 [J]．求是，2010.7.

[33] 刘效梅．论我国农村社会养老保险 [J]．乐山师范学院学报，2008.3.

[34] 郭金丰．略论农村社会保障筹资模式的转型 [J]．江西农业大学学报（社科版），2008.3.

[35] 黄贵．浅谈失地农民社会保障体系的构建 [J]．长沙铁道学院学报（社科版），2008.3.

[36] 曾庆学．社会主义新农村建设中农民社会保障问题探析 [J]．安徽农业科学，2008，36（7）．

[37] 杨一帆．失地农民的征地补偿与社会保障——兼论构建复合型的失地农民社会保障制度 [J]．财经科学，2008.4.

[38] 宋生瑛．公共政策与农村社会保障制度缺失 [J]．地方财政研究，2007.6.

[39] 李雪．试论社会保障模式选择 [J]．科协论坛，2007.12.

[40] 徐通．试论政府在农村养老保险制度中的责任 [J]．黑河学刊，2008.3.

[41] 贺清龙．中国农村社会保障制度的现状与再思考 [J]．社会主义研究，2008.1.

[42] 宋扬．论我国农村社会保障体系的构建 [J]．社会主义新农村建设，2008.3.

[43] 张凤梅．浅谈建立农村社会保险制度的必要性及可行性 [J]．天津社会保险，2007.9.

[44] 秦利等．建设社会主义新农村与发展农村社会保障事业 [J]．科技成果纵横，2008.3.

［45］谢惠明．和谐社会与失地农民社会养老保障制度安排［J］．新西部，2008.8.

［46］陈泽军．建立农村社会保障制度，促进和谐社会建设［J］．乌蒙论坛，2007.6.

［47］钟振强等．广东农村社会保障建设与经济发展阶段的同步性分析［J］．经济与社会发展，2008.4.

［48］陈丽．开征社会保障税的相关问题研究［J］．安徽农业科学，2008，36（10）．

［49］吴梦．城市化进程中失地农民的社会保障问题［J］．经济论坛，2008.9.

［50］李为．论建立和完善我国农村社会保障法律制度［J］．当代经济，2008.4.

［51］江绍中．农村社会保障体系亟待完善［J］．决策导刊，2007.3.

［52］梁平．统筹城乡社会保障的制约因素探讨——基于社会生态环境视角［J］．乡镇经济，2008.5.

［53］公维才．我国社会保障制度城乡二元结构形成及固化原因分析［J］．甘肃理论学刊，2008.5.

［54］赵曼等．中国农村社会保障体系研究的基本框架［J］．中南财经政法大学研究生学报，2007.4.

［55］宋士云，新中国农村社会保障制度结构与变迁（1949～2002）［D］．中南财经政法大学，2005.

［56］王晓琴等．浙江省社会保障水平与经济发展的适应性研究［J］．学术论坛，2008.5.

［57］郭庆．我国与北欧国家的社会福利政策比较及启示［J］．今日南国，2008.2.

［58］郑功成．中国社会保障改革与未来发展［J］．中国人民大学学报，2010.5.

［59］郑功成．中国农村社会养老保险政策研究——将农村居民社会保障与计划生育有机结合的政策选择［J］．人口与计划生育，2008.3.

[60] 刁慧娜. 从国外农村社保制度视角分析我国农村社保制度的走向 [J]. 科教导刊, 2010.11.

[61] 钱亚仙. 地方政府在农村社会保障中的责任探讨 [J]. 中共青岛市委党校　青岛行政学院学报, 2008.4.

[62] 郑军等. 东西方家庭文化差异对我国农村社会保障制度建设的启示 [J]. 农业考古, 2007.6.

[63] 陈林等. 对我国农村社会保障建设中制度缺失的思考——基于农民身份不断转换的视角 [J]. 河西学院学报, 2008, 24 (1).

[64] 穆怀中. 社会保障适度水平研究 [J]. 经济研究, 1997.2.

[65] 卞燕. 农村社会保障水平的关键因素及相关指标探析 [J]. 东疆学刊, 2007.4.

[66] 卞燕. 对浙江农村社会保障的评估及几点思考 [J]. 世界经济情况, 2008.1.

[67] 穆怀中等. 实现区域社会保障一体化的思考 [J]. China labor, 2008.12.

[68] 穆怀中. 中国社会保障水平研究（四）——中国适度保障水平发展策略 [J]. 中国社会保障, 1997.5.

[69] 郭伟丽. 河南农村社会保障的问题与对策 [J]. 调研世界, 2008.10.

[70] 李余华等. 构建中国农村社会保障制度之思考——立足中西方观念比较的角度分析 [J]. 企业经济, 2008.7.

[71] 刘海波等. 黑河市农村社会保障现状与财政支持对策——来自爱辉区3乡6村个案的调查 [J]. 地方财政研究, 2007.3.

[72] 杜广庆等. 基层政府在农村社会保障制度建设中的职能定位 [J]. 安徽农业科学, 2007, 35 (31).

[73] 郑军等. 经济增长方式对农村社会保障中财政责任的影响分析 [J]. 财会研究, 2008.17.

[74] 王兰芳. 均衡、补偿与自由——关于中国农村社会保障发展观的思考 [J]. 南京理工大学学报（社会科学版）, 2008.6.

[75] 罗凤娇．论财政在农村社会保障体系中的角色 [J]．企业家天地·理论版，2007.2.

[76] 秦清芝．论创造农村社会保障机制建立和完善所需条件——以系统论视角，青岛农业大学学报（社科版），2007.12.

[77] 张长有．论我国农村社会保障制度的理论基础 [J]．经济与科技，2007.12.

[78] 宋斌文．略论构建我国农村社会保障体系的总体思路 [J]．财经论丛，2007.1.

[79] 于凌云等．农村社会保障及政府承担力的一个基本判断 [J]．广东金融学院学报，2008.3.

[80] 李放．江苏农村社会保障体系建设及评价指标 [J]．公共管理高层论坛，2006.2.

[81] 蒋占峰．农村社会保障制度缺失与城镇化论析 [J]．云南社会科学，2007.2.

[82] 吴健智．农民组织化缺失对我国农村社会保障制度的影响 [J]．天水行政学院，2007.6.

[83] 白凤峥．山西省农村社会保障水平研究 [J]．经济问题，2008.2.

[84] 张弓长．我国农村社会保障供给不足的成因解析与对策——基于分税制改革的视角 [J]．西北大学学报（哲学社科版），2008.1.

[85] 姚飞等．我国农村社会保障制度建设中的政府责任新论 [J]．当代经济，2008.1.

[86] 郭亚莉．西部贫困地区社会保障体系缺失的困境及政策建议 [J]．社科纵横，2007.9.

[87] 陈永平．以合作经济组织推动农村社会保障体制建设 [J]．宿州学院学报，2007.10.

[88] 余丽生．浙江省农村社会保障制度建设的实证分析 [J]．财政研究，2006.8.

[89] 罗丞．中国农村社会保障体系研究述评 [J]．贵州工业大学学报（社科版），2007.4.

［90］杨翠迎．中国农村社会保障制度研究［M］．中国农业出版社，2003．

［91］吴国玖．农村社会保障税：农业税制改革的新视角［J］．商场现代化，2006．10．

［92］高姗姗．城乡二元结构与农村社会保障制度［J］．湖北财经高等专科学校学报，2009．12．

［93］赵微．对社会主义新农村建设中农村社会保障制度改革的思考［J］．攀枝花学院学报，2008．4．

［94］马子力．甘肃省民族地区农村社会保障现状实证分析——以甘肃省临夏县为例［J］．西北人口，2009．3．

［95］韩雪．关于建立和完善农村社会保障制度的思考［J］．中国乡镇企业会计，2009．8．

［96］章忠明．甘肃省农村社会保障体系建设中的财政责任探讨［J］．财会研究，2010．12．

［97］李冬妍．"新农保"制度：现状评析与政策建议［J］．南京大学学报，2011．1．

［98］陆月娟．建国以来中国农村社会保障制度的构建与改革［J］．经济研究导刊，2013．2．

［99］杨向东．社会保障"费改税"探究［J］．中外企业家，2013．27期．

［100］李晶．我国应及时推出社会保障税［J］．发展，2014．12．

［101］邵晓琰．我国开征社会保障税的效应分析［J］．吉林师范大学学报（人文社科版），2015．1．

［102］曾尹嬿等．部分积累制下的社会保障税探究［J］．税务研究，2015．2．

［103］王燕红．城镇化背景下社会保险一体化的构建与完善［J］．新疆农垦经济，2013．10．

［104］张增国等．安徽农村社会保障可持续发展研究［J］．大庆师范学院学报，2014．1．

［105］甘灿业. 基于城乡公共产品一体化视角的统筹城乡发展研究［J］. 四川行政学院学报，2014.2.

［106］刘小青. 新型农村合作医疗的社会保险性质探析［J］. 西部论坛，2014.3.

［107］黄清峰等. 农村社会保障制度变迁的演讲逻辑与路径选择——从路径依赖到路径创造［J］. 社会保险研究，2014.3.

［108］杨斌等. 1978年以来中国农村社会保障制度的发展与评价——基于"三体系"的分析框架［J］. 山东社会科学，2014.4.

［109］邢嘉威. 新型城镇化中财政社会保障支出探讨［J］. 行政事业资产与财务，2014.5.

［110］王天宇等. 社会保障对生育意愿的影响：来自新型农村合作医疗的证据［J］. 经济研究，2015.2.

［111］柯卉兵. 中国社会保障支出水平与结构：1998－2015［J］. 地方财政研究，2017.11.

［112］王一哲. 我国财政支持农村社会保障问题问题研究［J］. 财政与金融，2017.8.

［113］董伟康. 开征社会保障税必要性和可行性研究［J］. 南京医科大学学报（社科版），2017.12.

［114］［英］Robert East 著，周长征等译. Social Security Law（社会保障法）［M］. 北京：中国劳动社会保障出版社，2003.

［115］钟甫宁. 中国九十年代农村问题探讨［M］. 北京：中国农业科技出版社，1992.

［116］［美］孙克姆·霍姆斯主编，王卫星译，公共支出管理手册［M］. 北京：经济管理出版社，2002.

［117］［美］威廉·邓恩著，谢明等译. 公共政策分析导论［M］. 北京：中国人民大学出版社，2003.

［118］［美］苏珊·韦尔奇，约翰·科默著，郝大海等译. 公共管理中的量化方法：技术与应用（第三版）［M］. 北京：中国人民大学出版社，2003.

［119］［美］B.J. 理德，［美］约翰·W. 斯韦恩著，朱萍，蒋洪等译. 公

共财政管理 [M]. 北京：中国财政经济出版社，2001.

[120] 美洲开发银行著，林晶等译. 经济发展与社会公正 [M]. 北京：中国社会科学出版社，2002.

[121] [美] 艾伦·希克著，王卫星译. 当代公共支出管理方法 [M]. 北京：经济管理出版社，2000.

[122] 杨之刚. 公共财政学：理论与实践 [M]. 上海：上海人民出版社，1999.

[123] 陈共主编. 财政学（第三版）[M]. 北京：中国人民大学出版社，2003.

[124] 刘厚俊编著. 现代西方经济学原理 [M]. 南京：南京大学出版社，1999.

[125] 汪同三等主编. 21 世纪数量经济学 [M]. 北京：社会科学文献出版社，2003.

[126] 杨光焰等著. 国债制度分析 [M]. 郑州：河南人民出版社，1995.

[127] 贾康，郭文杰主编. 财政教育投入及其管理研究 [M]. 北京：中国财政经济出版社，2002.

[128] 康士勇主编. 社会保障管理实务 [M]. 北京：中国劳动社会保障出版社，1999.

[129] 陈工. 公共支出管理研究 [M]. 北京：中国金融出版社，2001.

[130] 张馨. 公共财政论纲 [M]. 北京：经济科学出版社，1999.

[131] 赵宇. 李冰编著，新编西方财政学 [M]. 北京：经济科学出版社，2002 年.

[132] 高培勇主编. 王雍君编著，公共预算管理》[M]. 北京：经济科学出版社，2002.

[133] 中国税务学会. 税务研究，2003～2008 年相关论文.

[134] 李晓西，曾学文. 再论中国市场经济地位——兼评欧盟对中国市场经济地位的初步评估 [J]. 财贸经济，2004.10.

[135] 徐天护. 基层财政的困境与出路 [J]. 宏观经济研究，2004.10.

［136］中国财政学会.财政研究，2003~2008年相关论文.

［137］於鼎丞，魏朗编著.中国税制［M］.广州：暨南大学出版社，2004.

［138］周咏梅.社会保险基金会计研究［M］.大连：东北财经大学出版社，2001.

［139］刘宇飞.当代西方财政学［M］.北京：北京大学出版社，2000.

［140］李武好，韩精诚等.公共财政框架中的财政监督［M］.北京：经济科学出版社，2002.

［141］朱秋霞编著.德国财政制度［M］.北京：中国财政经济出版社，2005.

［142］高书生.社会保障改革何去何从［M］.北京：中国人民大学出版社，2006.

［143］何菊芳.公共财政与农民增收［M］.上海：上海三联书店，2005.

［144］蒙丽珍主编.公共财政学［M］.大连：东北财经大学出版社，2007.

［145］马国贤等.后农业税时代的"三农"问题及涉农税收研究［M］.上海：上海财经大学出版社，2007.

［146］樊宝洪.乡镇财政与农村公共产品供给研究［M］.北京：中国农业出版社，2007.

［147］庹国柱等.制度建设与政府责任——中国农村社会保障问题研究［M］.北京：首都经济贸易大学出版社，2009.

［148］高静.公共财政的政治过程［M］.南京：南京大学出版社，2015.

［149］冯燕."国家与社会"视野下的农村社会保障制度变迁，道路创新 发展——陕西省社会科学界第三届（2009）学术年会暨陕西省社会学会2009年学术年会社会保障与就业论坛论文集.

［150］David N. Hyman：Public Finance, Harcourt College Publishers, 2002, seventh edition.

［151］ Edited by Peter Birch Sorensen: Public Finance in a changing world, Macmillan Press Ltd, 1998.

［152］ Ahmad Ehtisham, Social security in development Countries, Clarredon Press, 1991.

［153］ Information office of the state council of the people's Republic of china, China's Social security policy, China Population today, October 2004.

［154］ George E. Rejda: Social Insurance & Economic Security, 4th Edition, 1992.

［155］ Milleron, J. Theory of Value with Public Goods: A survey aticle, Journal of Economic Theory, 1972. 5.

［156］ AI Ebrbar and Bennett Ⅲ, Stern Stewart Co. The Revolution of Social Security System ［M］. 1999.

［157］ Mackellar, Pension system for the informal sector in Asia, Word Bank, 2009.

［158］ Gsanger, Linking nformal social security systems, German development institute, 2002.

［159］ Congressional Budget Office Managed Competition and its Protentional to reduce health spending Washington DC: US Government Printing Office, may 1993.

参考政策文件:

［1］《中华人民共和国劳动保险条例》（1951 年 2 月 26 日政务院公布 1953 年 1 月 2 日政务院修正公布）。

［2］《高级农业生产合作社示范章程》（1960 年 6 月, 第一届全国人大通过）。

［3］《全国农村工作会议纪要》（1982 年 1 月 1 日, 中共中央、国务院颁布）。

［4］《当前农村经济政策的若干问题》（1983 年 1 月, 中共中央、国务院颁布）。

［5］《农村社会养老保险基本方案》（1992 年，民政部制定）。

［6］《关于开展农村五保户普查工作的通知》（1982 年民政部下发）。

［7］《关于切实做好五保户普查工作的补充通知》（1983 年民政部下发）。

［8］《农村五保供养工作条例》（1994 年 1 月 23 日，国务院令第 141 号）。

［9］《国务院办公厅转发民政部关于做好农村社会养老保险工作意见的通知》。

［10］《农村五保供养工作条例》（2006 年 1 月 21 日，国务院令第 456 号）。

［11］《中共中央国务院关于推进社会主义新农村建设的若干意见》。

［12］《"八七"扶贫攻坚计划》（1994 年 4 月 15 日，国务院颁布）。

［13］《关于在全国建立农村最低生活保障制度的通知》。

［14］《中共中央、国务院关于进一步加强农村卫生工作的决定》。

［15］《关于建立新型农村合作医疗制度的意见》。

［16］《企业年金试行办法》（2004 年中华人民共和国劳动和社会保障部令第 20 号）。

［17］《关于做好新型农村合作医疗试点有关工作的通知》。

［18］《关于加快推进新型农村合作医疗试点工作的通知》。

［19］《关于实施农村医疗救助的意见》。

［20］《关于加快推进农村医疗救助工作的通知》。

［21］《中共中央、国务院关于深化医药卫生体制改革的意见》。

［22］《国务院关于印发医药卫生体制改革近期重点实施方案（2009～2011 年）的通知》。

［23］《关于进一步完善城乡医疗救助制度的意见》。

［24］《中国农村扶贫开发纲要（2001～2010 年）》（2001 年 6 月 18 日国务院印发）。

［25］《国务院关于开展新型农村社会养老保险试点的指导意见》。

［26］《中华人民共和国社会保险法》（2010 中华人民共和国主席令第三十五号）。

［27］《事业单位职业年金试行办法》。

[28]《关于进一步规范城乡居民最低生活保障标准制定和调整工作的指导意见》。

[29]《民政部、国家开发银行关于贯彻落实〈支持社会养老服务体系建设规划合作协议〉共同推进社会养老服务体系建设的意见》。

[30]《关于企业年金养老金产品有关问题的通知》。

[31]《关于企业年金职业年金个人所得税有关问题的通知》。

[32]《社会救助暂行办法》(2014 中华人民共和国国务院令第 649 号)。

[33]《人力资源社会保障部 财政部关于印发〈城乡养老保险制度衔接暂行办法〉的通知》。

[34]《国务院办公厅转发民政部等部门关于进一步完善医疗救助制度全面开展重特大疾病医疗救助工作意见的通知》。

[35]《国务院关于机关事业单位工作人员养老保险制度改革的决定》。

后　记

　　本书是在我的博士论文基础上完成的。衷心感谢我的导师孟令杰教授对我的指导和帮助，并对南京农业大学经管学院的各位领导、老师和同学的支持、关心表示感谢。还要感谢南京审计大学财政学学科带头人裴育教授和欧阳华生教授对撰写本书的指导和支持，感谢经济学院各位领导和同事的鼓励、关心和支持。谢谢你们！

曾宪影
2018 年 6 月于南京